광구야 놀자 **경제**야 놀자

광구야 놀자 경제야 놀자

인쇄_ 2004년 1월 5일

발행_ 2004년 1월 10일

지은이_ 황광구

펴낸이_ 이찬규

펴낸곳_ 선학사

등록번호_ 제03-01157호

주소_ 서울시 용산구 한강로1가 141-3

전화_ 02-795-0350

팩스_ 02-795-0210

이메일_ sunhaksa@korea.com

홈페이지_ http://www.ibookorea.com

값 13,000원

ISBN 89-8072-142-0 03320

광구야 놀자
경제야 놀자

황광구 지음

선학사

머리말

경제학에 관해 처음 공부하려는 학생이나 직장인들이 서점에 가면, 경제학의 기초이론을 다루는 소위 '경제학 개론'이나 '경제학 원론'의 저자의 다양성은 차치하고서라도, 먼저 책의 두께에 압도당하게 됩니다.

그래도 경제학을 공부해보려는 일념에서 한 권을 선택하고 책장을 넘기면, 거의 모든 책들이 천편일률적으로 무수한 그림과 수식으로 메워져 있어 또 한번 기가 질려버리게 됩니다. 그래서 수험이나 수강 이외의 목적으로 경제학을 공부하려고 하는 학생이나 직장인들은 거의 대부분 이 단계에서 경제학 공부를 포기하고 맙니다.

이러한 현실을 고려하여 저자는 경제학을 보다 알기 쉬운, 또한 현실문제를 이해하는 데 실질적으로 도움이 되는 경제학의 안내서가 필요하다고 생각해 이 책을 집필하게 되었습니다.

이 책을 쓰는데 있어서 본인의 의도는 첫째, 각종 경제이론을 소개하는 기존의 백과사전류의 '경제학 원론'이 아니라, 현실의 복잡한 경제현상을 개략적으로나마 이해하는 데 중요하다고 판단되는 경제이론을 엄선하여 소개하는 데 있습니다.

둘째, 기존의 각종 '경제학원론'들이 현실을 극도로 추상화한 그림이나 수식을 통해 설명을 하고 있는데 비해, 이 책에서는 그림이나 수식은 최소한으로 줄이고 가능한 평이한 말로써 설명하려고 했습니다.

셋째, 경제이론의 설명에 있어서도 최대한 독자 여러분들이 경험했거나 알고 있는 현실적인 예를 사용해서 경제이론과 경제현실을 보다 가깝게 접할 수 있도록 노력했습니다.

마지막으로, 보다 정교한 경제이론의 이해에 필요한 기초적 지식을 제공하는데 집필의 중점을 두었습니다. 하지만 본인의 이러한 의도가 얼마만큼 성공할 것인가는 독자 여러분들의 판단에 달려 있는 것입니다.

이 책을 읽는데 있어서 독자 여러분들께 부탁드리고 싶은 것은, 경제학이란 책상 위의 학문이 아니라, 항상 현실의 경제현상을 염두에 둔 것이라야 한다는 점입니다. 이 책에서도 가능한 현실적인 경제문제를 다루어, 경제이론으로 현실 경제문제를 어떻게 분석할 수 있는가를 밝히고자 하고 있습니다만, 독자 여러분들도 될 수 있으면 현실의 경제현상에 관심을 가져주시기 바랍니다.

끝으로 이 책이 출판되기까지에는 선학사 이찬규 사장님을 비롯하여 수많은 사람들의 노력과 도움이 있었습니다. 지면관계상 일일이 고귀한 성명을 밝히지 못함을 용서해 주시리라 믿습니다.

마지막으로 저자로서 바라고 싶은 것은 이 책을 통해 독자 여러분들이 현실경제 문제를 바라보는 데 조금이나마 도움이 되었으면 더 이상의 보람이 없겠습니다.

감사합니다.

2003년 12월, 대구 달서구 성당동에서
황 광 구

차례   광 구 야 놀 자 경 제 야 놀 자

서장

1. 경제학을 배우는 목적

보통사람들에게 경제학은 수식이 많아 대단히 추상적인 학문이라는 인상이 강합니다. 그러나 신문이나 일반 잡지 등에서 경제문제가 자주 실리고 세간의 경제문제에 대한 관심도 높아져서, 경제학의 이미지도 상당히 바뀌고 있는 것 같습니다.

신문의 경제기사 등을 주의 깊게 읽으면 경제문제가 매우 재미있는 것이라는 것을 이해하게 될 것입니다. 땅 값, 쌀 값, 국제경제마찰, 환율 등 어느 것이나 극적으로 전개되어 그것을 관찰하는 측도 여러 번 숨을 죽이게 됩니다. 게다가 이러한 문제들 모두가 우리들의 일상생활에 큰 영향을 미치는 것입니다.

「경제학을 배우는 목적은 경제학자의 말에 속지 않기 위해서이다」라는 말을 영국의 유명한 경제학자가 한 것으로 기억하고 있습니다. 저는 이 말을 다음과 같이 멋대로 해석하고 있습니다. 경제학을 배우는 목적은 세상에 유포되는 속설이나 통설을 곧이곧대로 받아들이지 말고 자기의 머리로 경제현상에 관해 생각하고 이해하는 능력을 키우는 것이다 라고 생각합니다. 이 해석에 근거해 위의 말을 현대풍으로 고치면 「경제학을 배우는 목적은 매스컴이나 경제 전문가에 의해 만들어지는 속설에 현혹되지 말고 자기의 눈으로 경제현상을 보는 능력을 키우는 것이다」라고 해도 될 것입니다.

잘못된 속설의 사례

신문이나 잡지를 보면 속설을 얼마든지 발견할 수 있습니다. 예를 들어 「한국의 대일 무역수지나 경상수지가 대폭적인 적자를 나타내는 것은 일본 시장이 폐쇄적이기 때문이다」라는 주장이 있습니다.

이 주장에는 두 가지 문제가 있습니다. 하나는 경상수지나 무역수지가 시장의 폐쇄성과 관계가 있다는 시각입니다. 또 하나는 한국과 일본처럼 두 나라간의 경상수지나 무역수지가 중요한 의미를 갖는다는 생각입니다.

이 책을 읽어보면 알겠지만 경상수지나 무역수지는 거시적인 생산과 지출 관계에서 결정되는 것이고, 시장의 폐쇄성이나 무역 제한적인 정책에 의해 결정되는 것이 아니라는 것을 알 수 있을 것입니다. 또한, 두 나라간의 경상수지 등을 문제 삼는 것도 거의 의미가 없습니다. 만약, 속설을 아무런 비판의식 없이 받아들이면 경상수지적자에 대해 한국 측에서는 반일감정이나 보호주의적 정책이 표출되게 되고, 일본측에서는 그래도 어쩔 수 없는 것으로 받아들여지게 됩니다. 현실적으로도 이러한 분위기가 전혀 없다고는 할 수 없습니다.

그러나, 경상수지적자라는 점에 관해서 보다 정확한 이해가 있으면 직접 그것을 문제삼지는 않겠지요. 또, 설사 문제삼는다 해도 경상수지적자를 줄이는데 효과가 있을 것 같은 거시경제정책의 적용을 생각하겠지요. 이처럼 경제현상에 관해 어떻게 이해하는가에 따라 정책적 대응이나 대외감정 등이 매우 달라지게 됩니다.

2. 경제분석의 두 기둥: 행동의 합리성과 시장의 기능

신문을 펴면 부동산가격, 세제, 무역마찰, 고용문제 등 여러 가지 경제문제가 눈에 들어오지만 그러한 경제문제에는 많은 공통성을 갖고 있습니다. 경제문제에 공통되는 기본적 요소에 관해 밝히는 것이 경제학의 목적이라고 해도 과언이 아닙니다. 경제분석의 가장 기본적인 특징을 들라고 하면, 사람들이 합리적으로 행동한다는 가정과 시장에서는 모든 것이 서로 영향을 미친다는 가정입니다. 많은 경제학적 논의가 두 가지 가정 중 어느 하나에 근거하고 있습니다.

사람들이 합리적으로 행동한다

잘 알다시피 현실적으로 개개인의 행동은 많은 비합리적인 면을 갖고 있습니다. 그러한 비합리적인 면을 강조해서 그것에 관해 분석하는 것은 나름대로 의미가 있겠지요. 심리학 등에서는 그러한 수법이 성공하고 있다고 듣고 있습니다.

그러나, 경제현상을 대충 파악해 경제의 기본적인 기능이나 그 움직임에 관해 분석하기 위해서는 개개인이 합리적으로 행동하고 있다고 가정하는 편이 좋다고 생각합니다. 실제로 개개인의 경제활동의 상당한 부분은 합리적인 판단에 근거하고 있다고 생각힐 수 있기 때문입니다.

경제활동이 합리성에 근거하고 있다고 가정하는 것은 분석 상 대단히 큰 의미를 갖고 있습니다. 예를 들어, 쌀의 수입자유화 문제에 관해 생각해 봅시다. 우리들이 밖에서 관찰할 수 있는 것은 쌀 가격, 거래량, 정부의 재정부담액 등입니다.

그러나, 만약 소비자도 생산자도 합리적으로 행동하고 있다고 생각하면 쌀 가격의 배경에는 생산자의 생산비용과 소비자의 쌀에 대한 평가를 읽을 수가 있습니다.

생산자가 합리적이라면 쌀 가격이 생산비보다 높으면 생산을 증대하여 생산비가 가격수준과 같을 때까지 생산하려고 할 것입니다. 왜냐하면 그렇게 하는 것이 농민 자신의 소득이 최대가 되기 때문입니다. 따라서, 쌀 가격은 어느 의미로 쌀의 생산비를 나타내고 있습니다. 소비자 측도 쌀 가격과 자신의 쌀에 대한 평가를 비교해 가면서 가격보다 큰 만족을 얻고 있다고 느낄 때 쌀을 소비할 것입니다. 따라서, 쌀 가격의 배경에는 소비자의 쌀에 대한 평가도 숨어 있는 것입니다.

이처럼, 개개인의 행동이 합리성에 근거하고 있다고 가정하면 가격의 배경에는 생산자의 생산비용이나 소비자의 평가가 숨어 있는 것을 알 수 있습니다. 그리고, 이 정보를 이용하면 쌀 수입자유화를 실시해 가격이 하락했을 때, 생산자가 얼마나 손실을 입고 소비자가 얼마나 이익을 얻을 것인가를 알 수 있을 것입니다.

합리성의 가정은 위에 든 예 이외에도 여러 가지 분석상의 이점을 갖고 있습니다. 예를 들어, 재정정책이나 금융정책 등 거시경제정책의 영향에 관해 생각할 때, 기업이나 소비자가 정책의 변화에 대해 어떻게 반응하는가가 중요한 포인트가 됩니다. 만약 기업이나 소비자가 어느 정도 합리적으로 행동한다고 가정하면 그 정책에 대한 반응의 방향에 대해서도 예상이 가능합니다.

시장에서는 모든 것이 서로 영향을 미친다

경제현상이 때때로 대단히 복잡하게 되는 것은 경제내의 경제주체(개인 및 기업)나 여러 시장간에 각종 형태의 상호작용이 이루어지기 때문입니다. 이 상호작용에 관해 이해하는 것이 각종 경제현상을 분석할 때 중요합니다. 아래와 같은 예를 생각해 봅시다.

「모든 사람이 저축을 늘이려고 하면, 개인의 저축은 결국 감소하게 된다」 라는 주장은 기묘하다고 생각합니까? 경제주체간의 상호작용이 있기 때문에 이러한 현상은 결코 있을 수 없는 것이 아닙니다.

각자가 자신의 저축을 늘리려는 행동은 그만큼 소비를 줄이려는 행위에 지나지 않습니다. 왜냐하면, 저축이란 소득가운데 소비로 돌리지 않는 부분이기 때문에 저축을 늘이기 위해서는 소비를 줄여야 하기 때문입니다. 사람들의 소비가 감소하면 그만큼 기업이 생산하는 상품에 대한 수요도 감소하기 때문에 경기가 악화됩니다. 경기의 악화는 실업의 증가나 기업의 이윤저하라는 형태로 나타납니다. 이것은 결국 개별 소비자의 소득감소로 이어집니다. 소득이 감소한 결과 사람들은 저축을 줄이지 않으면 안되게 됩니다.

사람들의 소비의욕은 경기의 중요한 결정요인이기 때문에 저축을 늘이기 위해서는 먼저 소비를 늘여 경기를 좋게 하는 것이 필요한 경우도 있습니다.

지금 든 예는 개인의 행동을 단순히 합한 것만으로는 경제전체의 움직임을 파악할 수 없다는 것을 가리키고 있습니다. 개개인의 저축행동은 소비의욕의 변화를 통해서 경기에 중요한 영향을 미칩니다. 또한 경기는 개개인의 소득 수준에 영향을 미쳐 저축에도 영향을 미치게 된다는 것입니다.

위에 든 예는 경제 내에서 일어나는 상호작용의 아주 작은 것으로서 그 외에도 여러 가지 형태로 나타날 수 있습니다. 추가 적인 예를 두 가지 정도 들어보겠습니다.

쌀의 수입을 제한하는 것은 쌀 생산에 토지나 노동력을 추가적으로 사용해야한다는 의미에서 그 만큼 다른 생산을 희생시키고 있습니다. 이런 점도 고려해서 수입제한정책의 의의에 관해 생각할 필요가 있습니다. 또 내수확대정책 등의 재정정책을 실시하면 이자율이나 환율도 변화합니다. 그에 따라 민간투자나 무역, 나아가 해외각국에도 영향을 미칩니다.

첫 번째 예는, 미시경제학에서 일반균형분석이라 불려지는 분석수법의 기초가 되는 생각을 나타내고 있습니다. 여러 산업은 서로 밀접하게 관련되어 있기 때문에 하나만을 따로 떼어내어 논의할 수 없다는 것이 그 기본적인 생각입니다.

두 번째 예는, 거시경제학이라 불려지는 분야의 전형적인 케이스입니다. 거시경제학이란 경제전체를 대충 파악하려는 분야로서 GNP, 이자율, 환율, 물가 등 몇 개의 중요한 경제변수간의 상호 작용을 분석하는 것이 그 주요한 목적입니다.

이 책은 크게 3부로 구성되어 있습니다. 제1부는 미시경제학의 기초이론을, 제2부는 거시경제학의 기초이론을, 제3부는 국제경제학의 기초이론을 다루고 있습니다.

랑크야 놀자 경제야 놀자

제1부_ 미 시 경 제 학

제1장
개별상품에 대한 수요

제1부에서는 미시경제학의 기초적인 문제에 관해 설명하겠습니다. 여기서는 수요와 공급이라는 개념에 대해 파고 들어가, 미시경제학의 사고방법을 몸에 배도록 하겠습니다. 특정한 상품(재화)에 분석대상을 한정하여, 그것에 대한 수요와 공급이라는 개념을 중심으로 분석하는 방법을 「부분균형분석」이라 부릅니다.

미시경제분석의 특징은 수요행동이나 공급행동의 배경에 있는 경제주체의 합리적 행동에 관해 분석하는 것으로서 각종 경제문제를 보다 깊게 이해하는데 있습니다.

앞서 든 예에서 보듯이 쌀 수입정책에 관해 분석할 때에도 쌀의 공급이나 수요의 배경에 있는 비용구조나 소비자의 선호까지 생각하지 않으면 정책에 관한 올바른 평가나 판단을 할 수 없습니다.

수요·공급행동을 나타내기 위해 사용되는 수요곡선이나 공급곡선은 이처럼 눈에 보이는 행동의 배경에 있는 비용이나 선호에 관해서도 어느 정도의 판단기준을 제공합니다. 미시경제분석은 대단히 광범위하게 응용이 가능합니다.

현실 경제는 다양한 부문이나 시장이 서로 밀접한 관계로 연결되어 있습니다. 따라서, 특정한 시장만을 다루는 부분균형분석에는 한계가 있습니다. 이것을 보완해 많은 시장을 동시에 다루려고 하는 것이 「일반균형분석」이라고 불려지는 분석수법입니다. 일반균형분석과 부분균형분석은 미시경제분석의 두 바퀴가 되는 것입니다.

1 수요와 효용

병태의 맥주에 대한 효용과 수요곡선의 의미

사람들이 상품을 수요(경제학에서는 상품이나 서비스를 구입하려는 의도를 가리킴)하는 것은 그 상품을 소비함으로써 행복감을 느끼기 때문입니다. 소비에 대한 이러한 견해는 너무나 소박하다는 비판도 있겠습니다만, 여기서는 우선 이러한 입장을 취하기로 하겠습니다. 경제학에서는 이러한 소비의 즐거움을 「효용(utility)」이라고 부릅니다.

효용이란 아주 애매한 개념입니다. 즐거움의 정도를 수치로 표시하는 것은 불가능하다고 생각합니다. 그러나, 경제학에서는 자주 효용이 금전단위로 표시되고, 그것이 크게 유효성을 발휘하고 있습니다. 아래에서는 이 점에 관해서 생각해 보려고 합니다.

그림 1-1은 1주일 단위로 본 병태의 맥주에 대한 수요를 나타내고 있습니다. 이 그림은 다음과 같이 이해할 수 있습니다. 만약, 맥주가격이 1400원

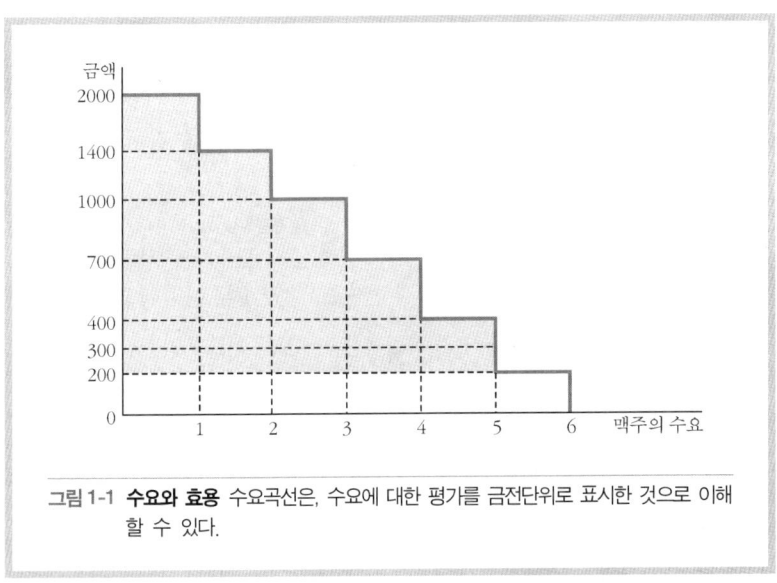

그림 1-1 **수요와 효용** 수요곡선은, 수요에 대한 평가를 금전단위로 표시한 것으로 이해
할 수 있다.

이상 2000원 이하라면 병태는 1주일에 맥주를 한 병 마시려 할 것입니다.
가격이 1000원에서 1400원 사이라면 2병, 700원에서 1000원 사이라면
3병……로 되어 있습니다. 그림 1-1이 통상적인 수요곡선과 달리 막대그래
프 형태로 되어 있는 것은 맥주를 한 병 단위로 밖에 소비할 수 없기 때문입
니다. 맥주를 아주 작은 단위로 살수 있다면 수요곡선은 매끄러운 곡선이
됩니다.

또한, 그림 1 1에 표시된 수요곡선은 다음과 같이 이해할 수도 있습니다.
병태는 맥주 한 병에 대해 최고 2000원까지 돈을 지불해도 좋다고 생각하고
있기 때문에, 1주일에 맥주 한 병 마시는 즐거움은 병태에게 2000원의 가치
가 있습니다. 즉, 병태에게 맥주 한 병의 효용은 금전가치로 나타내면 2000
원이 됩니다.

그러면 맥주 두 병의 효용은 얼마나 될까요? 두 병째 맥주에 대해서는 1400원까지 돈을 낼 기분이 있기 때문에 두 병의 맥주에 대해서는 합계 3400원(=2000원+1400원)의 평가를 하고 있습니다. 똑 같이 해서, 맥주 3병에는 4400원, 4병에는 5100원이라는 평가가 이루어지고 있다는 것을 알 수 있습니다.

이처럼, 개개인의 수요곡선은 가격과 수요의 관계를 나타내고 있는 것뿐만 아니라, 그 사람이 그 상품에 대해 어떤 평가를 하고 있는가 라는 것도 나타내고 있습니다. 그것도 그 평가가 금전단위이기 때문에 어느 정도 객관성을 가진 평가라는 것이 됩니다.

병태의 소비자 잉여

그러면 그림 1-1로 되돌아가서, 맥주가격이 300원이었다고 해봅시다. 그 가격이라면 병태는 맥주를 5병까지 사려고 하겠지요. 앞에서 말한 방법으로 계산하면 5병의 맥주를 마시는 것은 병태에게 5500원(=2000+1400 +1000+700+400)의 가치가 있습니다. 이때 병태가 5병의 맥주를 구입했다면 실제 지불한 금액은 1500원(=300×5)입니다. 양자의 차액을 취하면 4000원이라는 숫자가 도출됩니다만, 이것이 「소비자 잉여(consumer's surplus)」라 불려지는 것입니다.(그림의 음영 부분은 이것을 나타내고 있습니다)

소비자 잉여란 병태의 맥주 구매행동에서 보듯이 지불할 의사가 있으나 지불하지 않고 해결되었다는 의미로서 수요행동을 통한 소비자의 이익을 나타낸 것입니다.

이상의 논의만으로도 소비자 잉여라는 개념을 막연히 파악할 수 있다고 생각합니다만, 이 개념에 관해 좀더 깊게 파고 들어가 봅시다. 지금 병태가 살고 있는 동네에는 구멍가게가 한 집밖에 없고, 그것도 다음과 같은 심한 가격설정을 하고 있다고 합시다. 맥주는 5병을 묶어서만 팔고 5병 합계가격은 5400원이라는 가격설정입니다. 이 때 병태는 맥주를 살까요? 병태에게 선택의 가능성은 두 가지 밖에 없습니다. 맥주를 사지 않느냐, 아니면 5400원을 내고 맥주 5병을 사느냐 입니다. 그림 1-1의 경우에는 병태가 5병의 맥주를 사는 선택을 하겠지요. 이때 병태의 소비자 잉여는 영(0)이 됩니다.

이러한 상황과 비교하면, 맥주를 한 병 단위로 팔고, 그것도 한 병 가격이 300원이라는 것이 병태에게는 매우 좋은 일입니다. 소비자 잉여란 이러한 좋은 시장가격하에서 병태가 얻을 수 있는 이익을 표현한 것으로 생각할 수 있습니다. 소비자 잉여 금액은 맥주가격이 낮아질수록 커집니다. 이 점을 확인하기 위해 맥주 가격이 1000원 일 때와 100원일 때의 소비자 잉여 금액을 계산해 보십시오. 또한, 독자여러분도 앞으로 외식을 할 때 그 식당에서의 자신의 소비자 잉여는 얼마나 될까를 생각해서 행동해 보십시오.

2 개별 상품에 대한 수요곡선

그림 1-2의 곡선 DD는 표준적인 수요곡선을 나타낸 것입니다. 그림 1-1과 달리 매끄럽게 되어 있는 것은 가격과 수요량을 아주 세분할 수 있다는 가정 아래 그려진 것이기 때문입니다. 이 그래프의 세로축에는 상품의 가격이, 가로축에는 수요량이 표시되어 있어, 어떤 상품에 대한 가격과 수요량간의 대응관계를 나타내고 있습니다. 이 재화(편의상, 석유)의 가격이 P_1 수준

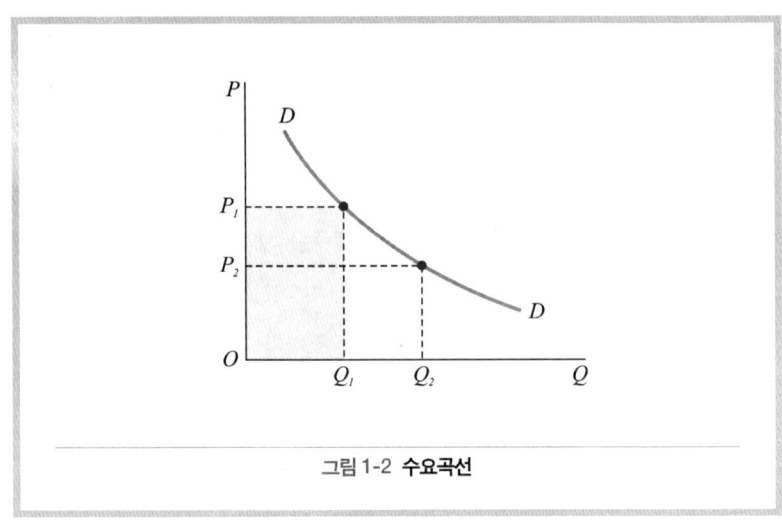

그림 1-2 **수요곡선**

에 있을 때 수요량은 Q_1이고, 가격이 P_1까지 하락하면 수요량은 Q_2까지 증가하는 것을 알 수 있습니다. 수요곡선이 오른쪽으로 처지는(우하향하는) 것은 가격이 낮아질수록 수요량이 증가한다고 생각되기 때문이다.

수요곡선에서는 가격이나 수요량 이외의 사실도 알 수 있습니다. 그림 1-2의 음영 부분을 보십시오. 이것은 석유가격이 P_1, 그때의 석유수요량이 Q_1인 경우, 석유에 대한 총지출액(총수요액)을 나타내고 있습니다. 총지출액은 가격에 수요량을 곱한 것으로서 그림의 빗금친 부분의 면적(=가격×수요량)이 됩니다. 이 지출액의 움직임은 각종 경제 문제를 고려할 때 중요합니다.

이하에서는 몇 가지 예를 들어가면서 이 점을 밝혀 보겠습니다.

오일 쇼크와 한국의 석유수입액

석유수출국의 공급량제한에 의해 석유가격이 상승했을 때, 한국의 석유수입액은 어떻게 변화할까요? 수입액은 가격에 수입량을 곱한 것이므로

石유수입액 = 석유가격 × 석유수입량

으로 표현할 수 있습니다. 석유가격이 인상되면 석유의 수입량은 감소한다고 생각되기 때문에 수입량의 변화는 그림 1-3에 나타난 화살표처럼 됩니다.

석유수입액은, 석유가격의 상승의 결과, 오히려 증가하는 경우가 있을 수 있습니다.

그림 1-3의 A경우처럼 가격이 상승해도 수입량이 조금 밖에 감소하지 않으면 가격상승의 효과가 수입량감소의 효과보다 커서 석유 수입액은 증가합니다. 그러나, B경우처럼 가격상승에 따라 수입량이 큰 폭으로 감소하면 석유 수입액도 감소합니다.

1970년대의 오일쇼크 때 한국의 석유수입액이나 경상수지의 움직임을 조사해 보면, 석유가격이 상승한 직후에는 석유의 수입액이 대폭적으로 증

A. 수입액 ↑ = 가격 ↑ × 수입량 ↓

B. 수입액 ↓ = 가격 ↑ × 수입량 ↓

그림 1-3 **가격변화와 수입액의 변화** 석유가격이 올랐을 때, 만약 수입량이 별로 변하지 않으면 수입액은 가격인상에 주도되어 증가한다(A). 여기에 대해, 만약 수입량이 가격상승에 크게 반응하면 수입액은 오히려 감소한다(B).

가했고 경상수지도 큰 적자를 보였습니다. 그러나, 몇 년 뒤에는 수입량의 조정이 일어나 한국의 경상수지적자는 크게 줄었습니다.

석유에 대한 단기 수요와 장기 수요

석유가격의 상승에 의해 한국의 수입액이 증가하는가 감소하는가는 석유에 대한 수요가 가격변화에 어느 정도 민감하게 반응하는가에 달려 있다는 것을 알 수 있습니다.

그림 1-4에서 기울기가 가파른 수요곡선과 완만한 수요곡선이 그려져 있습니다. A그림은 가격의 변동에도 불구하고 수요량의 변화가 작은(가격변화에 수요가 그다지 반응하지 않는) 경우를 나타내고 있고, B그림은 가격 변동폭보다 수요량의 변화가 더 큰(가격변화에 수요가 민감하게 반응하는) 경우를 나타내고 있습니다.

석유로 말하면, A그림은 단기의 석유에 대한 수요곡선, B그림은 중장기

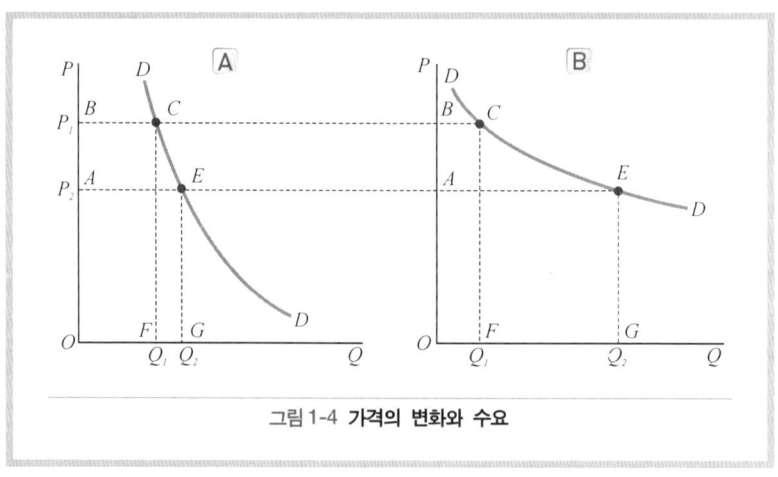

그림 1-4 **가격의 변화와 수요**

의 수요곡선으로 해석할 수 있습니다.

석유가격이 변화해도 아주 짧은 기간에는 개별기업의 석유수입량은 크게 변하지 않겠지요. 예를 들어, 석유를 사용해서 제련을 행하는 제철공장이 석유가격이 상승했다고 해서 다음날부터 석탄에 의한 제련으로 바꿀 수는 없습니다. 이러한 단기적인 조정의 어려움을 반영하여 단기의 석유수요는 가격에 거의 반응하지 않는다고 생각할 수 있습니다. 따라서 가격이 상승하면 거기에 대응해서 수입액도 증가합니다. 석유는 한국의 수입 가운데 큰 비중을 차지하고 있기 때문에(현재는 그 비중이 많이 낮아졌지만), 한국의 경상수지도 대폭적인 적자를 나타내게 됩니다.

이에 반해, 어느 정도의 시간이 주어지면 경제주체들은 석유가격의 상승에 대응할 수 있습니다. 제철업계의 예로 말하면 석탄에 의한 제련으로 전환할 수 있기 때문입니다. 따라서, 중장기의 석유에 대한 수요는 그림 1-4의 B그림처럼 가격상승이 대폭적인 수요의 감소를 가져오기 때문에, 석유수입액은 그다지 증가하지 않거나 아니면 감소할 수도 있습니다.

'풍년거지'

몇 년 전처럼 날씨가 좋아서 배추와 같은 채소가 풍작이 되면, 가격이 폭락하여 농가의 수입이 오히려 줄어드는 현상을 「풍년거지」라 부릅니다. 이 현상도 수요곡선의 형태와 지출의 변화 관계로 설명할 수 있습니다.

그림 1-4의 A를 다시 한번 봐주십시오. 지금 배추의 수확량이 작년의 Q_1수준에서 올해는 Q_2수준까지 증가했다면 농가의 수입은 어떻게 될까요? 가격은 P_1에서 P_2까지 하락하기 때문에 농가의 수입(소비자의 배추에 대한 지출액)은 OPCB에서 OGEA로 감소한다는 것을 알 수 있습니다.

만약, 수요가 B그림처럼 가격에 민감하게 반응한다면 수확량의 증가가 일어나도 가격은 그다지 하락하지 않습니다. 따라서, 이 경우 풍년거지는 발생하지 않게 됩니다.

'풍년거지' 현상은 여러 가지 형태로 나타납니다. 예를 들어, 발전도상국과 선진국간의 무역(소위 남북무역)에 관해서 아래와 같은 문제가 제기되고 있습니다.

발전도상국은 일반적으로 1차 상품(농산물, 광산물 등)의 수출에 크게 의존하고 있습니다. 그러나 1차 상품에 대한 수요는 가격에 그다지 반응하지 않기 때문에 1차 상품의 공급변동은 커다란 가격 변화를 가져옵니다(그림 1-4의 A그림에서 확인하십시오). 그 결과, 발전도상국의 수출액은 크게 변동하는 경향을 보이고, 그 결과 발전도상국의 소득 불안정요인이 되고 있습니다.

성인요금과 학생요금의 차별

영화관 등에서는 학생과 성인에게 서로 다른 요금이 부과됩니다. 이것은 영화관의 이윤추구행동과 모순되지 않을까요? 이 점에 관해서도 그림 1-4를 사용하여 어느 정도 설명할 수 있습니다.

일반적으로, 성인의 영화에 대한 수요는 A그림의 DD곡선과 같은 형태를 하고 있고, 학생의 영화에 대한 수요는 B그림의 DD곡선과 같은 형태를 취한다고 생각할 수 있습니다. 왜 그럴까요? 성인의 영화 수요는 학생의 그것에 비해 가격에 크게 영향을 받지 않는다고 생각됩니다. 아무리 입장료가 싸도 흥미가 없는 영화를 보러 가는 어른은 적을 것이고, 꼭 보려는 영화는 비싼 요금을 내고서라도 보려고 할 것이기 때문입니다.

이에 반해, 학생의 경우에는 금전적 제약(주머니 사정)이 커서 입장료 수준은 영화 수요에 큰 영향을 미칠 것입니다. 영화의 내용에 따라 다르겠습니다만, 요금을 낮게 설정하면 많은 학생을 불러들일 수 있을 것이고, 요금을 아주 높게 설정하면 입장자수는 대단히 적어질 것입니다.

이상과 같은 상황에서 학생과 성인의 입장료는 어떻게 설정될까요? 먼저, 학생의 입장료는 비교적 낮게 설정됩니다. 학생의 입장자수는 가격에 민감하기 때문에 가격을 다소 낮게 설정하여 입장자수를 늘이는 것이 흥행주의 이익에 부합되기 때문입니다. 즉, 여기서는 '박리다매(薄利多賣)'의 메커니즘이 작용하고 있습니다. 한편, 성인의 입장료를 낮게 정하는 것은 의미가 없습니다. 입장료를 올려도 성인의 입장자수는 별로 줄지 않기 때문에 흥행주는 성인의 입장료를 높게 설정하려고 합니다.

이와 같이, 성인과 학생의 입장료에 차이를 두는 것은 양자의 수요곡선의 차이를 고려할 때 이치에 맞는다고 생각됩니다. 경제이론에서는 이것을 「가격차별」이라 부릅니다. 가격차별이론의 응용 예는 많이 있습니다. 예를 들어 덤핑(dumping)이라 불리는 현상도 가격차별이론으로 설명할 수 있습니다.

덤핑

국내와 외국의 양쪽에서 자동차를 판매하고 있는 기업을 생각해 봅시다. 국내에서는 소비자의 브랜드 선호(현대자동차파, 대우자동차파 등)가 강해서 수요는 가격에 별로 반응하지 않는다고 합시다(그림 1-4의 A그림). 한편, 외국에서는 브랜드가 그다지 큰 의미를 갖지 못하고 자동차의 가격이 수요의 중요한 결정요인이라고 합시다. 이 경우, 각 기업이 생산한 자동차의 품질에 차이가 별로 없다면 다른 기업보다 낮은 가격을 설정한 자동차에 수요가 집중될 것입니다. 이런 의미에서 외국에 있어서의 자동차에 대한 수요는 가격에 민감하다고 생각됩니다. 이러한 경우, 국내에서 높은 가격을, 외국에서 낮은 가격을 설정하는 것이 기업의 이윤추구 원칙에 합당합니다. 이것은 덤핑이라 불리는 현상의 한 형태에 불과합니다.

자비로운 의사의 진료행위와 가격차별

가격차별이론의 예를 하나만 더 들어볼까요. 영화나 소설에서는 자비로운 의사가 부자에게는 높은 진료비를 받고 가난한 사람에게는 진료비를 낮게 받습니다. 그런데, 가격차별이론의 관점에서 보면 이 의사의 행동은 이윤을 높이는 행위가 됩니다.

부자의 의료서비스에 대한 수요는 진료비에 그다지 좌우되지 않을 것이고, 가난한 사람들의 의료서비스에 대한 수요는 진료비에 민감하게 반응할 것입니다. 따라서, 부자에게 높은 진료비를 청구하는 것이 이윤극대화와 전혀 모순되지 않습니다. 의사들 가운데에는 이윤동기에서 이러한 가격차별을 행하는 사람도 있을지도 모릅니다. 그러나 그러한 동기에서 행해지는 가격차별이라 해도 결과적으로 가난한 사람들에게는 이익이 됩니다.

3 수요곡선의 분해

지금까지 우리가 수요곡선이라 부른 것은 경제전체의 어떤 하나의 상품

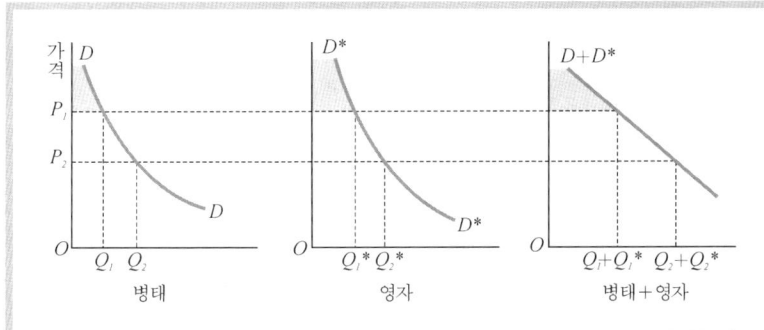

그림 1-5 **수요곡선의 분해** 시장전체의 수요곡선($D+D^*$)은, 각 개인의 수요곡선(그림의 D와 D^*)을 수평방향으로 더해서 도출된다. 소비자 잉여에 관해서도 동일한 방법이 적용된다.

에 대한 가격과 수요량의 관계였습니다. 이러한 수요곡선은 개개인의 수요행동에서 생겨난 것입니다. 그림 1-5는 이점을 간단한 예를 사용하여 설명한 것입니다.

이 사회에는 병태와 영자, 두 사람 밖에 없다고 합시다. 그림의 DD와 D*D*는, 어떤 상품에 대한 병태와 영자의 수요곡선을 나타내고 있습니다. 우측에 있는 D+D*로 표시되어 있는 수요곡선은 병태와 영자의 수요곡선을 수평방향으로 더한 것입니다.

수평방향으로 더한다는 것은, 예를 들어 가격이 P_1이면 병태의 수요는 Q_1, 영자의 수요는 Q_1^*가 됩니다만, 병태와 영자의 수요를 더한 $Q_1+Q_1^*$가 우측 그래프에 표시됩니다. P_2가격일 때도 같은 조작이 표시되어 있기 때문에 확인해 보십시오.

이처럼, 시장전체의 수요곡선은 그 사회를 구성하는 개개인의 수요를 합한 것이라 생각할 수 있습니다. 그림 1-5의 예에서는 두 사람의 개인밖에

없습니다만, 이 분해 조작은 사회에 아무리 많은 개인이 있다고 해도 기본적
으로 동일합니다.

4 시장수요와 소비자잉여

앞서 설명한 소비자잉여 개념은 개인의 수요곡선상에서 설명했습니다만,
사회전체의 수요(시장수요)에서도 설명할 수 있습니다. 이 점을 그림 1-5로
설명하겠습니다.

그림 1-5의 좌측에 있는 두 개의 그래프의 음영 부분은 가격이 P_1일
때의 병태와 영자의 개별 소비자잉여를 나타내고 있습니다. 우측 그래프의
음영 부분은, 시장수요(병태＋영자) D＋D*에 관해 시장전체의 소비자잉여
를 구한 것입니다. 이미 설명한 것처럼, D＋D*는 병태와 영자의 수요곡선
을 수평방향으로 더한 것입니다. 따라서, 우측의 음영 부분의 면적은 좌측의
두 그래프의 음영처리된 면적을 합한 것과 같습니다.

이처럼, 시장수요곡선에서 도출된 소비자잉여의 크기는 그 수요를 구성
하고 있는 개개인의 소비자잉여를 더한 것이 됩니다. 위의 예에서는 병태와
영자, 두 사람 밖에 없는 경우를 생각하고 있습니다만, 사회에 아무리 많은
개인이 있어도 동일한 논의를 전개할 수 있다는 것은 명백하겠지요.

2부요금제(two-part tariff system)

2부요금제라 불리는 제도가 있습니다. 이 제도는 소비자잉여에 관한 이

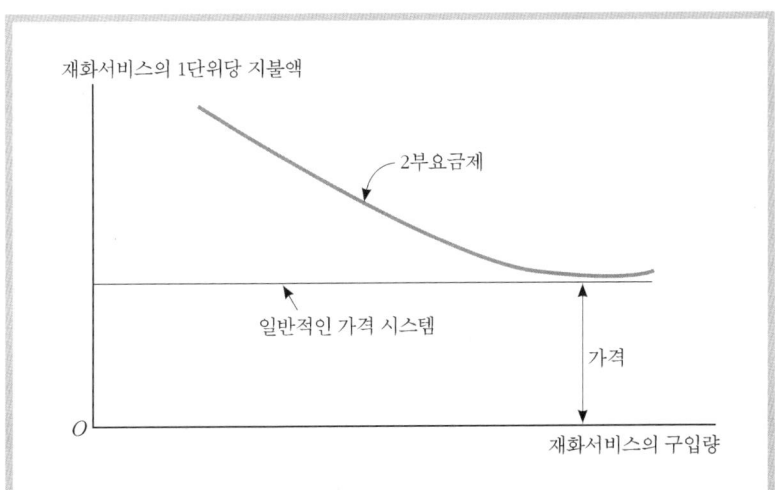

그림 1-6 **2부요금제** 2부요금은 최초에 어떤 일정액을 지불하고(고정지불액 부분), 이후 수요에 비례해서 추가로 지불을 행하는 제도이다. 이 제도하에서는, 보다 많이 수요할수록 단위당 지불액은 작아진다.

해를 돕는데 유익한 예라고 생각합니다. 2부요금제란, 롯데월드의 요금이나 전화요금 등에서 볼 수 있는 가격시스템으로 아래와 같은 것을 가리킵니다. 롯데월드에 들어가기 위해서는 먼저 입장료를 내어야 하고, 특별한 티켓을 사지 않는 한 청룡열차 등의 놀이시설을 이용할 수 없고, 놀이시설 1회 이용시마다 이용료를 지불해야 합니다.

전화요금의 경우에도 이와 같은 시스템이 적용되고 있습니다. 전화를 설치하기 위해서는 가입료를 지불합니다만, 이것만으로 전화를 걸 수 없습니다. 전화를 걸 때마다 통화시간에 따라 통화료를 낼 필요가 있습니다.

한편, 카메라도 2부요금제로 되어 있습니다. 카메라 본체를 구입해도 필름을 구입하지 않으면 촬영할 수 없습니다. 결국, 카메라 본체에 지불한 금액은 입장료 내지 가입료에 불과하다는 것을 알 수 있을 것입니다.

그림 1-6은, 2부요금제와 일반적인 가격시스템을 비교한 것입니다. 일반적인 상품(예를 들어 사탕)을 사는데 입회금은 필요 없기 때문에 사탕을 몇 개 사더라도 한개당 지불액은 일정합니다(가격이 여기에 대응합니다). 여기에 대해, 2부 요금제의 경우에는 많이 구입할 수록 한 개당 지불액이 떨어집니다. 이것은 입장료(가입료)가 분산되기 때문입니다.

그러면 사람들은 왜 입장료를 내면서까지 롯데월드에 가는 것일까요? 그림 1-1로 돌아가 이 점에 대해 생각해 봅시다. 그림 1-1의 수요곡선은 병태의 롯데월드에서의 놀이시설에 대한 수요를 나타내고 있는 것으로 바꾸어 보겠습니다. 만약, 놀이시설 1회를 이용할 때마다 300원을 지불해야 한다고 하면 병태는 놀이시설을 5회 이용하려고 하겠지요. 여기까지는 맥주의 경우와 동일합니다.

롯데월드가 맥주의 경우와 다른 것은 입장료를 부과하는 점에 있습니다. 지금까지의 설명으로 분명해졌다고 생각합니다만, 만약, 입장료가 소비자잉여(4000원)보다 싸다면, 병태는 입장료를 내고서라도 롯데월드에 들어가 놀이시설을 5회 이용하겠지요. 하지만, 입장료가 소비자잉여보다 높으면, 병태는 롯데월드에 가지 않겠지요.

2부요금제가 광범위하게 채택되고 있다는 사실, 그것도 사람들이 입장료나 가입료를 내면서까지 2부요금제가 적용되는 상품을 구입하고 있다는 사실은, 이들 상품이 입장료나 가입료 이상의 소비자잉여를 만들어 내기 때문일 것입니다.

비선형가격 체계

2부요금제는 통상의 단일 가격체계와는 달리 구입량이 많아질 수록 단위당 요금이 낮아지게 되어 있습니다. 이와 같이, 구입량이 증가할 수록 단위당 가격이나 요금이 올라가거나 내려가는 가격(요금)체계를 비선형가격체계라 부릅니다.

가정의 전기요금제도는 비선형가격제도의 대표적인 예입니다. 가정용 전기의 경우 사용량이 많아질 수록 사용단위당 요금이 높아지도록 설정되어 있습니다. 아마, 절전을 유도하기 위해 이러한 요금 설정이 이루어졌다고 생각합니다.

앞으로 이러한 비선형가격체계가 더욱 늘어가리라 생각됩니다. 왜냐하면, 컴퓨터의 보급이나 신용카드 등의 신종화폐의 보급으로 보다 유연한 요금징수가 가능해지기 때문입니다.

현재 널리 일반화 되어있는 백화점전용카드도 보다 많은 상품을 구입하는 고객을 우대하려고 하는 조치입니다. 이것은 카드를 사용한 형태의 비선형가격제도입니다.

전화요금에 관해서도 자기카드와 중앙의 컴퓨터를 사용해서 월 사용회수에 따라 요금을 징수할 수 있게 되면 굳이 1회 사용당 일률적인 요금을 징수할 필요는 없습니다.

전자 및 그 밖의 기술로 새로운 요금체계가 가능하게 되면 여러 가지 문제의 개선을 기대할 수 있습니다. 혼잡할 때만 높은 요금을 징수하는 혼잡통행료(peak road-price)도 비교적 쉽게 실행할 수 있겠지요.

5 수요와 효용극대화

    소비자가 합리적이라면 소비의 즐거움을 최대로 하는 행동을 취할 것이 틀림없습니다. 이것은 미시경제학의 가장 기본적인 생각입니다. 다음 장에서 이점에 관해 상세하게 설명하겠습니다만, 여기서는 수요곡선을 사용해 간단히 설명해 두겠습니다(아래의 설명에서는 그림 1-1을 사용합니다).

    그림 1-1에서는 맥주가격이 300원일 때 병태가 맥주를 5병 구입하는 것으로 나타나 있습니다. 그 때의 소비자 잉여는 4000원이었습니다. 사실은, 가격이 300원일 때 병태는 맥주를 5병 구입함으로서 소비자잉여를 최대화하고 있습니다.

    이 점을 확인하기 위해 맥주를 4병 구입했을 때의 소비자잉여를 계산해 봅시다. 맥주 4병을 마시는 것은 병태에게 5100원(2000＋1400＋1000＋700)의 가치가 있습니다. 이에 반해 맥주 4병 값은 1200원이기 때문에 이 때의 소비자 잉여는 3900원이 됩니다. 동일한 방법에 따라 6병 구입시의 소비자 잉여는 3900원, 3병 구입시는 3600원으로 계산할 수 있습니다. 결국, 가격이 300원일 때 5병 구입하는 것이 가장 큰 소비자잉여를 가져다 주는 것을 확인할 수 있습니다. 소비자는 자신의 소비자잉여를 최대로 하기 위해 행동하고 있습니다(최소비용, 최대효과 원칙).

    수요곡선과 가격에 의해 결정되는 수요량은 이러한 소비자 잉여의 최대화를 실현하는 것입니다.

한계효용과 소비자잉여 극대화

    지금까지 말한 것을 추가적인 소비에 대한 비용과 편익이라는 관점에서도 이해할 수 있습니다. 그림 1-1에서, 첫 병째 맥주는 병태에게 2000원의 가치가 있습니다. 당연히 그는 300원을 내고 맥주를 사겠지요. 두 병째 맥주(단, 맥주를 이미 1병을 사겠다고 마음먹은 뒤의 2병째)는 1400원의 가치가 있습니다. 이것도 맥주가격(300원) 이상이기 때문에 그는 틀림없이 구입할 것입니다. 이처럼 순차적으로 구입량을 늘여 나가면, 5병째는 400원, 6병째는 200원의 평가가 행해지는 것을 알 수 있습니다. 맥주가격이 300원이기 때문에 5병째까지 구입하는 것이 병태에게 가장 바람직한 것이라는 것을 알 수 있을 것입니다.

추가적으로 재화의 구입량을 늘이는 것에 대한 소비자의 평가를 그 재화에 대한 「한계(적)평가」, 또는 (금전단위로 표시한) 「한계효용」이라 부릅니다. 병태는 한계적 평가가 가격을 상회하는 한 구입량을 증가시키고, 전자가 후자보다 낮아지는 직전까지 구입하고 있습니다. 거기서 그의 소비자 잉여가 최대가 되는 것은 설명할 필요도 없겠지요. 즉, 소비자는 그 상품에 대한 한계효용이 가격과 일치하도록 구매하는 것이 소비자잉여를 최대화하는 것입니다.

제2장
개별소비자의 선택이론

앞장에서는 특정한 재화(맥주)에 초점을 맞추어 소비자의 수요 행동이 어떤 요인에 의해 결정되는가를 검토했습니다. 이처럼 특정한 재화에 분석을 한정하는 접근방법을 부분균형분석이라 합니다. 이 접근방법은 복잡한 현상을 단순화시켜 파악하는 데에는 대단히 좋은 방법입니다. 그러나, 특정한 재화에 분석을 한정하기 때문에 서로 다른 재화간에 존재하는 상호작용이나 서로 다른 재화간의 선택문제를 소홀히 하기 쉽습니다.

경제학의 상당한 부분은 서로 다른 재화간의 선택이나 자원의 배분을 문제시하고 있습니다. 예를 들어, 소비자라면 한정된 소득을 어떻게 여러 가지 재화의 소비에 배분할 것인가 라는 문제를 생각하겠지요. 경제전체로 말하면, 자원이 어떤 산업에 얼마만큼 분배해야 할 것인가 라는 문제가 중요합니다. 이러한 서로 다른 재화간에 자원이나 예산의 배분문제를 생각하기 위해서는 일반균형분석이라는 분석수법이 유익합니다.

이 장에서 설명하는 소비자 행동이론은 그러한 일반균형분석적 사고를 이해하는데 매우 유익하다고 생각합니다. 물론, 소비자 행동이론은 그 자체로도 경제학 가운데에서 중요한 위치를 차지하는 분야이고 수요행동의 구조를 이해하는 데에 유익합니다.

1 개별소비자의 만족 최대화 상품선택

예산제약선

현실세계의 소비자는 대단히 많은 재화를 구입합니다만, 그 행동(선택) 패턴의 골자는 다음과 같은 단순한 「두 재화 모형」으로 설명할 수 있습니다. 지금, 시장에는 재화1과 재화2 밖에 없다고 합시다. 또는, 모든 재화가 단순화를 위해 재화1(사과)과 재화2(귤)에 집약되어 있다고 합시다. 어떤 소비자가 이 재화에 사용할 수 있는 돈(이것을 소득이라 생각해도 좋음)이 10만원이고, 사과의 가격이 1000원, 귤의 가격이 500원이라고 합시다. 이 때, 10만원은 그 소비자의 선택을 제약(그 이상 구매할 수 없음)한다는 의미에서 '예산제약'이라 합니다. 이 예산제약하에서 소비자는 사과와 귤을 몇 단위(개) 살 수 있을까요?

만약 소득을 전부 사과에 사용하면 100개 살 수 있고, 또한 소득을 몽땅 귤 구입에 돌리면 2000개를 살 수 있습니다.

그런데, 소득을 두 재화에 나누어 사용하면,

$$1000C_1 + 500C_2 = 100,000$$

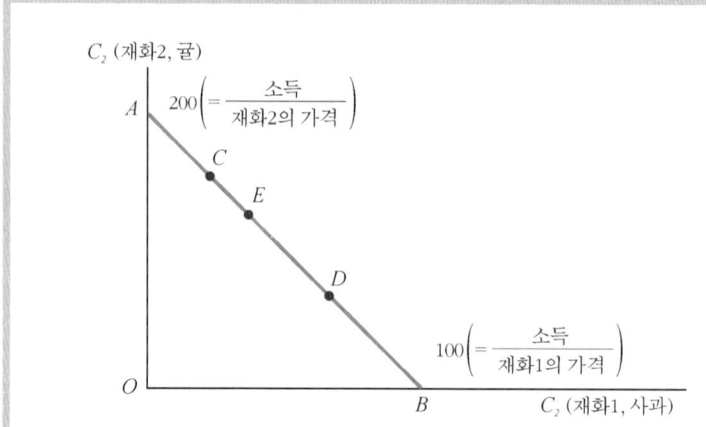

을 충족하는 소비가 가능합니다(단, C_1: 사과 구입량, C_2: 귤 구입량).

　그림 2-1의 삼각형 OAB는 위의 예산제약조건을 충족하는 두 재화의
소비량의 결합을 나타내고 있습니다. 단, 가로축에는 사과의 소비량(C_1),
세로축에는 귤의 소비량(C_2)이 표시되어 있습니다. 이 영역에서 특히 중요
한 것이 삼각형의 경계부분인 직선 AB입니다. 소비자가 10만원(소득)을
전부 두 재화의 소비에 지출할 때, 소비점(두 재화의 소비결합)은 이 직선상
에 있습니다. 이하에서는, 소득이 전부 지출된다고 가정하여 소비점은 AB
상에 있다고 하겠습니다. 소득의 일부를 저축으로 돌리는 경우에 관해서는
나중에 설명하겠습니다.

　그림 2-1의 선분 AB를 「예산제약선」이라 부릅니다. 이 선분의 기울기는

두 재화의 가격비율에 마이너스를 붙인 것(이 경우에는 −2)입니다. 이것은 다음과 같은 이유에서입니다. 이 선분의 기울기는, 이 소비자가 재화1(사과)의 소비를 한 단위 줄였을 때, 재화2(귤)를 얼마만큼 증가시킬 수 있는가를 나타내고 있습니다. 만약 사과의 소비량을 1단위 줄이면, 그에 따라 사과 가격인 1000원을 절약할 수 있습니다. 이 1000원으로 귤을 2단위 구입할 수 있습니다. 즉, 두 재화의 상대가격비(1000원/500원)에 해당하는 귤을 구입 할 수 있습니다.

소비자가 보다 많은 금액을 재화1(사과)에 지출할 수록 재화2(귤)에 사용할 수 있는 금액은 작아져 소비점은 B점으로 근접해 갑니다. 소비자는 이 예산제약선상에서 자신의 만족도가 가장 높은 점을 선택하려고 하겠지요. 그러면, 그것은 어떤 점일까요? 직관적으로는 사과를 크게 선호하는 소비자일수록 B점에 가까운 점을 선택하고, 귤을 크게 선호하는 소비자일수록 A점에 가까운 점을 선택하겠지요. 이러한 것을 「한계대체율」이라는 개념을 사용해서 좀더 구체적으로 검토해 봅시다.

병태의 사과와 귤의 「한계대체율」

한계대체율이라는 개념에 관해 설명하기 위해 재화1을 사과, 재화2를 귤, 소비자를 병태라 부릅시다.

병태에게 사과의 가치란 사과를 먹음으로써 얻는 만족감이나 영양보충에서 생깁니다. 그러나, 이것을 수량적으로 표현하는 것은 거의 불가능하다고 생각합니다. 그러나 사과소비의 가치를 귤의 수량으로 표현할 수 있을 것 같습니다. 예를 들어, 대단히 작은 물건의 크기를 알리고자 할 때, 그 물건 옆에 담배갑을 놓고 사진을 찍어 비교하는 것과 동일한 방법입니다.

병태에게 사과와 귤은 어느 정도 대체가 가능한 상품입니다. 사과소비를 한 개 줄여서 귤 소비량을 어느 정도 증가시킬 수 있으면, 병태의 만족도는 크게 변하지 않을 것입니다.

그러면 어느 정도의 귤 소비량을 증가시키면 병태에게 사과 한 개 분의 소비감소를 보충할 수 있을까요? 그것은 병태가 사과나 귤을 어느 정도 좋아하는가에 달려 있습니다. 만약, 병태가 사과를 대단히 좋아한다면 이 귤의 양은 많겠지요. 반대로 병태가 사과보다도 귤을 좋아한다면 적은 양의 귤로 사과의 감소를 보충 할 수 있을 것입니다. 이처럼, 사과소비량의 감소를 보충하는데 필요한 귤의 양을 소비에 있어서의 사과와 귤 사이의 한계대체율(marginal rate of substitution : MRS)이라 부릅니다.

한계대체율은 그 사람의 두 재화에 대한 상대적인 선호의 강도를 나타내고 있습니다. 일반적으로 사과를 보다 강하게 선호하는 소비자일 수록 사과의 귤에 대한 한계대체율(사과소비의 감소를 보충하는데 필요한 귤의 양)은 커지게 됩니다.

한계대체율의 크기는 또 그 소비자가 어느 점에서 소비를 하고 있는가에도 의존합니다. 일반적으로 어떤 재화의 소비량이 늘어날수록 그 재화의 상대 재화에 대한 한계대체율은 떨어집니다. 속된 말로 '물리게 되기 때문'입니다. 예를 들어, 그림 2-1의 경우, 병태에게 C점이 D점보다 사과와 귤간의 한계대체율이 클 것임에 틀림없습니다. 왜냐하면, C점이 D점보다 귤을 보다 많이 소비하고 사과를 보다 적게 소비하고 있기 때문입니다. 사과의 소비를 늘이는데 따른 만족도의 상승폭은 작아집니다.

따라서, 예산제약선상을 B에서 A로 옮겨갈수록, 병태의 (사과의 귤에 대한) 한계대체율은 커지게 됩니다.

병태의 만족 최대화 소비점 선택

병태는 예산제약선상에서 자신의 한계대체율과 상대가격(예산제약선의 기울기)이 같아지는 점을 소비점으로 선택할 것입니다. 이것은 다음과 같은 이유에서입니다.

예를 들어, 그림 2-1의 E점이 이러한 점이라고 해 봅시다. 그러면 이것보다 아래에 있는 D와 같은 점에서는 한계대체율이 상대가격(이 경우는 2)보다 작아졌음에 틀림없습니다. D는 E보다도 사과의 소비량이 많고 귤의 소비량이 적기 때문에 이 소비자의 한계대체율은 E에서 보다 D에서 작아져 있습니다.

예를 들어, D점에서 이 소비자의 한계대체율이 1이었다고 합시다. 그러면 병태는 이 점에서 사과1단위와 귤 1단위를 동등하게 평가를 하고 있습니다.

이에 대해, 사과와 귤의 상대가격은 2(즉, 사과가격은 귤가격의 2배)이기 때문에, 시장에서는 사과가 귤의 2배의 평가를 얻고 있습니다. 자기가 시장보다도 상대적으로 높게 평가하고 있는 귤을 많이 소비하고, 자기가 별로 높게 평가하지 않는 사과의 소비를 줄임으로써, 병태는 보다 높은 만족을 얻을 수 있습니다. 그림 상에서 말하면 D보다 예산제약선상의 위쪽(구체적으로는 좌상쪽)으로 이동함으로서 병태의 만족도는 높아집니다.

E점보다 위쪽의 점, 예를 들어 C점을 소비점으로 선택하면 이번에는 귤의 소비량이 너무 많습니다. C점에서는 한계대체율이 상대가격보다 커집니다. 예를 들어, C점에서의 한계대체율이 3이라고 해봅시다. C점에서 병태는 1단위의 사과와 3단위의 귤을 동등한 것으로 평가하고 있습니다.

D보다 C에서의 사과소비량이 적기 때문입니다. C점에서는 병태쪽이 시

장보다 사과를 높게 평가하고 있기 때문에, 사과의 소비량을 늘이고 귤의 소비량을 줄임으로서 병태의 만족도는 높아집니다. 이것은 그림 상에서, C에서 E 방향으로의 움직임으로 나타납니다. 이상의 논의로부터, 결국, E점이 예산제약선상에서 가장 높은 만족도를 가져다주는 점이라는 것을 알았습니다. 당연히, 병태도 이 점을 소비점으로 선택합니다.

개인의 저축행동

앞 절에서 설명한 소비자 행동이론은 재화1과 재화2에 구체적인 내용을 부여하면 여러 가지 형태의 응용에 사용할 수 있습니다. 여기서는 그 하나의 예로서 개인의 저축행동에 관해 살펴보겠습니다.

사람들은 모두 일생을 통해 예산제약하에 생활하고 있습니다. 노후에 풍요로운 생활을 원하면, 일할 수 있을 때 저축하지 않으면 안됩니다. 또 젊을 때 집을 사기 위해 주택융자를 받으면, 그후 오랜 기간에 걸쳐 상환해야 합니다. 이처럼 일생동안의 예산제약하의 선택행동은, 그림 2-1에서 설명한 현상과 기본적으로 동일한 것입니다.

일생을 일하는 기간(제1기)과 노후(제2기)로 크게 나누어 봅시다. 따라서, 재화1은 일하는 기간의 소비액, 재화2는 노후의 소비액이라 하겠습니다. 자녀에게 남기는 유산도 노후의 소비에 포함되는 것으로 하겠습니다. 그러면, 소비자가 직면하는 예산제약은 다음과 같은 식으로 나타낼 수 있습니다.

$$(1+r)(Y_1 - C_1) = C_2 - Y_2$$

단, Y_1과 Y_2는 일하는 기간과 노후의 소득액이고, r은 일하는 기간의 저축에 지불되는 이자율입니다. 만약 이 소비자가 일하는 기간에 돈을 빌리면, r은 빌린 돈에 대한 이자율이 됩니다.

이 식의 좌변의 $(Y_1 - C_1)$은 일하는 기간의 소득에서 소비를 뺀 것이기 때문에 일하는 기간의 저축이 됩니다. 단, 만약 이 항의 부호가 마이너스라면 채무액을 나타냅니다. 여기서 $(1+r)$을 곱한 값은 노후에 획득하는 저축으로부터 생기는 원리합계(원금+이자)액이 됩니다(단, 채무의 경우, 채무에 대한 원금과 이자의 합계). 소비자는 노후에, 저축에서 생기는 원리합계액 만큼 소득을 넘는 소비$(C_2 - Y_2)$를 할 수 있습니다.

위 식을 바꾸어 쓰면,

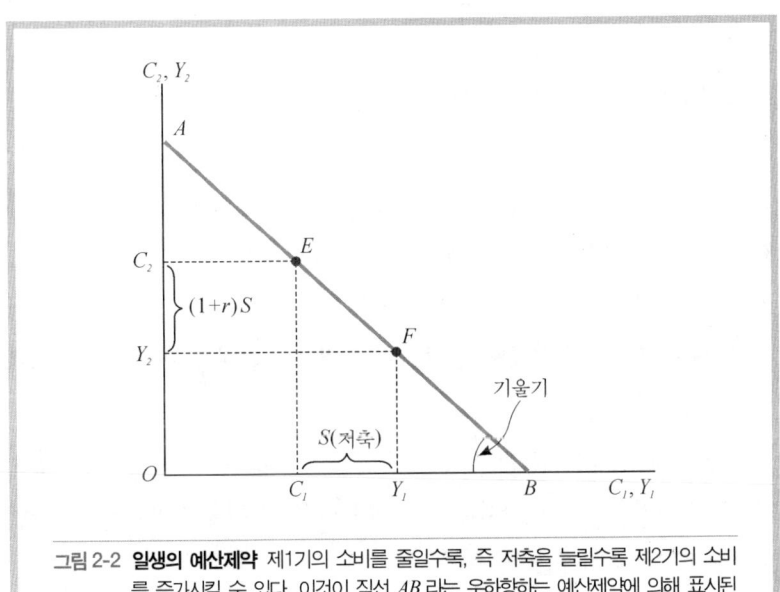

그림 2-2 **일생의 예산제약** 제1기의 소비를 줄일수록, 즉 저축을 늘릴수록 제2기의 소비를 증가시킬 수 있다. 이것이 직선 *AB* 라는 우하향하는 예산제약에 의해 표시된 관계이다. 이 직선의 기울기는 −(1+이자율)이다.

$$C_2 = Y_2 + (1 + r)(Y_1 - C_1)$$

이 됩니다만, 이것은 노후의 소비액(C_2)이 노후의 소득(Y_2)과 일하는 기간에서 넘어온 저축의 원리합계액$(1+r)(Y_1-C_1)$의 합과 같다는 것을 나타내고 있습니다.

그림 2-2는 위에서 설명한 예산제약선을 그래프로 나타낸 것입니다. 그림의 가로축에는 일하는 기간의 소비와 소득 C_1과 Y_1이, 세로축에는 노후의 소비와 소득 C_2와 Y_2가 표시됩니다.

이 그림의 선분 AB는, 위에 표시한 예산제약조건을 충족하는 C_1과 C_2의 결합을 나타내고 있습니다. 이 선분의 기울기는 $-(1+r)$로 되어 있습니다만, 이것은 다음과 같은 이유에서입니다. 이 소비자는 저축을 함으로써 일하는 기간의 소비를 노후의 소비로 바꿀 수 있습니다. 예를 들어 일하는 기간의 소비를 S원 줄여서 저축으로 돌리면, 노후의 소비를$(1+r)$S원 만큼 늘일 수 있습니다. 이 때, 두 기간의 소비간 교환율은 $(1+r)$이 됩니다.

합리적 소비자라면 예산제약선상의 어떤 점을 선택할까요? 앞에서 설명한 이론에 따르면, 두 기간의 소비간 한계대체율이 예산제약선의 기울기와 같아지는 점이 최적소비점이 됩니다. 한계대체율이 큰 소비자는 일하는 기간의 소비를 상대적으로 높게 평가하고 있기 때문에 소비점은 예산제약선상의 우측 아래쪽이 되겠지요. 즉, 이 소비자는 그다지 저축하지 않거나 아니면 돈을 빌리겠지요.

이에 반해, 한계대체율이 작은 소비자는 상대적으로 노후의 소비를 높이 평가하고 있기 때문에 예산제약선상의 좌측 위쪽의 점을 소비점으로 선택합니다. 즉, 많이 저축합니다.

2 여러 가지 여건변화에 따른 소비자의 선택문제

소비자가 자신의 소비행동을 결정할 때 소득수준과 가격은 매우 중요한 역할을 합니다.

만약 이것들이 변화하면 거기에 따라 소비점도 이동합니다. 소득이나 가격의 변화에 대해 소비는 어떻게 변할까요? 이 문제는 소비자 행동이론의 응용문제로서 여러 가지 형태로 논의되고 있습니다. 아래에서는 몇 가지 중요한 예를 살펴보기로 합시다.

소득변화와 소비패턴의 변화: 엥겔계수

「엥겔계수」라는 용어를 들어본 적이 있습니까? 가계나 국가의 총지출에 차지하는 식품 구입비의 비율을 엥겔계수라 부릅니다. 일반적으로 잘사는 가계(국가)일수록 이 계수가 낮다고 말합니다. 왜냐하면, 식품은 생활필수품으로서 일정량 이상의 소비는 필요치 않음으로 소득이 높아진다고 지출이 비례적으로 늘어나지 않습니다. 따라서, 소득이 높아질 수록 다른 재화로 보다 많은 지출을 돌릴 수 있기 때문입니다. 이러한 생각의 배경에는 소득의 변화에 대해 소비를 어떻게 조정할 것인가 라는 문제가 있습니다.

지금, 어떤 소비자의 소득이 증가했다고 가정해 봅시다. 이 소비자의 소비패턴은 어떻게 변화할까요? 그림 2-3에 표시된 것처럼 이 소비자의 예산제약선은 AB위치에서 A´B´ 위치로 이동합니다. 예를 들어, 소득이 두 배가 되면 일정한 가격하에서 두 배의 소비가 가능하기 때문에 예산제약선은 현재의 재화 수량의 두 배만큼 우측으로 평행이동 합니다.

정상재(우등재)와 하급재(열등재), 필수품과 사치품

이러한 소득증가와 거기에 따른 예산제약선의 이동에 의해 이 소비자의 소비점은 어디로 이동할까요? 소득증가 이전에는 C점이 최적소비점 이었다고 해봅시다. 그림 2-3에는 C에서 D, E, F, G로 4가지 이동방향이 표시되어 있습니다.

소득증가에 따라 소비점이 C에서 G로 이동하면, 소득증가의 결과 재화1의 소비량이 오히려 감소하게 됩니다. 이러한 경우 재화1을 「하급재(열등재)」라 부릅니다. 하급재의 예는 많이 있습니다. 예를 들어, 대학 앞의 싼 식당의 음식은 가난한 학생의 귀중한 영양공급원이 되고 있습니다만, 이런

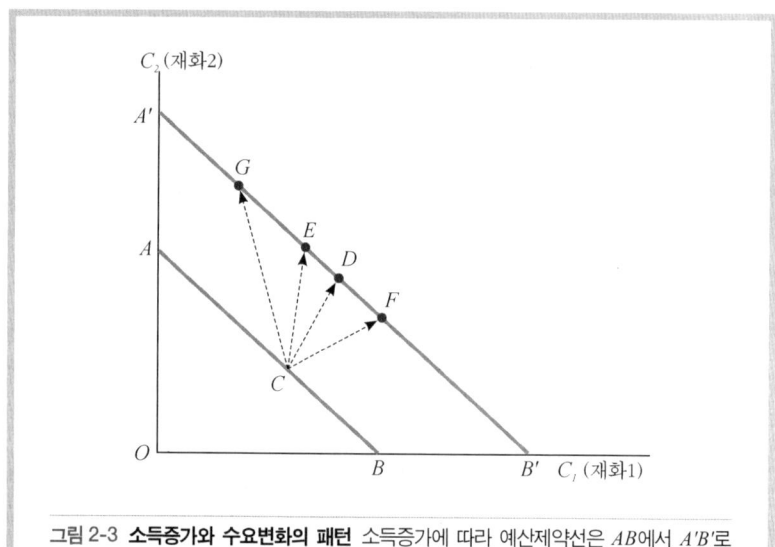

그림 2-3 **소득증가와 수요변화의 패턴** 소득증가에 따라 예산제약선은 AB에서 $A'B'$로 이동한다. 그 결과, 소비는 C에서 D, E, F, G로 변할 수 있다. 만약 G로 변한다면 재화1은 하급재가 된다. 재화1이 필수품이라면 E로, 재화2가 필수품이라면 F로 변한다.

식당에 자주 드나드는 학생도 만약 높은 임금을 받는 아르바이트를 하게되면, 이전보다는 적게 그 식당에서 음식을 먹을 것입니다. 그런 경우, 이 식당의 음식은 하급재가 됩니다.

다음으로, 소득증가에 의해 소비점이 C에서 E로 이동하는 경우에 대해 살펴봅시다. 이 경우에는 어느 재화도 모두 늘어나고 있습니다. 그러나, 재화2에 비해 재화1의 소비증가폭이 작습니다. 그 결과, 재화1에 대한 지출비율(총지출 가운데 재화1에 지출되는 비율)이 소득증가 전보다 소득증가 후가 낮아졌습니다.

이러한 일이 일어나는 것은 재화1이 「필수품」, 재화2가 「사치품」의 경우입니다. 필수품의 예로서는 쌀과 같은 재화를 생각해 보면 좋겠습니다. 쌀은 한국인의 식생활에 빼놓을 수 없는 것입니다만, 그 소비량에는 물리적 한계가 있습니다. 따라서, 소득이 늘어나도 쌀에 대한 지출액은 그렇게 늘어나지 않겠지요, 필수품이란 소득이 증가해도 그다지 소비량이 늘어나지 않는 재화라고 생각해도 좋습니다.

이에 반해, 사치품의 예로서는 오락(여행, 콘서트 등)이나 고급의상 등을 들 수 있습니다. 이러한 상품에 대한 지출은 소득증가와 함께 체증적으로 늘어납니다.

그런데 엥겔계수의 바탕에는 식품이 필수품이라는 생각이 깔려있습니다. 만약 식품이 필수품이라면 소득수준이 높아질 수록 총지출에 차지하는 식료품에 대한 지출비율은 작아지겠지요. 즉, 소득이 높은 가계나 국가일 수록 엥겔계수는 작아진다고 생각할 수 있는 셈입니다.

만약 재화2가 필수품이라면 소득증가에 의해 소비점은 C에서 F방향으로 이동하겠지요. 어느 재화도 극단적인 필수품이나 사치품이 아니라면, 소비점의 움직임은 C에서 D로의 이동과 같은 것이 됩니다(정상재).

가격변화와 수요량의 변화: 소득효과와 대체효과

다음으로 가격이 변화했을 때 소비패턴이 어떻게 변하는지를 살펴봅시다. 병태는 술을 대단히 좋아하여 매달 맥주 100병을 마시고 있다고 합시다. 맥주가격이 당초 한 병에 300원이었던 것이 한 병에 400원으로 올랐다고 해 봅시다. 이때, 병태의 소비패턴은 어떻게 변화할까요?

맥주가격이 올랐다는 것은 두 가지 효과를 가져옵니다. 먼저 맥주가 다른 재화에 비해 상대적으로 비싸졌기 때문에 맥주에서 다른 재화로 소비의 「대체」가 일어납니다. 맥주소비를 줄이고 소주나 양주로 바꾸거나, 술 이외의 다른 재화로 바꿀지도 모릅니다. 이 효과를 「대체효과」라 부릅니다.

가격상승은, 또 하나의 효과도 동반합니다. 맥주가격이 올랐다는 것은 병태의 실질적인 소득을 줄이게 됩니다. 한 달에 100병의 맥주를 마시는 병태에게 100원의 가격상승은 만원(=100×100)의 소득감소와 동등한 의미를 갖습니다. 이 실질적인 소득 저하에 따라 병태는 맥주소비도 다른 재화의 소비도 줄일 수밖에 없습니다(단, 여기서는 하급재가 없다고 가정합니다). 이처럼 가격변화가 실질적인 소득변화를 일으켜 소비패턴에 영향을 미치는 것을 「소득효과」라 부릅니다.

소득효과와 대체효과에 관해 좀더 깊게 이해하기 위해서는, 소득효과, 아니면 대체효과밖에 일으키지 않는 가격변화의 예를 생각해 봅시다. 만약, 모든 재화의 가격이 같은 비율로 상승하면 소득효과밖에 발생하지 않습니다.

예를 들어, 모든 가격이 20% 상승하고, 소득은 변하지 않아서 이전과 같은 수준에 있다고 해 봅시다. 이 경우, 소비자의 소득은 실질적으로 20% 감소한 것과 같습니다. 따라서, 소비자는 하급재를 제외하고 모든 재화의 소비를 줄이겠지요.

한편, 대체효과밖에 일으키지 않는 가격변화도 있습니다. 일부 재화의 가격이 올랐을 때, 정확히 그것을 상쇄하는 형태로 다른 재화의 가격이 내린 경우입니다. 즉, 어떤 재화는 5% 오르고 다른 재화는 5% 내린 경우입니다. 또, 인플레이션이 전혀 없어 소비자물가지수가 변화하지 않을 때에도 개별 재화의 가격은 변화하고 있습니다만, 이러한 상황은 대체효과만이 작용하고 있는 경우라고 생각해도 좋을 것입니다.

물론, 일반적으로는 가격변화가 일어나면 대체효과도 소득효과도 일어납니다. 위의 병태의 예로 말하면 대체효과도 소득효과도 병태의 맥주소비를 줄이는 방향으로 작용합니다. 이 책에 자주 등장하는 우하향하는 수요곡선은 이러한 가격과 수요량(소비량)의 관계를 나타낸 것입니다. 가격이 내리면 소득효과와 대체효과 양쪽을 통해서 수요는 증가해 우하향하는 수요곡선을 그립니다.

가격변화가 다른 재화의 수요량에 미치는 효과: 보완재와 대체재

한편, 어떤 재화의 가격이 올랐을 때, 다른 재화에 대해 대체효과는 소비를 늘이는 방향으로, 소득효과는 소비를 줄이는 방향으로 작용하고 있습니다. 따라서 맥주가격이 올랐을 때 다른 재화의 수요가 증가할 것인가 감소할 것인가는, 대체효과와 소득효과 가운데 어느 것이 크게 작용하는 가에 달려 있습니다. 이 점도 쉽게 확인 할 수 있으리라 생각합니다.

위의 예에서, 어떤 재화의 가격상승은 대체효과만 고려한다면 다른 재화의 수요증가를 가져왔습니다. 그러나, 이것은 항상 옳다고만 할 수 없습니다. 예를 들어, 빵 가격이 올랐을 때, 잼의 수요는 어떻게 될까요? 잼은 보통 빵과 함께 소비되는 것이기 때문에, 빵 가격이 오르면, 빵의 수요와 함께 잼에 대한 수요도 줄어든다고 생각됩니다.

이러한 빵과 잼과 같은 관계를 갖는 재화를 「보완재」라 부릅니다. 보완재 관계가 있는 재화의 예로서는, 커피와 설탕, 주택과 가구, 연필과 노트, 카메라와 필름, 자동차와 가솔린 등을 들 수 있습니다.

여기에 대해, 대체효과가 마이너스 방향으로 움직이는 것, 즉 한쪽의 가격상승의 대체효과를 통해서 다른 쪽의 수요증가로 연결되는 것은 「대체재」라 부릅니다. 대체재 관계가 있는 재화의 예로서는, 커피와 홍차, 철도와 비행기, 석유와 석탄 등을 들 수 있습니다.

3 소비자 행동이론의 응용

「비과세 저축제도」는 소비를 억제시킬 것인가?

과거 우리 나라의 가계저축은 일정한 범위 내에서 이자소득에 대해 낮은 세율이 적용되는 우대조치가 취해져 왔습니다. 그러나 1996년 10월부터 이자와 배당소득이 비과세 되는 만기3년 이상 장기가계저축제도와, 저축액의 5%에 대해 세액을 공제받고 이자 배당소득이 비과세 되는 근로자 주식저축제도를 도입했습니다. 이 제도의 도입목적은 저축을 늘이고 소비를 줄여, 국제수지 적자를 줄이기 위해 신설되었습니다.

그러면 저축에 대한 우대조치를 실시하면 과연 저축을 늘이고 소비를 줄일 수 있을까요?

비과세저축의 도입은 정부의 조세수입변화 등 다방면에 영향을 미치기 때문에, 금리구조나 그 밖의 경제변수가 변화해 버릴지도 모릅니다. 그러나, 지금 그러한 간접적인 효과를 무시하면, 비과세 저축의 도입은 이자소득에 부과되는 세액분 만큼 가계가 수취하는 이자소득을 증가시키므로 수취이자율을 높이는 효과를 갖습니다. 따라서, 가계저축의 도입이 가계저축에 어떠한 영향을 미치며, 나아가 소비절약, 국제수지개선에 어떠한 영향을 미치는가를 알아보기 위해서는 가계의 수취이자율 인상이 가계의 저축액에 어떠한 영향은 미치는가를 알아보면 좋을 것이라 생각합니다.

이미 설명한 것처럼, 가계의 저축행동은 현재소비와 미래소비의 대체라는 관점에서 분석할 수 있습니다. 저축이라는 행동을 통한 현재소비 및 미래소비간의 대체율은(1+이자율)이 됩니다. 바꾸어 말하면, 현재의 소비를 1원 희생하여 저축하면 장래의 소비를 (1+이자율)원만큼 증가시킬 수 있습니다.

비과세저축의 도입에 따라 이자율이 상승하는 경우의 결과는 대체효과와 소득효과로 분석할 수 있습니다. 먼저, 대체효과는 다음과 같은 것입니다. 이자율이 상승한 결과 미래소비를 증가시키기 위해 희생해야하는 현재소비액은 감소합니다. 이것은 미래소비가 상대적으로 싸졌다는 것을 의미합니다. 마치, 맥주가격이 내리면, 맥주소비를 유지하기 위해 희생해야 하는 다른 재화의 양이 적어지는 것과 같습니다. 이러한 (현재소비와 미래소비간의) 상대가격의 변화는 현재소비에서 미래소비로의 대체를 촉진시킵니다. 즉, 저축이 감소한다는 것입니다.

이에 반해, 소득효과는 대체효과와 반대방향으로 작용합니다. 이자율이 오른다는 것은, 그 만큼 가계의 소득기회가 넓어진다는 것을 의미합니다. 왜냐하면, 과거와 같은 액수만큼 저축해도 보다 많은 이자소득을 얻을 수 있기 때문입니다. 이러한 이자율의 상승에 따른 생애소득의 증가의 결과, 가계는 현재소비도 미래소비도 모두 늘이려고 하겠지요. 소비가 하급재가 아니한 어느 한 쪽의 소비만 늘이는 일은 없습니다. 따라서, 현재소비의 증가는 저축의 감소를 의미합니다. 즉, 소득효과는 저축을 감소시키는(소비를 증가시키는) 방향으로 작용합니다.

이와 같이, 이자율의 상승이 저축에 미치는 효과는 대체효과와 소득효과가 반대 방향으로 작용합니다. 따라서, 비과세저축제도에 의한 이자율상승의 결과 저축이 증가하느냐 감소하느냐는 어느 효과가 크게 작용하는가에 달려있습니다. 이자율이 상승했기 때문에 소득의 일부를 현재소비로 충당하기보다는 저축한다면 소비는 감소할 것입니다만, 이것은 바로 대체효과가 소득효과보다 크게 작용한다는 것을 의미합니다.

이에 반해, 소득효과가 크게 작용하는 것은 다음과 같은 경우입니다. 지금 가계저축의 주목적이 미래(노후)에 어느 정도의 생활수준을 유지(일정액의 소득필요)하는데 있다고 합시다. 그러면 그러한 생활을 뒷받침하는데 충분한 소득을 저축에 의해 만들어 내지 않으면 안 됩니다. 그런데 수취이자율이 높아지면, 현재보다 적은 저축으로도 미래에 충분한 소비액을 충당할 수 있습니다. 따라서 이 경우에는 이자율이 높을수록 저축액은 작아지고 반대로 현재 소비액은 커집니다.

감자농가의 감자수요와 '유보수요'

맥주가격이 변화했을 때 맥주수요에 관한 대체효과와 소득효과는 동일한 방향으로 작용한 것에 비해, 저축의 경우에는 두 가지 효과가 반대방향으로 작용했습니다. 이것은 단순히 우연한 현상이 아니라 중요한 이유에 근거한 것입니다. 이 점에 관해 간단히 설명하겠습니다.

감자에 대한 수요에 관해 생각해 보십시오. 감자가격이 올랐을 때 가계의 감자소비량은 증가할까요?

먼저 대체효과를 보면 상대적으로 가격이 오른 감자에서 다른 재화로 소비의 대체가 일어나 감자 소비량은 감소한다고 생각 할 수 있습니다. 또한 소득효과를 보면 감자가격이 오른 결과 가계의 소득은 실질적으로 줄어들기 때문에, 역시 감자 소비량은 감소한다고 생각 할 수 있습니다. 더욱이, 가계의 총지출에 차지하는 감자에 대한 지출비율이 작기 때문에 소득효과는 그다지 크지 않다고 생각됩니다. 결국, 이 경우 대체효과와 소득효과는 같은 방향으로 작용하고 있습니다.

그런데, 만약 독자들 가운데 농업에 종사하고 있거나 농가출신인 사람은 이의를 제기하지 않을까요?

감자가격이 상대적으로 비싸졌기 때문에 대체효과는 감자소비량을 감소시키는 방향으로 작용합니다. 그러나, 감자가격이 올라가는 것은 농가소득이 증가하는 것을 의미하기 때문에 소득효과는 감자소비량을 증가시키는 방향으로 작용합니다. 최종적으로 농가의 감자소비량이 증가할 것인가 아닐 것인가는 어느 효과가 보다 강하게 작용하는가에 달려있습니다. 소득의 대부분을 감자재배에 의존하고 있는 농가라면, 감자의 가격이 상승한 결과 오히려 감자를 이전보다 더욱 소비할지도 모릅니다.

농가의 감사에 대한 수요패턴이 비농가의 그것과 다른 이유는, 농가가 감자의 공급자의 입장에 있는데 비해, 비농가는 수요자의 입장에 있기 때문입니다. 어떤 입장에 처해 있느냐에 따라 감자의 가격상승은 그 가계의 실질적인 소득에 반대의 영향을 미칩니다.

농가와 같은 입장에서 감자를 수요하는 가계의 수요를 「유보수요」라 부룹니다. 생산한 감자를 전부 시장에 내다 파는 것이 아니라, 일부를 자기 관리하에 두고 소비하기 때문에 유보수요라 부르는 것입니다. 유보수요의 경우 소득효과는 일반적인 경우의 소득효과와 반대로 작용하기 때문에 분석 시 주의할 필요가 있습니다.

저축하고 있는 가계와 돈을 빌리고 있는 가계의 차이

유보수요의 개념을 이해하기 위해 조금 전의 저축문제를 다시 생각해 봅시다.

이자율 상승이 저축 및 현재소비에 미치는 영향은 저축을 하고 있는 가계와 부채를 지고 있는 가계에서는 반대가 됩니다. 단, 부채(채무)는 마이너스 저축이라고 생각합시다. 이미 설명한 것처럼, 이자율의 상승은 저축을 하고 있는 가계의 생애소득(평생소득)을 실질적으로 증가시키기 때문에, 소득효과는 현재의 소비를 늘리고, 저축을 줄이는 방향으로 작용합니다(이에 대해, 대체효과는 소비를 줄이고 저축을 늘이는 방향으로 작용합니다).

그러면, 주택융자금 등의 부채를 안고 있는 가계의 현재소비액이나 저축액에 미치는 영향은 어떻게 될까요? 단, 부채를 안고 있는 가계의 저축증가는 부채의 상환속도가 빨라지거나 또는 부채의 상환 속도가 변하지 않더라도 별도의 예금을 갖는 형태가 되는 것입니다.

부채를 안고 있는 가계에게 이자율의 상승은 그만큼 부채의 금리부담이 증가하여 생애소득이 실질적으로 감소하는 것을 의미합니다. 따라서, 이자율 상승의 결과, 소득효과는 부채를 안고 있는 가계의 현재소비를 감소시키는 방향으로 작용합니다. 이 점에서, 저축하고 있는 가계와 반대의 움직임이 된다는 것에 주의하십시오. 대체효과의 쪽은 어느 경우에도 이자율 상승은 현재의 소비를 감소시키는(저축의 증가 또는 부채의 감소) 방향으로 작용합니다.

따라서 비과세저축제도의 목적이 소비절약과 저축증가에 있다면, 부채를 안고 있는 가계에는 확실하게 효과가 있을 것입니다. 그러나 현재 저축을 하고 있는 가계에 대한 비과세저축제도의 효과는 불확실하다고 할 수밖에 없습니다.

위와 같이, 저축을 하고 있는가 부채를 안고 있는가에 따라 이자율의 변화가 현재의 소비에 미치는 효과가 반대가 되는 것은 전자의 경우에는 유보수요가 되어 있는데 비해 후자의 경우에는 그렇게 되어 있지 않기 때문입니다.

땅값과 택지공급

유보수요의 또 하나의 예로서, 땅값과 택지공급의 관계에 대해 생각해 보겠습니다. 땅값문제에 관해 정확히 이해하기 위해서는 투기행동 등에 대해 엄밀히 분석할 필요가 있습니다만, 여기서는 거기까지 발을 들여놓지 않고 어디까지나 소비자 행동이론의 응용문제로서 단순화해서 분석하겠습니다.

그러면, 자신이 소유하고 있는 토지를 팔아서 생활비를 충당하고 있는 가계(도시근교의 농가 등)를 생각해 봅시다. 땅값이 올랐을 때, 이러한 가계가 공급하는 택지의 량은 증가할까요? 단, 장래의 땅값 상승이나 하락을 예상해서 하는 투기적 행동에 관해서는 생각하지 않기로 합시다.

이러한 가계는 토지를 유보수요하는 입장에 있습니다. 자신이 갖고 있는 토지의 일부를 팔고 나머지 토지로 채소를 재배하는 등의 목적에 사용하고 있습니다. 만약 땅값이 오르면 대체효과는 분명히 택지공급을 증가시키는 방향으로 작용합니다. 토지에 비해 다른 재화의 가격이 상대적으로 싸졌기 때문에, 이 가계는 토지를 보다 많이 공급해(팔아)다른 재화를 보다 많이 소비하려고 하겠지요.

그러면 소득효과는 어떻게 작용할까요? 땅값 상승은 이 가계의 소득을 실질적으로 증가시키는 방향으로 작용합니다. 따라서, 이 가계는 땅값이 오르기 전보다도 작은 면적의 토지를 공급(처분)하는 것으로 동일한 액수의 소득을 얻을 수 있습니다. 즉, 이 가계의 토지에 대한 유보수요는 오히려 증가하는 것입니다. 그 결과, 택지공급의 량은 감소할 것입니다.

땅값 상승에 따라 이 가계의 토지공급이 증가하느냐 아니냐는 소득효과와 대체효과 중 어느 쪽이 강하게 작용하느냐에 의존하게 됩니다. 만약 소득효과 쪽이 강하게 작용하면 땅값 상승은 택지공급을 감소시키고 맙니다. 토지를 공급할 수 있는 가계의 목적이 일정한 소득을 얻기 위해서라면, 이 때는 소득효과 쪽이 강하게 작용합니다. 그렇게 되면 수요가 줄어들지 않는 한 땅값은 더욱 상승하게 되고, 그 결과 소득효과 또한 크게 나타나므로 땅값상승은 가속될 것입니다.

임금과 노동공급

유보수요의 또 하나의 중요한 예에 관해서 말하겠습니다. 임금이 올랐을 때 사람들은 보다 많이 일하려고 할까요? 회사에 정사원으로 고용되어 있는 사람의 경우에는 부업을 갖지 않는 한 자신의 의지대로 노동시간을 늘이거나 줄이거나 할 수 없기 때문에 여기서는 주부가 파트타임으로 일하러 나가는 경우를 생각해 보십시오.

주부가 파트타임으로 일하러 나가는 목적이 단순하게 가계의 지출에 보탬이 되기 위함이라고 합시다. 주부는 몇 시간 정도 일 할 것인가를 결정함에 있어, 노동에서 얻는 소득과 일하러 나감으로서 잃는 자유시간이나 가사를 위한 시간이 어느 정도인가를 생각합니다. 만약 시간당 임금이 오른다면 주부는 전보다 많은 시간 일하려고 할까요?

대체효과로부터는 보다 많은 시간 일하려 하겠지요. 임금이 올랐기 때문에 그 만큼 일하는 것이 유리하게 되기 때문입니다. 시간당 임금은 일하는 시간을 줄여서 보다 많은 시간을 여가나 가사에 사용하는 것의 기회비용입니다.

이 경우 「기회비용」이란, 여가나 가사를 위한 시간을 보다 많이 가짐으로서, 일을 했으면 벌 수 있었으나 실제로는 일하지 않았기 때문에 포기한 임금을 말합니다. 즉, 임금이 올라서 파트타임으로 일하지 않는 기회비용이 커지면, 대체효과로부터 노동시간은 증가하겠지요. (기회비용에 관한 자세한 설명은 제12장을 참조)

이에 반해, 소득효과는 노동시간을 단축하는 방향으로 작용합니다. 임금이 오르면 적은 시간 일하고 많은 소득을 벌 수 있습니다. 즉, 이 가계의 소득은 실질적으로 증가합니다. 주부는 자신이 갖고 있는 시간의 일부만을 파트타임 노동자로 일하고, 나머지 시간을 자신의 다른 목적이나 가사를 위해 사용한다는 의미에서 노동을 유보수요하고 있습니다. 따라서, 노동의 가격인 임금의 상승은 가세의 실질적인 소득을 증가시킵니다.

실질적인 소득증가의 결과 주부는 보다 많은 시간을 여가나 가사에 쓰려고 하겠지요. 여가나 가사가 하급재가 아닌 한, 여가에 사용하는 시간은 증가할 것입니다. 따라서, 임금상승의 소득효과는 여가 등에 사용하는 시간을 증가시키고, 파트타임 노동에 쓰는 시간을 감소시킵니다.

이와 같이, 임금이 상승했을 때 주부의 파트타임 노동시간이 증가하느냐 감소하느냐는 일률적으로 판단할 수 없습니다. 대체효과와 소득효과가 반대 방향으로 작용하기 때문입니다. 이 주부가 임금의 상승에 민감하게 반응하여, 임금이 올랐기 때문에 조금이라도 많이 벌려고 하는 타입이라면, 대체효과쪽이 크기 때문에 임금상승은 노동시간을 증가시키겠지요. 반대로, 파트타임으로 일하는 목적이 일정한 소득을 버는 것이고, 임금이 올라도 더 이상 벌지 않고 여가나 집안 일에 시간을 사용하고 싶어하는 타입의 주부라면, 소득효과 쪽이 크게 작용해, 임금상승의 결과 오히려 노동시간이 짧아지겠지요.

임금이 올랐을 때 노동시간이 증가하느냐 아니냐는 문제는 경제 발전문제에 관해 논할 때 가끔 문제가 됩니다. 발전도상국의 노동자의 행동을 보면, 임금이 오른 결과 오히려 일하지 않게 되는 경우가 있기 때문이다. 이러한 행동은 결코 불합리한 행동이 아닙니다.

만약, 이러한 사람들의 노동목적이 일정한 소득만을 벌어 필요한 상품을 구입하는 데에 있다면, 대체효과는 작용하지 않고 임금상승의 결과 노동시간은 오히려 짧아집니다. 즉, 임금이 올랐기 때문에 전보다 적게 일하여 똑같은 금액의 소득을 얻을 수 있기 때문에 노동시간을 줄여서 여가를 즐기려 한다는 것입니다.

제3장
비용구조와 공급행동

제2장에서는 수요곡선의 구조와 그 경제적 의미에 관해 알아보았습니다만, 이 장에서는 수요곡선과 대칭되는 공급곡선에 관해 설명하겠습니다. 공급곡선은 재화나 서비스의 공급량이 가격과 어떠한 관계에 있는가를 나타낸 것입니다. 수요곡선과 마찬가지로, 공급곡선의 배후에 있는 생산자의 공급행동에 관해 확실한 이해를 가질 필요가 있습니다. 이를 위해 생산을 위한 비용이나 생산자의 이윤추구행동에 관해서도 설명해 두지 않을 수 없습니다.

1 공급곡선이란?

그림 3-1은 표준적인 형태를 가진 공급곡선을 나타낸 것입니다. 이것이 우상향하는 것은 가격이 높아질 수록 공급량도 많아지기 때문입니다. 수요

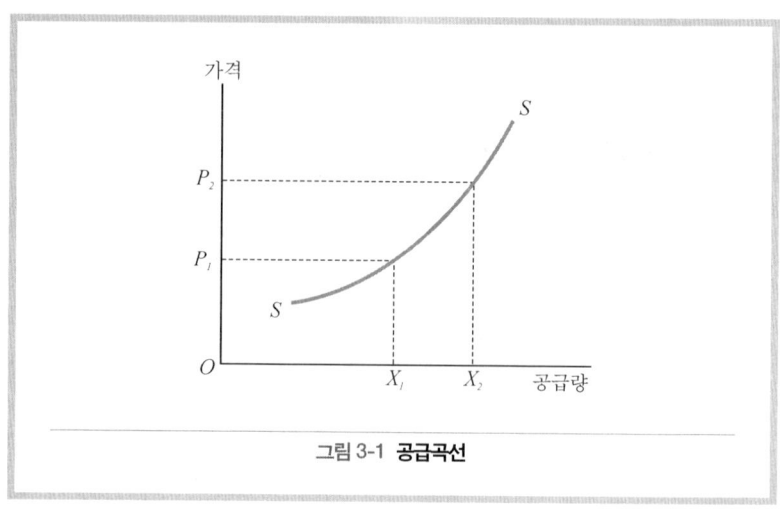

가격

P_2

P_1

S

S

O X_1 X_2 공급량

그림 3-1 **공급곡선**

곡선과 마찬가지로 공급곡선도 개별공급주체(이하에서는 편의상 「기업」이라 부름)의 공급행동을 집계한 것입니다. 예를 들어, 이 시장에 A사와 B사라는 두 기업만이 있다고 하면 시장전체의 공급곡선은 두 기업의 공급곡선을 수평방향으로 더한 것입니다. 이것은 수요곡선의 경우와 같은 것이기 때문에 새롭게 설명할 필요가 없겠지요.

단, 공급곡선의 경우에는 위의 사실에 하나의 유보조건을 달아 두어야 합니다. 즉 시장에서 성립하고 있는 가격에 따라서는 새로운 기업이 공급주체로서 시장에 진입하기도 하고, 지금까지 공급을 행하고 있던 기업이 시장에서 퇴출되는 일도 있다는 것입니다.

여기서는 이러한 기업의 진입·퇴출이 없다고 생각하고 논의를 진행하겠습니다.

경제 전체의 공급곡선과 마찬가지로 개별기업의 공급곡선도 우상향하는 형태를 가집니다. 가격이 높을 수록 그 재화를 공급하는데 따르는 수입은 커지기 때문에 개별기업은 다소 비용이 들더라도 보다 많이 공급하려 하겠지요. 개별기업의 공급행동은 그 기업이 시장에서 직면하고 있는 가격과 그 기업의 비용구조와의 관계에서 결정됩니다. 공급행동에 관해 정확히 이해하고, 공급곡선이라는 분석도구를 충분히 사용하기 위해서는 비용구조에 관해 보다 깊은 지식이 필요합니다.

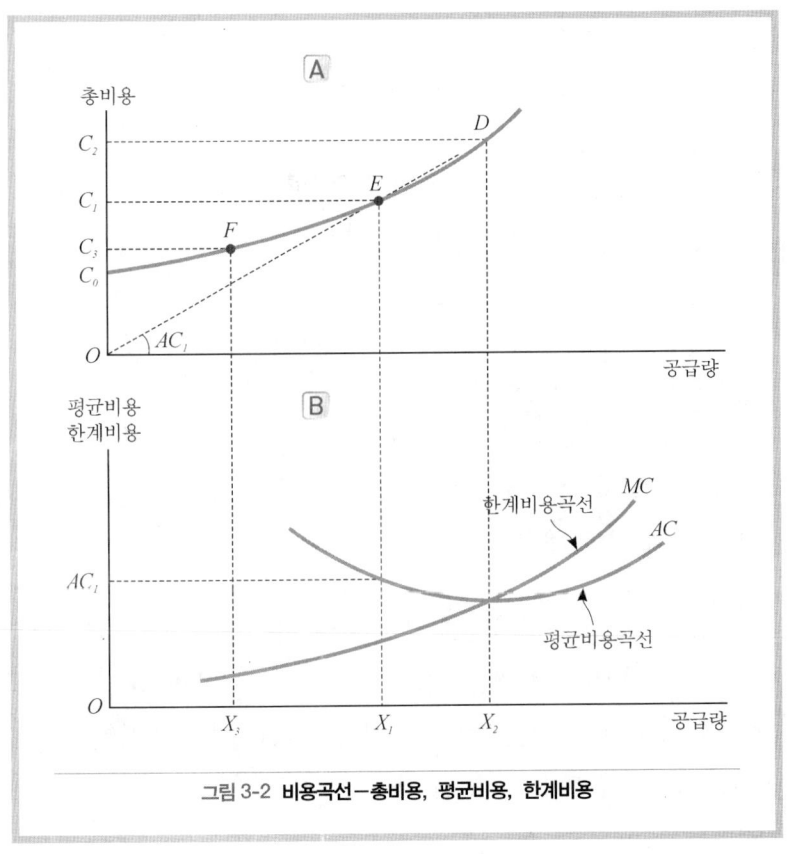

그림 3-2 **비용곡선—총비용, 평균비용, 한계비용**

2 생산을 위한 비용구조

그림 3-2는 비용곡선이라 부르는 것으로 기업의 비용구조에 관해 분석할 때 사용됩니다.

먼저 A그림에 관해 설명하자면, 이것은 총공급량과 총비용의 관계를 나타낸 것으로 「총비용곡선」이라 부릅니다. 가로축에는 공급량이 표시되고, 세로축에는 총비용 수준이 표시되어 있습니다. 예를 들어, 공급량이 X_1수준이면 비용은 C_1, 공급량이 X_2이면 비용은 C_2라 읽을 수 있습니다. 총비용곡선이 우상향하는 것은 생산량이 많을 수록 비용도 많이 들기 때문입니다.

〈표 3-1〉 **각종 비용의 개념**

총비용	비용전체
평균비용	단위당 비용($= \dfrac{총비용}{생산량}$)
한계비용	생산량을 1단위 증가하는 데 따르는 비용의 증가분
가변비용	총비용 가운데, 생산량에 따라 증가하는 부분(=총비용-고정비용)
고정비용	생산량과는 독립적으로 드는 비용

고정비용과 가변비용

더욱이 총비용의 내역은 다음과 같이 분해할 수 있습니다(표 3-1은 여러 가지 비용의 개념을 모은 것입니다). 먼저, 총비용곡선이 세로축과 만나는 점에 주목해 주십시오. 세로축의 절편의 길이 C_0는 이 기업이 공급(또는 생산)을 위한 고정비용을 나타내고 있습니다. 「고정비용」(FC : fixed cost)

이란 공급량의 대소에 관계없이 조금이라도 생산을 행한다면 반드시 드는 비용을 말합니다. 예를 들어, 자동차 차체의 형틀을 뜨기 위한 기계는 자동차를 생산하기 위해서는 반드시 필요한 것입니다만, 이를 위한 비용은 자동차의 생산대수와는 독립적으로 결정됩니다. 따라서, 이 비용은 고정비용이 됩니다.

이에 반해, 비용 가운데 고정비용 이외의 것, 즉 생산량에 따라 변동되는 비용부분을 「가변비용」(VC : variable cost)이라 부릅니다. 그림 3-2의 경우, X_1의 생산에 대해 들어가는 비용 C_1가운데 고정비용 C_0를 제외한 부분이 X_1만큼 생산하기 위한 가변비용이 됩니다.

평균비용

그림 3-2의 B그림은 A그림에 대응해 그려진 평균비용곡선과 한계비용곡선을 나타내고 있습니다. 「평균비용」(AC : average coost)이란, 생산물 1단위당 생산에 드는 비용으로서 총비용을 생산량으로 나눔으로서 구할 수 있습니다. 예를 들어, X_1의 생산량에 대한 총비용은 C_1입니다만, 이때의 평균비용은 C_1/X_1이 됩니다. A그림상에서 이 평균비용은 원점과 E점을 연결한 직선의 기울기의 크기로 나타내어집니다(이유는 각자 생각해 보십시오). 이것은 또한 그림B에서는 세로축상의 AC_1으로 표시되어 있습니다. 평균비용곡선이란, 평균비용과 생산량의 관계를 그래프상에 표시한 것입니다.

평균비용곡선은 B그림에 그려진 것처럼 U자 모양을 합니다만 그것은 다음과 같은 이유에서입니다. 생산량이 대단히 작을 때에는 고정비용이 존재하기 때문에 단위생산당 비용(평균비용)이 대단히 높아집니다만, 생산량이 늘어감에 따라 고정비용이 보다 많은 생산량으로 분산되기 때문에 평균비용도 점차 작아집니다. 그러나, 생산량이 너무 많아지면 이번에는 가변비용부분이 체증적으로 커져 평균비용도 증가합니다.

한계비용

「한계비용」(MC: marginal cost)이란, 어떤 생산량수준에서 생산량을 1단위 증가시켰을 때 총비용이 어느 정도 늘어나는가를 나타낸 것입니다. 그림 3-2의 A그림을 사용해서 한계비용에 관해 좀더 자세하게 설명하겠습니다.

지금 생산량이 X_3라면 그때의 총비용은 C_3가 됩니다. 여기서 생산량을 X_2까지 증가시키면 비용은 C_2가 됩니다. 따라서, 생산량을 증가시키는 것에 따른 추가적인 단위당 생산비용은 총비용 증가분을 생산량 증가분으로 나눈 C_2-C_3/X_2-X_3가 됩니다. 이것은 F점과 D점을 연결한 직선의 기울기로 표시됩니다. 만약, 생산량을 X_3에서 X_1까지 증가시키면 이 생산증가에 따른 추가적인 1단위 생산당 비용증가는 C_1-C_3/X_1-X_3가 되어, F점과 E점을 연결한 직선이 기울기와 같아집니다. 이처럼, X_3에서 생산량을 증가시키는데 따르는 추가적인 비용(한계비용)을 구하려고 하면 어디까지 생산량을 늘이는가에 따라 그 값이 달라집니다.

이러한 애매모호함을 피하기 위해 한계비용을 다음과 같이 정의합니다. 즉, 생산량을 미세하게 증가시켰을 때 거기에 따르는 추가비용이 얼마만큼 증가하는가 라는 것으로서, 비용 증가분을 생산량 증가분으로 나눈 것으로 나타냅니다.

한계비용은 각각의 생산량 수준에서 정의됩니다. 서로 다른 생산량에는 서로 다른 한계비용이 대응합니다. 한계비용곡선이란, 한계비용과 생산량의 관계를 나타낸 것으로서, 그림 3-2의 B그림의 MC곡선과 같은 형태를 하고 있습니다. 이 그림에서는 한계비용곡선이 평균비용곡선의 최저점을 지나도록 그려져 있습니다.

3 비용함수에 관한 수치 예

수치 예를 사용해서 위에 설명한 비용에 관한 각종 개념에 대해 살펴봅시다.

〈표 3-2〉 비용에 관한 수치 예

생산량	총비용	가변비용	평균비용	한계비용
0	0/200	0	0	10
1	210	10	210	15
2	225	25	112.5	20
3	245	45	81.7	30
4	275	75	69	40
5	315	115	63	60
6	375	175	62.5	100
7	475	275	68	150
8	625	425	78	

표 3-2는 어떤 기업의 가상적인 비용구조를 나타낸 것입니다. 여기에는 생산량과 거기에 대응한 총비용, 가변비용, 평균비용, 한계비용이 표시되어 있습니다.

이 기업의 고정비용을 200으로 잡으면, 총비용은 가변비용에 200을 더한 것이 됩니다. 생산량이 Zero일 때의 총비용이 0/200로 되어 있는 것은 전혀 생산하지 않으면 총비용은 Zero, 조금이라도 생산하면 200이 된다는 것을 나타낸 것입니다. 평균비용은 총비용을 생산량으로 나눈 것으로 되어 있습니다. 생산량이 낮은 수준에서는 평균비용이 생산량 증가와 함께 떨어지고 있는 것은 고정비용이 존재하기 때문입니다.

한계비용은 생산량의 증가에 따라 생기는 비용의 증가액으로서, 이것은 총비용으로부터도, 가변비용으로부터도 파악할 수 있습니다. 예를 들어, 생산량이 3일 때의 한계비용은 생산량을 3에서 4까지 증가시킴으로서 생기는 총비용의 증가액을 나타내고 있습니다. 따라서, 총비용에서 275-245, 또는 가변비용에서 75-45로 계산할 수 있습니다. 어느 쪽으로 해도 30이 됩니다.

4 피자체인점의 예로 본 한계비용과 평균비용

피자점과 같은 체인점은 가게의 수를 늘려 가는 것이 경영상 대단히 중요합니다. 가게 수의 증가는 여러 가지 장점을 가져다줍니다. 그 가운데에서도 가게 수 증가에 따른 재료구입비용의 절약도 상당히 중요한 요인입니다. 가게가 늘어 구입하는 재료가 많으면 그만큼 구입단가가 낮아진다고 생각할 수 있습니다. 피자점에 대한 평균비용과 한계비용에 관해 생각해 봅시다. 여기서는 평균비용을 가게 하나당 비용, 한계비용을 가게 하나를 늘이는데 수반되는 비용이라 생각합니다. 지금 전국에 체인점이 100개있고 101번째의 가게를 내려고 하고 있다고 합시다. 이 101번째의 가게의 한계비용 어떻게 될까요?

여기서 빠지기 쉬운 잘못은, 101번째 가게에 드는 비용을 한계비용이라 생각하는 것입니다. 한계비용이란, 101번째 가게에 드는 비용이 아니라, 가게가 100개인 상태에서 101개의 상태로 바뀌었을 때 비용이 얼마만큼 변화하는가를 나타내는 것입니다. 가게 수가 늘어나면 재료구입량도 늘어 구입단가가 내려가기 때문에, 101번째 가게가 생김으로서 기존 100개 가게의 비용도 내려갑니다. 따라서, 101번째 가게에 대한 한계비용은, 101번째 가게에 드는 비용에서 남아있는 100개의 가게에서 생기는 비용의 감소분을 뺀 것이 됩니다.

101번째 가게의 한계비용 = 101번째 가게의 비용

　　　　　　　　　　 − 나머지 100개 가게에서의 절약분

그런데, 각 가게의 규모가 거의 같다면, 101번째 가게의 비용은 바로 평균비용입니다. 따라서, 위의 식은 다음과 같이 바꾸어 쓸 수 있습니다.

한계비용 = 평균비용 − (가게의 증가에 따른 평균비용의 절약)

　　　　　　 × 가게 수

피자체인점의 평균비용과 한계비용은 그림 3-3의 AC와 MC처럼 됩니다. 가게 수가 늘어남에 따라 재료구입단가가 내려가기 때문에, 평균비용은 그림의 AC처럼 우하향하고 있습니다. 한계비용은 평균비용보다도 낮기 때문에 그림의 MC와 같은 위치에 있습니다.

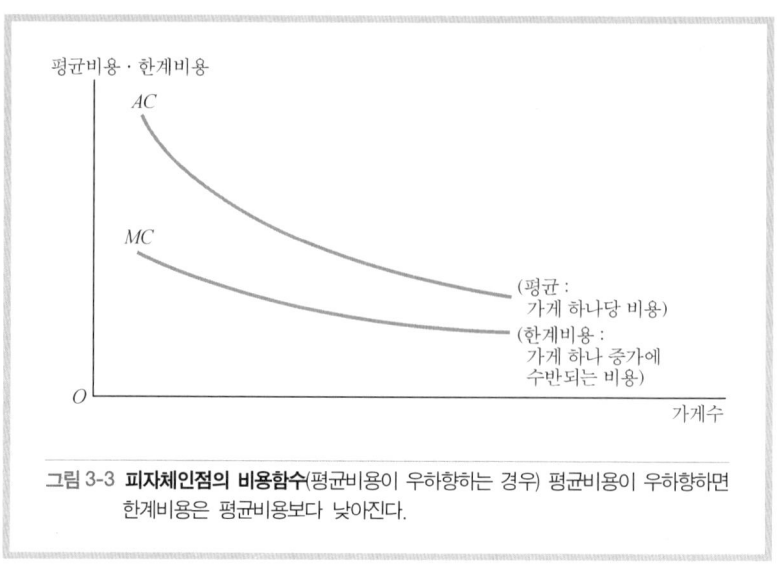

평균비용·한계비용

AC

MC

(평균 :
가게 하나당 비용)

(한계비용 :
가게 하나 증가에
수반되는 비용)

O

가게수

그림 3-3 **피자체인점의 비용함수**(평균비용이 우하향하는 경우) 평균비용이 우하향하면
한계비용은 평균비용보다 낮아진다.

5 비용구조와 공급행동

위에서 설명한 것과 같은 비용구조를 가진 기업이 실제 어떠한 공급행동
을 취할 것인가에 관해 생각해 봅시다. 기업의 공급행동에 관해 분석하기
위해서는 먼저 그 기업이 어떠한 행동원리에 근거해서 행동하는가를 분명히
해두어야 합니다. 여기서는 「완전경쟁」이라는 사고에 근거해서 분석을 진
행하겠습니다.

완전경쟁이란?

기업이 완전경쟁적으로 행동하고 있다는 것은 다음과 같은 상태를 의미

합니다. 지금, 경제 내에서 이 기업과 꼭 같은 재화를 공급하고 있는 기업이 다수 존재하고 있어 이 기업이 공급량을 변화시켜도 시장에서 그 재화의 가격은 변하지 않는다는 것입니다. 이러한 경우에는 시장에 동질의 재화가 많이 출하되고 있기 때문에 다른 기업보다 높은 가격을 매겼다가는 그 재화를 전혀 팔 수 없게 될 것입니다. 또한, 다른 기업과 동일한 가격을 매기면 얼마든지 팔 수 있기 때문에 다른 기업보다 낮은 가격을 매길 이유도 없습니다. 이 점은 제1장의 수요곡선의 논의와 비교해 보면 알기 쉬울 것입니다.

소비자가 직면하는 가격은 그 소비자의 수요량과는 관계없이 일정하다고 생각했습니다. 그것은 시장에는 다수의 소비자가 있어 개별소비자의 행동은 시장가격에 영향을 미치지 않는다는 인식에 근거하고 있습니다. 수요측의 완전경쟁 가정과 꼭 같은 것을 공급측에도 적용하려는 것입니다. 이러한 소비자·공급자의 행동에 관한 가정을 아래에서는 「가격수용자(price-taker)」가정이라 부릅니다.

물론, 이 가정은 언제나 타당한 것만이 아닙니다. 예를 들어, 시장에 공급주체가 하나밖에 없을 때, 이 기업은 공급량을 결정함에 있어, 공급량의 변화가 시장가격에 미치는 효과를 고려할 것입니다. 또한 공급주체의 수가 대단히 적으면, 각 기업은 자기의 가격설정행동이 다른 기업의 행동에 어떠한 영향을 미치는가를 염두에 두면서 행동을 결정하겠지요. 이러한 경우에는 완전경쟁이라는 전제가 타당한 것이 아닙니다. 다음 장에 독점내지 과점의 문제로서 이러한 케이스를 다룰 예정입니다.

완전경쟁시장에서의 이윤극대화 기업의 공급행동

그러면, 그림 3-4를 사용해서 완전경쟁하에서의 개별기업의 공급행동에 관해 살펴봅시다. 이 기업이 공급하려고 하고 있는 재화의 시장가격이 그래프의 세로축에 표시한 P_1이라고 합시다. 예를 들어, 이 기업이 아무 것도 공급하지 않는 상태에서 1단위를 공급하는 상태로 이행하면, 그 결과 이 기업의 이윤은 어떻게 변할까요?(공급을 시작함에 있어서 고정비용은 듭니다만, 이 점에 관해서는 나중에 논의하는 것으로 하고, 잠시동안 고정비용은 없는 것으로 가정해 주십시오.)

재화를 1단위를 공급하면 P_1가격으로 팔리기 때문에 P_1만큼의 수입이 기업에 들어옵니다. 또, 비용쪽으로는 한계비용분만큼 듭니다. 한계비용은 그림상에서 B_1으로 표시된 영역의 면적과 같아집니다. 기업의 이윤이란, 재화를 판매해서 얻는 수입에서 비용을 뺀 것이기 때문에(이윤＝수입－비용), 공급량을 0에서 1로 증가시킴으로서 기업의 이윤은 그림의 A_1부분만큼 확대됩니다.

마찬가지로 생각하면, 공급량을 1단위에서 2단위로 늘임으로서 기업의 수입은 또다시 P_1만큼 증가하고, 비용은 B_1만큼 증가합니다. 따라서, 양자의 차액이 A_2부분이 공급량을 1에서 2로 증가시킨 결과 얻는 이윤증가분이 됩니다.

이처럼, 공급량을 확대시켜 나감에 따라 이 기업의 이윤은 가격선(한계수입선)과 한계비용선 MC간의 영역분 만큼 확대되어 갑니다. 만약 S_1까지 공급량을 확대하면, (고정비용을 무시한)이윤총액은 그림의 음영 부분 면적과 같아집니다. 쉽게 알 수 있으리라 생각됩니다. 그러나, P_1 가격하에서 S_1 이상으로 공급하면 이윤이 오히려 줄어듭니다. 예를 들어, 공급량을 S_1에서 S^*까지 확대하면, 그 결과 이윤은 B 영역의 면적분만큼 감소합니다(이 점을 확인해 주십시오). 따라서, 완전경쟁시장에 있어서 기업은 한계비용이 가격과 같아지는 지점까지 공급하려고 합니다. 그림상에서 이것은 S_1의 공

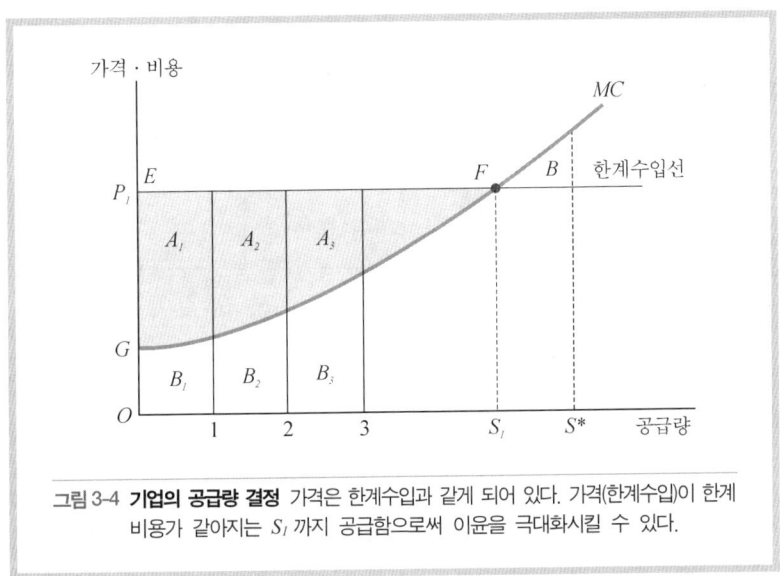

그림 3-4 **기업의 공급량 결정** 가격은 한계수입과 같게 되어 있다. 가격(한계수입)이 한계
비용가 같아지는 S_I 까지 공급함으로써 이윤을 극대화시킬 수 있다.

급량으로 표시됩니다.

가격선(한계수입선)과 한계비용선으로 둘러싸인 영역(그림 3-4의 음영
부분)을 「생산자잉여」라 부릅니다. 고정비용이 없는 경우, 생산자잉여는
그 기업의 이윤액과 같아집니다.(만약 고정 비용이 있으면 생산자잉여는
이윤에 고정비용을 더한 금액과 같아집니다. 이것을 조이윤(粗利潤)이라
부르는 경우가 있습니다. 여기서는 고정비용을 고려하지 않고 있기 때문에
생산자잉여는 이윤과 같다고 생각해도 괜찮습니다)

기업의 공급곡선과 산업의 공급곡선

그림 3-5는, A회사와 B회사, 두 기업이 시장에서 공급하고 있는 경우,

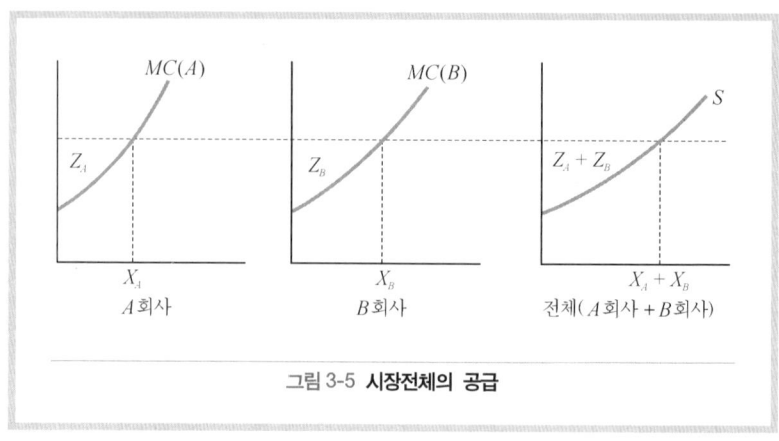

그림 3-5 **시장전체의 공급**

두 회사의 한계비용곡선과 시장전체의 공급곡선과의 관계를 나타낸 것입니다.(공급주체가 3개회사 이상인 경우에도 기본적으로 마찬가지 논의를 할 수 있습니다) 이미 설명한 것처럼, 개별 기업의 한계비용곡선은 그 기업의 공급곡선이 됩니다. 한계비용곡선은 가로축에서 세로축방향으로 읽는 것입니다. 즉, 가로축상의 각 공급량에 대해, 거기에 대응하는 한계비용곡선상의 세로축 좌표값이 한계비용입니다.

완전경쟁이라는 가정하에서는 한계비용곡선을 세로축에서 가로축방향으로 읽을 수도 있습니다. 즉, 세로축상에 표시된 각 가격에 대해, 거기에 대응하는 한계비용곡선상의 점의 가로축 좌표값은 그 가격하에서의 공급량을 나타냅니다. 한계비용곡선이 그 기업의 공급곡선이라는 것은 이것을 가리킵니다.

시장(산업)전체의 공급곡선은 개별 기업의 공급곡선을 수평방향으로 더한 것입니다. 이 점은, 수요곡선의 경우와 같기 때문에 반복해서 설명할 필요가 없겠지요. 그림 3-5의 경우, 시장전체의 공급곡선은 A회사의 한계비용곡선 MC(A)와 B회사의 한계비용곡선 MC(B)을 합한 것입니다.

만약 가격이 P_1이라면 시장전체의 공급량은 $X_A + X_B$가 됩니다. 또한, 이때 가격선과 공급곡선에 의해 결정되는 영역 $X_A + X_B$는 두 기업의 조이윤 (생산자잉여)을 합한 것과 같아집니다.(이 점도 소비자잉여의 경우와 같습니다) 일반적으로, 시장의 공급곡선에서 도출되는 생산자잉여는 개별생산자의 생산자잉여를 합한 것과 같아집니다.

6 수급균형

제1장에서부터 많은 지면을 사용해서 수요곡선과 공급곡선에 관해 설명

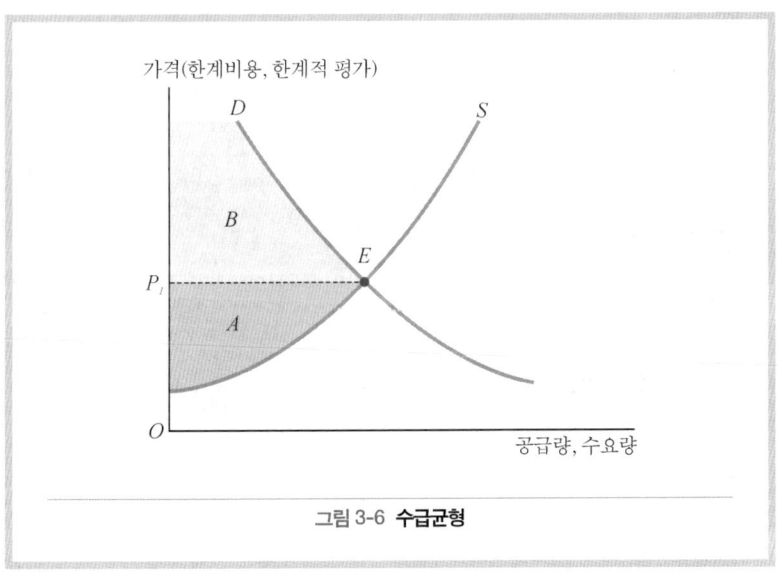

그림 3-6 **수급균형**

해 왔습니다. 다음 장에서는 이것을 사용해서 여러 가지 경제문제를 생각해 보겠습니다만, 그전에 지금까지 논의한 내용에 관해 간단히 요약해 둡시다. 그림 3-6은, 어떤 재화의 수요곡선과 공급곡선을 그린 것입니다만, 이 그래프에서 얼마만큼의 정보를 얻을 수 있을까요?

먼저, 첫 번째로 수요곡선과 공급곡선의 교차점 E가 실제로 시장에서 거래되는 재화의 수량과 가격을 나타내고 있다는 것을 알 수 있습니다. 만약 가격이 그림의 P_1보다 높은 수준에 있으면 공급량이 수요량을 초과(초과공급)해 버립니다. 즉, 팔지 못하는 재고가 생깁니다.(이 점을 그림상에서 확인하십시오) 이러한 때에는 조만간 가격은 하락하겠지요. 반대로, 가격이 P_1보다도 낮다면 이 번에는 수요가 공급을 상회(초과수요)하고 맙니다. 즉, 이 재화를 사고 싶어도 살 수 없는 사람이 생깁니다. 이러한 때는 가격이 상승하겠지요.

가격이 P_1수준에 있으면 수요와 공급의 괴리가 생기지 않기 때문에, 가격을 움직이는 힘은 작용하지 않습니다. 그림의 E점은 이러한 상태를 나타내고 있습니다만, 이것을 시장의 「균형점」이라 부릅니다.

두 번째로 알 수 있는 것은, 균형점 E에서 각 기업의 한계비용은 P_1(균형에 있어서의 가격)이 되고, 각 기업의 조이윤(생산자잉여)을 더하면 그림의 영역A와 같아진다는 것입니다.

세 번째로 소비자측은 균형에 있어서 이 재화에 대해 P_1이라는 한계적 평가를 하고 있고, 시장거래를 통해 소비자가 획득하는 소비자잉여의 합계는 그림의 영역 B의 면적과 같아집니다.

제4장
시장거래와 자원배분의 효율성

    경제학에서 가장 중요한 명제를 하나 들라고 하면 무엇을 들면 좋을까요? 아마 「시장에서의 자유로운 거래에 맡겨 두면 자원배분의 최적성이 자동적으로 보증된다」는 명제를 드는 사람이 많을 줄로 생각합니다. 제도나 정책을 논할 때, 이 명제는 여러 가지 의미에서 중요하게 됩니다. 예를 들어, 담배인삼공사의 민영화를 논할 때 정부가 개입하는 것보다 민간기업으로서 이윤을 추구하는 쪽이 결국은 사회에 바람직한 결과를 가져온다는 생각이입니다. 그 생각의 바탕에는 위의 명제가 깔려 있습니다.

    근대 경제학의 아버지라 불리는 아담 스미스(Adam. Smith)는 야경국가론이라는 사고를 제기했습니다. 거기에 따르면, 정부의 역할은 최저한의 수준에 머물러 밤의 치안을 유지하기 위한 야경활동 정도밖에 필요치 않다는 것입니다. 이러한 생각에는 시장에서의 자유로운 거래에 맡겨 두면 좋다라는, 시장에 대한 강한 신뢰감을 부여하고 있습니다. 이 장에서는 수요와 공급의 개념을 사용해서 이러한 시장거래의 최적성 문제에 관해 살펴보겠습니다.

1 가격의 자원배분기능

「시장에서의 자유로운 경제활동에 맡겨 두면 자원배분의 최적성이 보증된다」라는 명제는 좀더 구체적으로 어떠한 것을 의미할까요? 이 점에 관해 설명하려고 생각합니다.

경제활동이 바람직한 형태로 이루어지고 있는가 아닌가를 판단하는 하나의 기준이 되는 것은 노동, 토지, 자본 등 생산활동에 사용되는 자원(이것을 「생산요소」라 부릅니다)이 적소에 배분되어 있는가 아닌가 라는 점입니다. 예를 들어, 대량의 실업자가 존재하거나 자본이 생산성이 낮은 곳에 머물러서는 바람직한 상태라고 말할 수 없습니다. 자원이 효율적으로 배분되어 있다는 것은 각종 생산요소가 각 산업간에 잘 분배되어 있어 자원의 낭비가 생기지 않는 상태를 말합니다.

시장거래가 자원배분에 미치는 영향을 고려할 때 가격이 하는 역할을 간과해서는 안됩니다. 이 점에 관해 그림 4-1을 사용해서 설명하겠습니다. 이 그림의 D곡선과 S곡선은 어떤 재화의 수요와 공급을 나타낸 것입니다. 만약 이 재화에 관해 자유로운 거래가 이루어지면, E점이 균형점이 되고 X*만큼의 재화가 거래되면서 P*가 균형가격이 됩니다.

대단히 흥미깊은 것은 이 균형점 E가 자원의 최적 배분점도 된다는 것입니다.

수요곡선은 이 재화를 수요하는 사람들의 이 재화에 대한 한계적 평가를

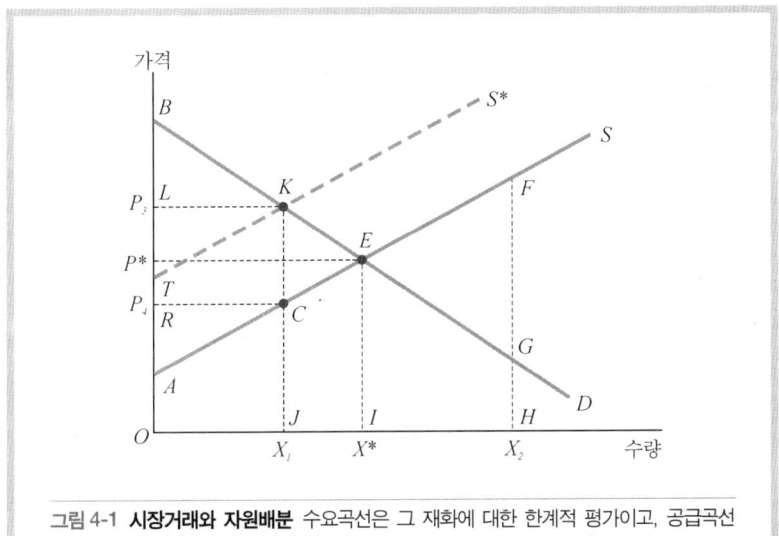

그림 4-1 **시장거래와 자원배분** 수요곡선은 그 재화에 대한 한계적 평가이고, 공급곡선은 한계비용을 나타내고 있다. 양자의 교차점인 *E*까지 생산이 이루어져 수요될 때 총잉여는 최대화된다.

나타내고 있고, 공급곡선은 생산의 한계비용을 나타내고 있습니다. 따라서, 균형점 E에서의 생산량 X^*는 수요측의 한계적 평가와 공급측의 한계비용이 일치하는 재화량입니다.

만약 X^*보다 많이 생산되면 한계비용쪽이 한계적 평가보다 높아져 버립니다. 예를 들어, X_2까지 생산되면 거기서의 한계비용은 F점, 한계적 평가는 G점으로 표시됩니다. 즉, 이 재화는 수요측의 평가 이상의 비용을 들여서 생산되고 있는 것입니다.(과잉생산)

만약 생산량이 X_1에서 X^*까지 줄어들면, 그에 따라 삼각형 EFG 면적만큼 잉여의 증가(사회적 이익)를 얻을 수 있게 됩니다. 생산이 X_2에서 X^*까지 감소하면, 재화를 수요함으로서 생기는 편익은 IEGH 면적만큼 감소합니다만, 동시에 생산을 위한 비용도 IEFH 면적만큼 감소합니다.

만약, X^*보다 적게 생산되면, 이번에는 한계적평가보다 한계비용쪽이 낮아집니다. 예를 들어, 그림의 X_1까지 밖에 생산되지 않는다고 하면, 수요측의 한계적평가는 K점이고, 한계비용은 C점이 됩니다. 여기에서는 한계적평가 이하의 비용으로 추가생산이 가능함에도 불구하고 그것이 행해지지 않기 때문에 과소생산이라는 것이 됩니다. 만약 생산이 X_1에서 X^*까지 증가하면, 거기에 따라 삼각형 CEK 면적에 해당하는 잉여의 증가가 얻어집니다.(이 점에 관해서도 과잉생산이 경우와 마찬가지로 검토해 두십시오) 이처럼, 시장에서의 자유로운 거래상황하에서 실현된 생산량은, 수요측의 한계적 평가와 공급측의 한계비용을 일치시킨다는 의미에서 최적인 생산량이 됩니다. 또한 이 점에서 총 잉여도 최대가 됩니다. 이것보다 많은 생산량도, 이것보다 적은 생산량도 사회적으로 봐서 바람직한 생산이라 할 수 없습니다.

수요측도 공급측도 자기의 이익만을 추구하고 있음에도 불구하고, 이렇게 사회적으로 바람직한 상태가 실현된다는 것을 강조해두지 않을 수 없습니다. 실은, 이것이 가격의 자원배분기능(가격기구)입니다. 제1장에서 설명한 것처럼, 각 수요자는 재화에 대한 자기의 한계적 평가가 가격과 일치하는 점까지 수요합니다.

한편, 공급자는 자기의 한계비용이 가격과 같아지는 점까지 재화를 공급합니다. 그런데, 수요측과 공급측은 같은 가격에 직면하고 있기 때문에, 양자의 행동이 극히 독립적이어도 공통의 가격에 유도되어 수요측의 한계적 평가와 공급측의 한계비용이 일치하는 점까지 거래가 이루어집니다. 이 점에 관해서는 항을 바꾸어 다시 설명하겠습니다.

2 시장경제와 계획경제의 자원배분

이상에서 설명한 시장거래의 자원배분 기능을 보다 잘 이해하기 위해서는, 시장경제의 자원배분 기능과 계획경제의 자원배분 기능을 비교해 보는 것이 유익하다고 생각합니다.

계획경제의 자원배분 기능

그림 4-2는, 계획경제의 자원배분 기능을 그림으로 예시 한 것입니다. 어떤 재화를 생산하는 공장이 국내의 여기저기에 있어, 이것을 공장A, 공장 B, ······라 합시다. 계획경제하에서는 중앙의 관리기구가 각 공장의 생산능력이나 소비자의 필요성 등에 관해서 얼마나 정확한 정보를 갖고 있는가

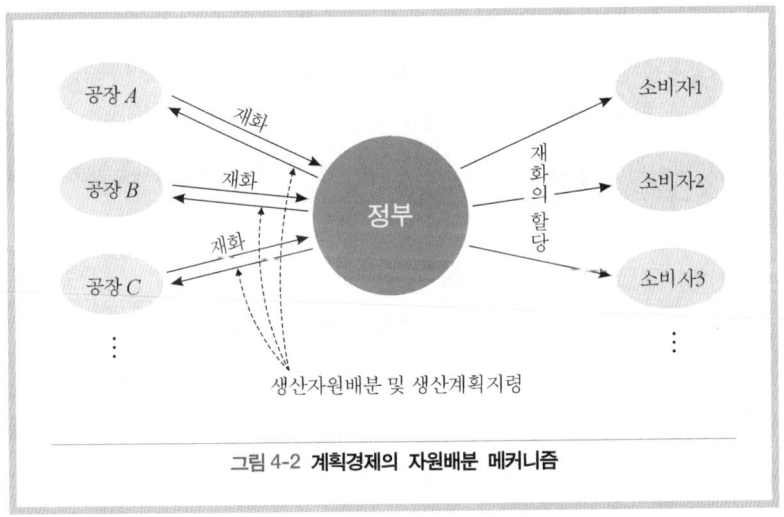

그림 4-2 **계획경제의 자원배분 메커니즘**

라는 것이 중요합니다.

정확한 정보 없이 생산계획을 할당하면 자원의 손실이 생깁니다. 예를 들어, 공장A가 공장B보다 낮은 생산비로 생산할 수 있음에도 불구하고, 보다 많은 생산을 공장B에 할당하는 일도 일어날 수 있습니다. 또한, 소비자가 원하지 않는 상품을 대량으로 생산하는 일도 있겠지요.

일반적으로, 중앙당국이 말단공장의 정보를 정확히 판단한다는 것은 대단히 곤란한 것 같습니다. 말단공장이나 소비자가 정확한 정보를 제공하는가 아닌가도 분명하지 않습니다. 현실문제로서 1990년 이후 대부분이 사회주의 국가가 붕괴한 것은, 이와 같은 계획경제의 자원배분 기능의 한계와 더불어, 이하에서 논의하는 시장 거래의 가격 기능을 잘 이용하지 못했기 때문이라 생각합니다.

시장경제의 자원배분 기능

그러면, 시장경제에서는 어떠한 형태로 자원배분이 이루어질까? 그림 4-3은, 시장경제의 자원배분 기능을 나타낸 것입니다. 시장경제가 계획경제와 근본적으로 다른 점은, 생산이나 소비의 결정이 기본적으로 개별기업(공장)이나 개개인의 소비자에게 맡겨져 있다는 것입니다. 개별경제주체가 멋대로 행동할 때 경제 전체의 자원배분의 조화를 달성하는 기능이 필요하게 됩니다만, 그 역할을 가격 기능이 수행합니다.

앞장에서 설명한 것처럼, 완전경쟁적인 행동을 취하고 있는 한, 개별생산자는 자기의 한계비용이 시장가격과 같아지는 점까지 생산하려고 합니다. 따라서, 모든 생산자가 같은 가격에 직면하고 있는 한, 모든 생산자의 한계비용이 서로 같아지도록 생산이 이루어지고 있습니다. 즉, 중앙에 관리자가

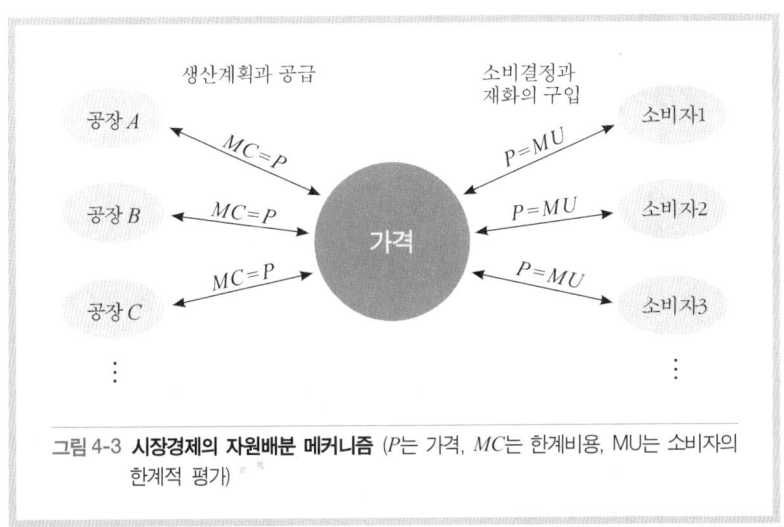

그림 4-3 **시장경제의 자원배분 메커니즘** (P는 가격, MC는 한계비용, MU는 소비자의 한계적 평가)

없어도 각 생산자(공장)는 적극적으로 자기의 생산량을 조정하여, 결과적으로 각 생산자의 한계비용이 같아진다는 것입니다.

그러면, 모든 생산자는 동일한 가격에 직면할까요? 그 해답은 「일물일가(一物一價)의 법칙」이라는 점에 있습니다. 만약, 생산자가 서로 다른 가격에 직면한다면, 즉 서로 다른 가격으로 재화를 판매하고 있다면, 소비자는 높은 가격의 생산자로부터 낮은 가격의 생산자에게로 가버리겠지요. 이러한 경쟁 기능을 통해서 모든 생산자는 동일한 가격으로 팔지 않을 수 없게 됩니다. 이것이 일물일가의 법칙이고, 그 결과 모든 생산자는 동일한 가격에 직면하게 됩니다.

소비자측도 그 재화에 대한 자신의 한계적 평가가 가격과 같아지는 점까지 소비하려고 합니다. 모든 소비자는 동일한 가격에 직면하고 있기 때문에, 결과적으로 모든 소비자의 해당 재화에 대한 한계적평가는 일치하게 됩니다.

이 경우에도 중앙관리기구가 정확한 정보를 모을 필요는 없고 각 소비자가 올바르게 행동하면 됩니다.

마지막으로, 생산과 소비의 균형 문제입니다만, 그것도 가격의 조정에 의해 처리됩니다. 예를 들어, 소비자가 원하는 이상으로 생산이 이루어지면, 재고가 생기고, 그것이 가격을 끌어내리게 되겠지요. 이것은 생산의 감소와 소비의 증가를 유발시켜 결과적으로 생산과 소비의 균형이 갖춰지게 됩니다. 생산이 부족할 때에는 이와 반대의 힘이 작용합니다.

이와 같이, 시장경제에 있어서는 각 경제주체(생산자·소비자)가 자기가 가진 정확한 정보에 근거해서 행동하면, 그 후에는 가격이 조정매체가 되어 자원의 최적배분이 달성됩니다. 계획경제에서 동일한 상황을 실현하기 위해서는 중앙관리기구에 올바른 정보가 모이는 것이 필요하게 됩니다만, 이것은 거의 불가능한 일이라 생각됩니다. 하지만, 시장경제도 여기에서 설명한 것처럼 항상 이상적으로 기능하는 것은 아닙니다. 이 점에 관해서는 시장의 실패문제로서 나중에 논의하겠습니다.

3 벼 수매가 문제: 과잉생산의 예

위에서 설명한 것을 이해하기 위해서는, 현실문제를 예로서 분석해 보는 것이 유익하다고 생각합니다. 여기서는 먼저, 과잉생산의 예로서 우리나라의 벼 수매 및 방출가격정책에 관해 살펴보겠습니다. 그림 4-4는 쌀의 수요와 공급을 나타낸 것으로, 기본적으로 그림 4-1과 같습니다.

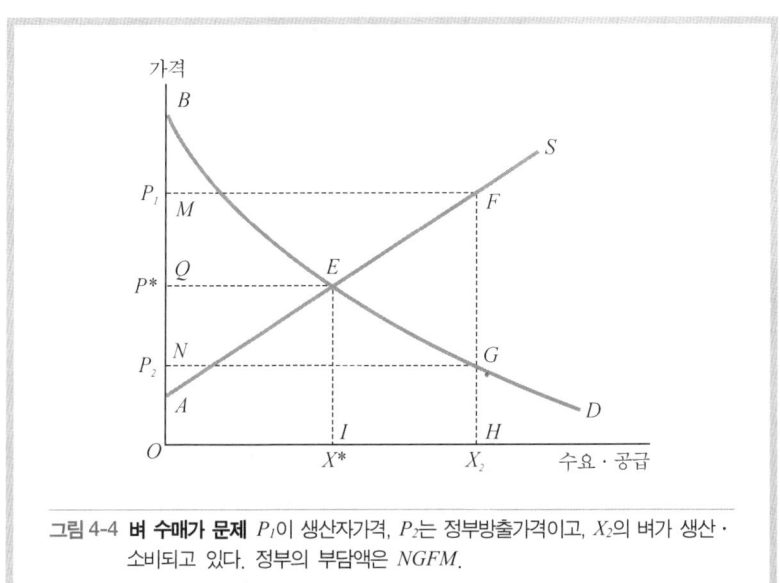

그림 4-4 **벼 수매가 문제** P_1이 생산자가격, P_2는 정부방출가격이고, X_2의 벼가 생산·소비되고 있다. 정부의 부담액은 $NGFM$.

우리나라의 벼 수매정책의 특징은 쌀 생산자를 보호하기 위해 정부수매가(정부가 농가로부터 사들이는 가격)가 방출가격보다 높다는 것에 있습니다. 그림 4-4에서는 P_1이 수매가격, P_2가 방출가격을 나타내고 있습니다.

그러면, 이러한 벼 수매정책은 어떻게 평가할 수 있을까요? 그림 4-1과 그림 4-4를 비교해보면 알겠습니다만, 이러한 정책을 시행한 결과 아무 것도 하지 않는(시장에 맡겨두는) 경우보다 삼각형 EFG 면적만큼 총잉여의 감소(사회적인 손실)가 생기고 있습니다. 이미 설명한 것처럼, 쌀의 자유로운 거래를 인정하면 소비자 잉여는 BEQ, 생산자잉여는 AEQ가 됩니다. 이에 대해, 위와 같은 벼 수매 및 방출정책하의 잉여는 어떻게 되는가를 살펴봅시다.

먼저, 생산자 잉여는 그림의 삼각형 AEM의 면적과 같아집니다. P_1가격하에서 생산자는 X_2까지 생산합니다만, 거기에서의 농가 총수입은 가격 P_1에 공급량 X_2를 곱한 직사각형 OHFM의 면적이 됩니다. 이에 반해, 비용 (단, 고정비용은 제외)은 X까지의 공급곡선의 밑부분 면적 OHFA가 됩니다. 생산자잉여 AFM은 총수입과 비용의 차이에서 구해집니다.

소비자 잉여는 삼각형 BGN과 같아집니다. X_2만큼의 쌀을 소비함으로서 얻어지는 효용은 BGHO이고, 이 쌀을 구입하기 위해 지출한 금액은 OHGN 이 됩니다. 소비자 잉여는 이 두 가지의 차이에서 구해집니다.

사회전체로서의 총잉여를 구할 때에는, 위의 두가지 잉여 이외에 정부의 재정부담을 고려하지 않으면 안됩니다. 정부는 X_2만큼의 쌀을 P_1 가격으로 수매(총수매액은 OHFM)해서, P_2가격으로 판매(총판매수입은 OHGN)하기 때문에 그 차액인 NGFM이 재정부담이 됩니다.

이상의 세 항목을 종합하면 총잉여는 다음과 같이 됩니다.

$$\text{생산자잉여} + \text{소비자잉여} - \text{재정부담} = \text{AFM} + \text{BGN} - \text{NGFM}$$
$$= \text{BEA} - \text{EFG}$$

이것을 정부의 개입이 없는 경우와 비교해 보면 EFG만큼 잉여의 손실이 생기고 있는 것을 알 수 있습니다. 이것은 그림 4-1에서 표시한 것과 대응하고 있습니다.

여기서 다루고 있는 것과 같은 벼 수매 및 방출정책의 특징은, 정부가 가격기구에 개입함으로서 가격의 자원배분효과를 죽여버리고 있는 점에 있습니다. 소비자가격이 생산자가격보다 낮기 때문에 수요측의 한계적평가 가 공급측의 한계비용보다 낮게 되어있습니다. 즉, 쌀은 과잉생산이라는 것입니다.

벼 수매 및 방출정책의 문제점

만약, 벼 수매 및 방출정책의 목적이 농가에 대한 소득보조에 있고 그것이 정당화된다고 해도, 정부가 벼 수매 및 방출의 가격에 개입하는 방법은 최적의 정책이라 할 수 없습니다.

쌀의 거래는 자유롭게 놓아두고, 거기에서 생기는 농가의 소득 감소분은 비농가로부터 세금을 거두어들여 농가의 소득보조에 사용하는 방법으로 대처해야 할 것입니다. 자유로운 쌀 거래가 이루어지면 생산자 잉여는 AEQ가 되기 때문에, QEFM만큼 농가에 소득이전이 필요하게 됩니다. 세금을 거두어들이는데 드는 비용 등이 문제가 되지 않을 정도로 작다면, 국내의 소득이전은 한나라전체의 총잉여에 영향을 미치지 않습니다.

따라서, 농가의 소득보조를 목적으로 한다면, 쌀값을 건드리기보다는 쌀 거래를 자유롭게 놓아두고 소득이전을 행하는 편이 좋은 셈입니다. 그럼에도 불구하고, 벼 수매 및 방출정책이 취해지고 있는 이유는 무엇일까요?

첫 번째 이유는, 정책의 목적이 농가의 소득보조에 있는 것이 아니라, 쌀의 국내생산의 확대(자급량의 확보)에 있다는 것입니다. 그러나, 수급균형이 이루어지는 X^* 이상의 수준에 국내생산을 유지할 필요가 있을까요?

두 번째 이유는, 소비자로부터 세금을 거두어 농가에 소득이전을 하는 방법은 행정비용이 너무 많이 들기 때문에 쌀값에 개입하는 쪽이 결국은 사회전체로 볼때 바람직하다는 주장입니다. 그러나, 쌀값에 개입하는 깃의 행정비용이 소득이전의 행정비용보다 작다고 하는 것은 아무래도 설득력이 약한 것 같습니다.

세 번째 생각할 수 있는 이유는, 직접적인 소득이전을 통한 농가의 소득보조가 소비자의 동의를 얻기 힘든다는 점입니다. 만약 농가에 대한 소득이전을 위해 세금을 더 거두어들인다면 납세자로부터 강한 비판이 일어날 수 있습니다. 높은 쌀 수매가를 지불한다는 것도 소득이전의 한 형태에 지나지 않습니다만, 납세자가 받아들이는 감각은 상당히 다르다고 생각됩니다. 그러나, 만약 그렇다고 한다면, 현재의 수매 및 방출정책은 납세자의 착각 또는 무관심에 빌붙어 납세자를 바보로 만드는 정책이라는 것이 됩니다.

4 간접세: 과소생산의 예

다음으로, 과소생산의 예로서 간접세의 효과에 관해 분석해 봅시다. 간접세에는 여러 가지 형태가 있습니다만, 여기서는 우선 주세(酒稅)와 같은 것을 생각해 보겠습니다.

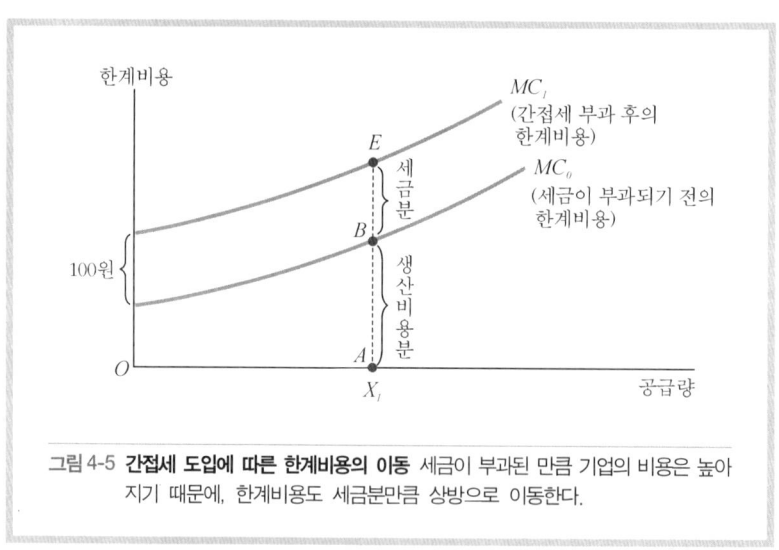

그림 4-5 **간접세 도입에 따른 한계비용의 이동** 세금이 부과된 만큼 기업의 비용은 높아지기 때문에, 한계비용도 세금분만큼 상방으로 이동한다.

이러한 간접세는 생산자의 비용곡선을 변화시킬 것으로 생각됩니다. 공급을 위한 비용 가운데 세금을 포함시켜야 하기 때문입니다. 그림 4-5는, 이 점을 그래프상에 예시한 것입니다. MC_0는 세금이 부과되지 않을 때의 한계비용곡선을 나타내고 있습니다. 예를 들어, 100원의 간접세가 도입되었다고 해 봅시다. 그림 4-5에서 공급량 X_1일 때 AB부분이 생산비 등 통상의 공급비용부분이고, BE부분이 새롭게 1단위의 공급을 추가하기 위해 내는 세금이 됩니다.

이처럼, 100원의 간접세 도입에 따라 모든 공급자의 한계비용곡선은 100원분만큼 위로 이동합니다. 이미 설명한 것처럼, 시장전체의 공급곡선은 각 공급자의 한계비용곡선을 수평방향으로 합한 것입니다. 따라서, 간접세의 도입결과, 공급곡선도 100원만큼 위쪽으로 이동합니다. 그림 4-1에서 점선으로 나타낸 공급곡선 S*는 이러한 간접세하의 공급곡선을 나타내고 있습니다(단, S곡선은 세금이 부과되지 않았을 때의 공급곡선입니다).

그러면 그림 4-1을 사용해서 가격과 수급량등에 대한 간접세의 영향을 분석합시다. 간접세의 도입결과, 공급곡선은 S에서 S*의 위치로 이동하고, 균형점은 E에서 K로 움직입니다. 소비자가 지불하는 가격은 P_3가 되고, 이 가운데 100원은 세금으로 정부로 넘어가기 때문에 공급자의 손에 남는 것은 공급 1단위당 P_4가 됩니다. P_3을 소비자가격, P_4을 생산자가격이라 부릅니다. 수급량은 X_1이 됩니다.

여기서의 상황과 수매가정책의 경우와 비교하면 양자에는 커다란 공통점이 있다는 것을 알 수 있을 것입니다. 수매가정책의 경우에는 소비자 가격이 생산자 가격보다 낮게 되어 있는 것에 대해, 간접세의 경우에는 소비자가격이 생산자가격보다 높게 되어 있습니다. 이 차이를 생각하면 간접세의 경우에는 과소생산이 이루어진다는 것을 쉽게 이해할 수 있으리라 생각합니다.

이 점을 보다 확실히 하기 위해 간접세하의 잉여의 크기에 관해 살펴봅시다. 소비자 잉여는 BKL이 됩니다. 생산자 잉여는 TKL또는 ACR이 됩니다(양자의 면적은 같습니다). 이것은 다음과 같이 확인할 수 있습니다. 생산자의 수입은 소비자가 지불하는 금액인 OJKL(=가격 P_3와 공급량 X_1의 곱한 값)입니다. 이에 대해, 비용은 세금이 RCKL, 생산이나 공급에 관련된 비용이 OJCA이기 때문에, 생산자 잉여는 그 차이인 TKL이 됩니다. 경제전체의 잉여는 소비자 잉여와 생산자 잉여에 정부의 조세수입을 더함으로서 얻어집니다. 정부의 조세수입은 RCKL이기 때문에 총잉여는 ACKB가 됩니다.

이것을 간접세가 없는 경우와 비교하면 CEK면적과 같은 금액만큼의 잉여의 손실이 생기고 있습니다. 간접세는, 소비자와 생산자가 직면하는 가격에 격차를 발생시키고, 가격의 자원배분효과를 왜곡시키는 작용을 합니다.

간접세를 누가 부담하는가

그런데 이러한 간접세는 누가 부담할까요? 세금을 정부에 내는 것은 생산자이기 때문에 생산자가 전부 부담하고 있다는 것은 너무나 단순한 생각입니다. 그림 4-1에서도 표시되어 있는 것처럼, 세금이 부과된 결과, 소비자가 지불하는 가격은 P*수준에서 P_3수준으로 상승합니다.

과세의 결과, 생산자가 가격을 인상하는 행위를 「조세의 가격으로의 전가」라 부릅니다. 그림 4-5의 경우에는 전가가 100원 이하(100% 이하)이기 때문에, 세금은 공급측과 수요측에서 나누어서 부담하고 있습니다. 공급측이든지 수요측이든지 어느 한 쪽이 세금을 전부 부담한다는 것은 매우 드문 경우입니다. 이 점은 그림 4-1과 같은 분석방법으로 쉽게 확인 할 수 있습니다.

간접세가 자원배분에 미치는 영향의 문제는 사회적으로 바람직한 조세체계를 생각할 때 중요한 포인트가 됩니다. 이 점에 관해 간단히 설명해 두겠습니다.

그림 4-6은 두 가지 서로 다른 재화에 대해 간접세로부터 생기는 조세수입과, 간접세에 따른 사회적 잉여의 손실을 비교한 것입니다. 그림의 A, B에서 P_1이 소비자가격, P_2가 생산자 가격, 양자의 차이가 세액을 나타내고 있습니다. 또한, 영역 Z가 정부의 세입이고, 영역 L이 간접세에 따른 잉여의 손실(사회적 비용)입니다. 이러한 점은 그림 4-1과 같은 것이기 때문에 쉽게 확인할 수 있으리라 생각합니다.

두 그림을 비교하면, A쪽이 세입에 비해 세금의 사회적 비용이 작다는 것을 알 수 있을 것입니다. 이것은 어떠한 이유에서일까요? 두 경우의 차이점은, B경우가 수요도 공급도 가격의 변화에 민감하게 반응한다는 것입니다. 이러한 경우에는, 간접세의 도입에 따라 가격체계가 변하면 시장의 수요·공급도 크게 영향을 받고 그 결과 잉여의 손실도 커집니다. 잉여의

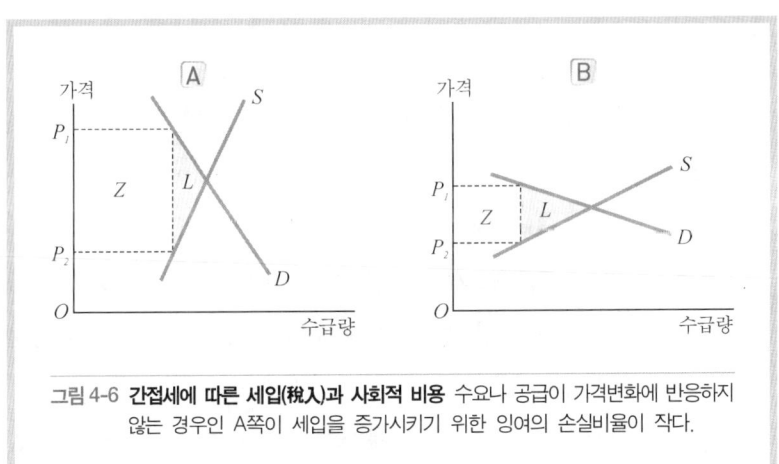

그림 4-6 **간접세에 따른 세입(稅入)과 사회적 비용** 수요나 공급이 가격변화에 반응하지 않는 경우인 A쪽이 세입을 증가시키기 위한 잉여의 손실비율이 작다.

손실은 세금에 의해 수급량이 변화한다는데 원인이 있습니다. 이에 반해, A경우처럼 수요·공급이 가격에 별로 반응하지 않는 경우에는 세금이 부과되어도 수요·공급에 큰 영향은 없기 때문에 세금의 사회적 비용도 작아집니다.

이와 같이, 간접세가 가져오는 자원배분의 왜곡정도는 그 재화의 수요·공급이 가격변화에 어느 정도 반응하는가에 달려 있습니다. 따라서, 어떤 일정한 세입의 획득을 전제로 해서 어떠한 조세체계를 구축하면 좋을까라는 문제를 생각할 때에는, 가능한 한 수요나 공급이 가격변화에 반응하지 않는 재화에 높은 세율을 적용한다는 것이 하나의 생각입니다. 예를 들어, 임금소득에 대한 세(소득세)와 소비지출에 대한 세(소비세)중 어느 쪽을 무겁게 하면 좋을까라는 점에 관해 결정할 때, 하나의 판단기준이 되는 것은 노동수요의 임금율(노동가격)에 대한 반응과 재화수요의 재화가격에 대한 반응의 상대적 크기입니다.

5 자유무역의 이익

시장에서의 자유로운 거래에 맡겨 두면 바람직한 자원 배분을 실현할 수 있다는 명제는 국제무역에 관해 논할 때에도 얼굴을 내밉니다. 각국은 무역을 제한하는 조치를 취해서는 안된다는 주장(WTO의 기본정신)이 있습니다. 이것은 지금까지 논의한 것을 국제거래를 포함한 경우로 확장한 것에 지나지 않습니다.

그림 4-7의 D와 S는 국내의 쇠고기에 대한 수요와 공급을 나타내고 있습

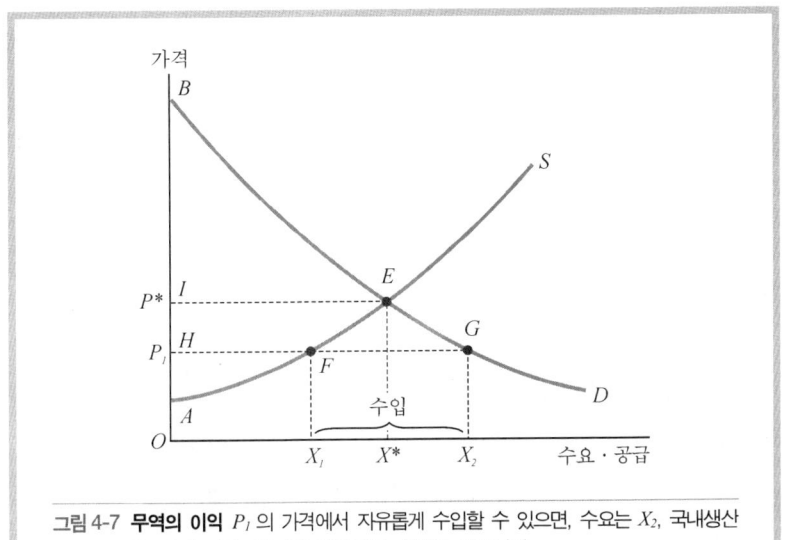

그림 4-7 **무역의 이익** P_1의 가격에서 자유롭게 수입할 수 있으면, 수요는 X_2, 국내생산 은 X_1이 되어, 양자의 차이만큼 수입이 일어난다.

니다. 만약 이 나라(이하에서는 우리나라)가 외국과 쇠고기 무역을 하지 않으면, 가격은 P^*가 되고, 소비자 잉여는 BE, 생산자 잉여는 AEI, 그리고 총잉여는 양자의 합으로서 AEB가 됩니다. 또한, 그때의 국내생산량과 소비 량은 X^*가 됩니다.

만약, 우리나라가 외국과 쇠고기의 무역을 자유롭게 행하면 가격이나 잉여는 어떻게 변화할까요? 지금, 외국에서 P_1의 가격으로 얼마든지 쇠고 기를 수입할 수 있다고 합시다. 이 가격에서 쇠고기를 자유롭게 수입하면 국내가격도 P_1까지 하락하겠지요. 왜냐하면, 품질에 차이가 없는 한 소비 자는 높은 가격의 쇠고기를 사지 않기 때문입니다. P_1가격에서, 쇠고기의 국내생산량은 X_1까지 감소하고, 국내소비량은 X_2까지 증가합니다. 또한 양 자의 차이인 선분 FG의 길이(=$X_2 - X_1$)는 쇠고기의 수입량을 나타내고 있습니다.

이와 같이, 무역에 의해 생기는 쇠고기 가격의 하락은 소비자에게 이익을 가져다 줍니다. 이것은 무역하기 전과 무역한 후의 소비자 잉여를 비교해 보면 알 수 있습니다. 무역하기 전에는 BEL이었던 소비자잉여가 무역 후에는 BGH까지 확대됩니다. 이에 대해, 생산자는 가격하락의 결과 손실을 입게 됩니다. 무역의 결과, 생산자 잉여는 AEI에서 AFH까지 감소합니다.

이처럼, 값 싼 쇠고기를 외국에서 수입하는 것은 소비자에게 이익을 가져오고 생산자에게 손실을 가져옵니다. 더욱이 두 잉여의 합인 총잉여를 보면 무역에 의해 AEB에서 AFGB까지 확대되고 있는 것을 알 수 있을 것입니다. 즉, 무역의 결과 총잉여는 FEG만큼 증가하고 있습니다. 외국과 자유로운 무역이 그 나라에게 바람직한 일이라는 것은 총잉여의 증가라는 형태로 나타납니다.

그러면 왜 무역은 우리나라에 이익을 가져다줄까요? 여기에 대한 해답의 열쇠는 P^*와 P_1의 차이에 있습니다. P^*은 무역을 하고 있지 않을 때의 우리나라 쇠고기 가격입니다만, 그것은 동시에 쇠고기 생산자의 한계비용도 나타내고 있습니다. 이 국내생산자의 한계비용이 수입가격 P보다 높다는 것은 외국에서 수입하는 편이 국내에서 생산하는 것보다 효율적인 자원의 사용방법이라는 것을 의미합니다.

국내의 자원부존량은 한정되어 있기 때문에 쇠고기를 생산하면 그 만큼 자본·노동·토지 등의 자원을 다른 산업에 돌릴 수 없게 됩니다. 외국에서 싸게 수입할 수 있는 쇠고기를 높은 비용을 들여서 국내에서 생산하는 것보다, 그 자원을 우리나라가 더 높은 생산력을 갖고 있는 산업에 돌리는 편이 자원을 효율적으로 사용하는 것이 됩니다. 외국과 자유롭게 무역을 함으로서 이러한 효율적인 자원배분을 자동적으로 실현할 수 있습니다.

그런데 쇠고기를 수입함으로서 생산자가 손실(생산자잉여의 감소)을 입는다는 점에 충분한 주의를 기울일 필요가 있습니다. 자유무역은 총잉여의 증가를 가져옵니다만, 동시에 국내의 소득분배에도 영향을 미칩니다. 이 경우, 국내생산자에 불리하고 소비자에 유리한 분배의 변화가 일어납니다.

일반적으로, 생산자에 비해 소비자의 수는 대단히 많기 때문에 자유무역에 따른 소비자 1인당 이익은 대단히 작고 생산자 1인당 손실은 상당히 커집니다. 이 때문에 소비자는 수입의 장점을 크게 느끼지 못해 수입자유화를 그다지 강하게 주장하지 않습니다. 이에 반해, 생산자는 수입자유화를 저지할 동기를 강하게 느낍니다. 수입자유화가 대단히 어려운 이유는 이러한 정치적 비대칭성에 있다고 생각됩니다.

6 혼잡통행료(Peak Road-Price) : 자원분배의 효율성이냐, 분배의 공정성인가?

이 장에서 논의한 자원분배의 효율성은 각종 정책이나 규제문제를 생각할 때에도 중요한 기준이 됩니다. 그러나 실제로 많은 정책운용에 있어서 자원분배의 효율성과 분배의 공정성문제가 대립될 수 있습니다. 이 때문에 많은 정책이나 규제에 있어서 자원분배의 효율성이 희생되고 있습니다. 그 하나의 예로서 지하철 요금문제를 들어보겠습니다.

서울의 출퇴근시의 지하철은 매우 복잡해서 내리고 나면 힘이 빠져버려 오전근무에 영향을 줄 정도라고 저자의 친구는 말을 합니다. 출퇴근 이외의 시간대에는 지하철내의 공간이 충분하기 때문에 어떻게 해서든지 출퇴근 러쉬의 일부를 다른 시간대로 옮길 수 없는 것일까요? 혼잡통행료(peak road-price)는 그러한 목적을 달성하기 위한 요금제도입니다.

출퇴근시간대에만 지하철 요금이 현재의 3배정도 인상되고 그 밖의 시간대의 요금은 현재의 절반정도로 한다고 해 봅시다. 이 요금제도가 도입되면 승객의 일부는 혼잡한 시간대를 피하려고 하겠지요. 만약, 회사가 통근비용을 부담하고 있다면 회사측도 근무시간을 조정할지도 모릅니다. 이에 따라, 출퇴근 혼잡은 해소되고 나머지 시간대에도 골고루 승객이 분산되겠지요.

이러한 요금제도는 자원분배의 효율성이라는 관점에서는 바람직한 것이지만, 당연히 샐러리맨의 강한 반대에 부딪히게 되겠지요. 샐러리맨은 출근 러쉬 때에만 출근할 수밖에 없는 사회적 약자입니다. 러쉬이기 때문에 오히려 요금을 내린다면 몰라도 요금을 올려 약자인 샐러리맨을 고통스럽게 한다는 것은 말도 안된다고 반발할 것입니다.

이러한 비판은 샐러리맨과 그 밖의 사람들간의 분배문제입니다. 혼잡통행료(peak road-price)는 샐러리맨에 대해 분배상 불이익을 가져오기 때문입니다. 이와 같이 자원배분상 바람직한 정책이라도 분배의 공평성이라는 관점에서 도입하기 어려운 정책이 많이 있습니다.

제5장
독 점

    우리 주위를 둘러보면, 다양한 경제주체에 의한 독점적 또는 과점적 행위가 눈에 띕니다. 70년대의 석유파동 때 OPEC회원국은 원유공급량을 줄임으로써 가격을 끌어올리는 독점적 행동을 했습니다. 또한 우리나라에도 현재까지 극심한 일부 노동조합의 활동을 보아도, 노동조건 개선을 위해 스트라이크 등의 수단을 사용하는 배경에는, 그 기업이나 산업에 독점적으로 노동을 공급하고 있다는 것에 의존하는 부분이 크다고 생각됩니다.

    원래 독점적 행동이란 경제학적으로 어떠한 것일까요? 또한 「독점은 악이다」라는 통설은 어떠한 의미에서 옳은 것일까요? 독점적 행위에 대해서는 어떠한 정책이 시행되어 지는 것이 바람직한 것일까요? 이 장에서는, 이러한 문제에 관해 가능한 한 현실적인 예를 섞어가면서 논의하고자 합니다.

1 독점적 가격이란

OPEC가 원유의 공급량을 줄인 것은, 그에 따라 세계원유시장의 수급을 핍박시켜 가격을 끌어올리기 위해서였습니다. 그림 5-1의 D곡선처럼 세계 전체원유에 대한 수요곡선은 우하향하며 공급량이 적을 수록 원유의 가격은 상승됩니다.

지금, 원유를 퍼내어 실어내는 비용이 1배럴당 5달러라고 해봅시다. OPEC회원국의 결속이 매우 단단해 독점적 이윤을 극대화하도록 가격을 설정한다면 어떤 가격이 형성될까요? 공급량을 대폭 삭감하면 가격도 대단히 높아지지만 근본적으로 원유를 적게 퍼 올리기 때문에 이윤은 그다지 크지 않겠지요.

반대로, 공급량을 너무 많게 해도 가격이 떨어지고 맙니다. 예를 들어, 그림 5-1의 가로축상의 X까지 공급하면, 가격이 원유생산비용과 같아져 버리기 때문에 이윤은 전부 사라져 버리게 됩니다. 결국, 적당히 높은 가격, 또는 적당히 제한된 공급량 수준에서 이윤이 가장 커질 것입니다.

어디에 가격을 설정하면 좋을까, 또는 얼마만큼 공급하면 이윤이 가장 커질 것인가라는 점에 관해서는, 「한계수입」이라는 개념을 사용해서 분석할 수가 있습니다.

한계수입

한계수입(MR : marginal revenue)이란, 그 재화를 한 단위 더 추가적으로 공급했을 때 그에 따라 얼마만큼 수입이 증가하는가를 나타내는 것

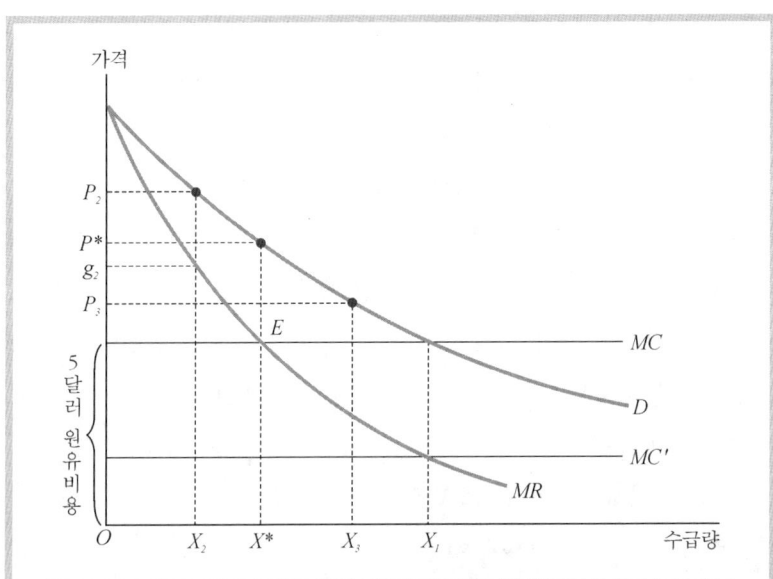

그림 5-1 **독점적 가격결정** 한계수입(MR)은 수요곡선(D)보다 아래쪽에 있다. MR은 공급량을 추가함으로써 얼마만큼 수입이 들어오는가를 나타낸 것이다. 독점적 공급자의 공급량은 한계수입곡선(MR)과 한계비용곡선(MC)의 교차점(E)에 의해 X^*가 결정되고, 거기서 독점적 공급자가 설정하는 가격은 p^*가 된다.

입니다.

예를 들어, 그림 5-1의 가로축상에 표시된 X_2라는 공급량을 생각해 봅시다. 여기에서 공급량을 1단위 증가시켰을 때 원유공급자에게 얼마만큼의 수입증가가 있을까요? X_2만큼의 원유가 공급되고 있을 때에는 시장에서 P_2라는 가격이 결정됩니다. 즉, 원유공급의 평균수입(원유 1단위당 수입)은 P_2가 됩니다.

여기에서 원유의 공급량을 1단위 증가시키면 원유공급자의 수입은 어떻게 변화할까요? 수입의 변화는 다음 두 가지 요인에 의해 결정됩니다. 먼저,

1단위 더 여분으로 공급되기 때문에 그 추가공급분의 원유대금이 새로운 수입으로서 추가됩니다. 추가공급에 따라 다소 가격이 내려갑니다만 거의 가격 P만큼의 추가 수입이 들어온다고 생각해도 좋겠지요.

한계수입에 관해서는 위의 사실 외에도 또 하나 중요한 요인이 있습니다. 원유를 추가로 공급함으로써 원유가격은 다소 내려갑니다. 만약 모든 구매자에게 동일한 가격으로 판매하지 않으면 안된다고 하면 지금까지 P가격으로 팔고 있던 상대에게도 낮아진 가격으로 팔지 않으면 안됩니다. 보다 많은 원유를 팔기 위해서 가격을 내리는 것은 이제까지 보다 낮은 가격으로 판매해야 하는 분만큼 수입을 낮추는 방향으로 작용합니다.

이상을 요약하면, 공급량을 1단위 추가하는 것에 따르는 수입의 변화는 다음과 같이 됩니다.

한계수입 = 가격 − (공급추가에 따른 가격의 하락폭 × 공급량)

독자여러분 가운데에는 위의 식이 제3장에서 논의한 한계비용의 개념과 기본적으로 같다는 점에 눈치챈 독자도 많겠지요.

수요곡선과 한계수입곡선

위 식의 이해를 높이기 위해 몇 가지 경우를 생각해 봅시다. 먼저, 완전경쟁기업에 관해 생각해 보십시오. 완전경쟁기업의 경우에는 아무리 공급해도 시장가격에서 팔립니다. 즉, 완전경쟁적인 기업은 수평적인 수요곡선에 직면합니다. 이 경우에는, 아무리 공급해도 가격은 내려가지 않기 때문에 위 식의 우변 제2항은 영(0)이 됩니다. 즉, 완전경쟁기업에게서 한계수입은 시장가격과 같아집니다. 이러한 기업이 공급을 늘이면 시장가격에서 얼마든지 팔리기 때문에 한계적으로 들어오는 수입도 가격과 같아집니다.

　여기에 대해, 독점적인 공급자에게서 한계수입은 반드시 가격보다도 적습니다. 왜냐하면, 추가공급에 의해 가격이 내려가기 때문입니다. 위의 식으로부터도 쉽게 알 수 있겠습니다만, 수요곡선의 기울기가 급할수록 한계수입은 작아집니다.

　수요곡선의 기울기가 급할 때에는 공급량이 증가함에 따라 가격은 급격히 떨어집니다. 다른 말로 하면, 가격을 대폭적으로 내리지 않는 한 공급을 확대할 수 없습니다. 이 경우에는, 공급증가에 따른 가격의 하락 폭이 큰 만큼 한계수입은 작아집니다. 반대로, 수요곡선이 수평에 가까울수록 한계수입은 가격에 가까워집니다.

　그림 5-1의 MR곡선은 수요곡선 D에서 도출된 한계수입곡선을 나타내고 있습니다. 한계수입곡선이 수요곡선보다 아래에 있는 것은, 각 공급량에 있어서 한계수입이 가격보다 낮기 때문입니다. 예를 들어, 공급량 X_2인 점에서 가격은 P_2입니다만, 한계수입은 g_2가 됩니다.

독점적 가격의 설정

　그러면, 이상에서 설명한 한계수입이라는 개념을 사용해서 독점적인 가격설정에 관해 설명하겠습니다. 공급자가 이윤을 최대화하기 위해서는 한계수입이 한계비용과 같아지는 점까지 공급하면 된다는 것입니다. 이것은 그림에서 횡축상의 X^*로 표시되어있습니다.

　X^*보다 적은 공급량에서는 한계수입이 한계비용보다 높습니다. 이 때에는 공급량 증가에 따른 수입의 증가분(한계수입)이 비용의 증가분(한계비용)보다 크기 때문에 공급량을 확대함으로써 이윤을 늘일 수 있습니다.

이에 반해, X*보다 많은 공급량에서는 한계비용이 한계수입보다 높습니다. 따라서, 여기서는 공급량 증가에 따른 수입증가분 보다 비용증가분이 크기 때문에 공급량을 증가시킬 수록 이윤은 작아집니다. 결국, 한계수입과 한계비용이 같아지는 공급량 X*만큼 공급하므로써 이윤이 최대화된다는 것을 알 수 있을 것입니다. 이때 독점적 공급자가 설정하는 가격은 그림의 종축상에 표시된 P*가 됩니다.

2 독점적 가격설정에 따른 자원배분의 왜곡

그림 5-1에 나타낸 독점적 행동하에서 공급자가 설정하는 가격이 5달러보다 높게 되어 있습니다. 이미 제4장에서 설명한 것처럼, 이러한 상태는 이상적이 상태에 비해 과소생산이 이루어집니다. 이것은 다음과 같이 확인할 수 있습니다.

독점적 공급량 X*보다 추가적으로 1단위 더 여분으로 공급되었다고 해봅시다. 이 추가적 공급을 위한 비용은 5달러(한계비용)입니다. 한편, 이 추가적으로 생산된 원유는 누군가가 소비합니다만, 그 추가적인 소비에 대한 평가는 X*에서 성립하고 있는 시장가격 P*가 됩니다.

독점적 공급자는 반드시 한계비용보다 높은 가격을 설정하기 때문에 수요자의 평가는 한계비용보다 높습니다. 이러한 상태에서는 생산을 증가시킴으로서 비용이상의(소비로부터의) 이익을 얻을 수 있습니다. 즉, 독점하에서의 공급량은 사회적으로 보아서 과소가 됩니다. 그림 5-1의 경우에는 수요곡선 D가 한계비용곡선 MC와 만나는 X_1이 사회적으로 최적인 생산량

이 됩니다.(이 생산량하에서 총잉여가 최대가 되는 것을 확인해 보십시오)

독점적 공급자는 자기의 공급량을 제한해서 가격을 끌어올려서 이윤을 획득합니다. 이 독점적 행위에 의한 이윤증가는 가격인상에 따른 소비자의 희생에 바탕을 두고 있습니다만, 이러한 독점적 공급행동의 결과 수요자가 잃는 잉여는 독점적 공급자가 획득하는 이윤보다 큽니다. 독점적 행위가 사회적 총잉여의 감소를 가져오는 것은 이러한 과소생산에 따른 자원 배분의 왜곡에 근거하는 것입니다.

일반적으로, 독점적 공급자는 수요자를 착취하고 그것이 독점적 행위가 나쁘다는 근거로 해석되고 있는 경향이 있습니다. 이 이유로도 충분히 설득적인 반독점의 근거가 될 수 있습니다만 이상에서 논의한 독점적 행위에 따른 자원배분의 왜곡과는 전혀 관계가 없습니다. 수요자를 착취한다는 의미에서의 독점적 피해와, 과소생산이라는 형태로 자원배분을 왜곡시키는 독점적 행위와는 구별할 필요가 있습니다. 이 점은 중요하기 때문에 나중에 예를 들어 설명하겠습니다.

3 문고판 유행의 구조

우리나라에서는 보기 힘든 현상이지만 일본에서는 지하철 안이나 장거리 버스 안에서 손에 작은 책을 들고 보는 사람들을 자주 목격하게 됩니다. 문고판이라고 부르는 이 작은 책은 크기가 작고 값이 싸기 때문에 여행이나 이동 중에 쉽게 가지고 다니면서 읽는데 아주 편리합니다. 단, 단점이라면 유행이 조금 지났다는 것에 있습니다. 일본에서는 소설뿐만 아니라 넌픽션이나 사진집, 심지어는 사전까지도 문고판의 형태로 출판되는 경우가 매우 많습니다. 이러한 경향을 경제이론으로는 어떻게 설명할 수 있을까요?

그림 5-2의 곡선 D는 어떤 소설에 대한 수요곡선을 나타내고 있습니다. 이야기를 간단히 하기 위해, 사람들은 소설의 내용을 중시해서 책의 장정 등은 수요에 큰 영향을 미치지 않는다고 합시다.

직선 MC는 이 책을 추가적으로 한 권 만들어 팔기 위한 비용(한계비용) 을 나타내고 있습니다. 따라서, 한계비용수준은 세로축에 표시된 P_2가 됩니다. 만약, 출판사가 이윤을 극대화하는 가격을 설정한다면 그것은 그림의 P^*의 수준이 됩니다.

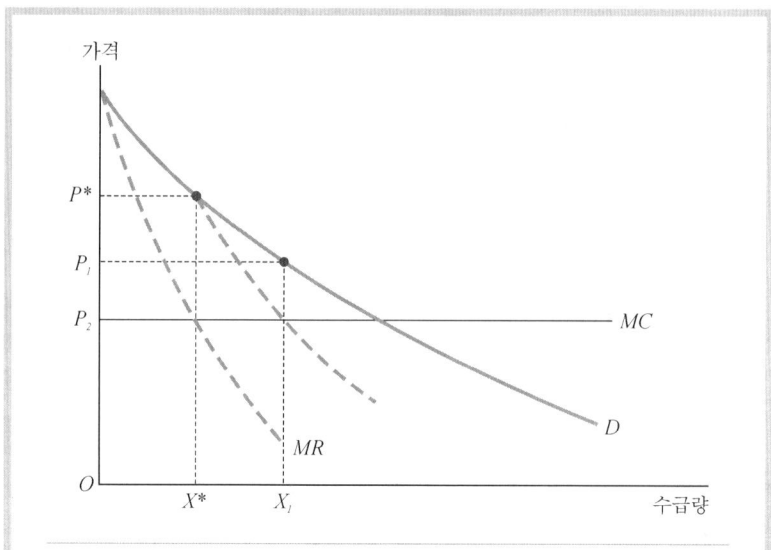

그림 5-2 **독점적 가격차별** 독점적 공급자는 먼저 p^*라는 가격에서 X^*만큼 공급한다(일 반적인 독점적 가격결정). 이러한 수요가 한바퀴 돈 후, 새롭게 p_1의 가격에서 $(X_1-X_1^*)$만큼 판매함으로써 추가 이윤을 얻을 수 있다.

이같은 상황은 모든 독자에게 동일한 가격을 설정한다는 것을 전제로 한 것입니다. 만약, 이 출판사가 독자에 따라 다른 가격을 설정하는 가격차별을 실행할 수 있다면 보다 많은 이윤을 얻을 수 있습니다.

소설이 완성되면 먼저 단행본의 형태로 비싼 가격으로 팔고, 수요가 한 차례 이루어지고 난 다음에 나머지 독자에게 문고판이라는 형태로 싸게 파는 것입니다.

그림 5-2에서 이것은 다음과 같이 설명할 수 있습니다. 먼저, P*라는 독점가격으로 단행본을 판매합니다. 만약, 독자가 나중에 문고판이 나오는 것을 예상하지 못한다면 X*만큼의 단행본이 팔리겠지요. 단행본이 팔린 후, 이번에는 P_1가격으로 문고판을 냅니다. 그러면 그림의 $X_1 - X$*만큼의 소비자가 이 문고판을 구입합니다. 문고판을 사는 사람은 단행본으로는 너무 비싸기 때문에 사지 않으나, 문고판이라면 사려는 사람들입니다.

이처럼 먼저 비싼 가격으로 팔기 시작해 수요가 한차례 지나간 후 싼 가격으로 파는 행위를 「시간을 통한 가격차별」(inter-temporal price discrimination)이라 부릅니다. 영화도 먼저 개봉관에서 비싼 가격으로 방영하고, 그 후 얼마 지나서 변두리의 영화관에서 두 편 동시 상영하는 것은 이러한 가격차별에 지나지 않습니다.

위와 같이, 가격차별을 행함으로써 독점기업의 이윤이 확대되기 때문에 그 만큼 소비자로부터 이윤을 착취하고 있다고 말할 수 있을지 모릅니다. 그러나, 대단히 흥미로운 것은 이러한 가격차별행위의 결과 사회적 총잉여가 오히려 증가하고 있다는 것입니다. 그림 5-1과 비교해서, 그림 5-2의 경우에는 X까지 생산이 이루어지고 있습니다. 가격차별행위의 결과, 과소생산의 폐해는 완화되고 있습니다. 가격차별의 결과, 총잉여가 증가하고 있는 것을 확인해 보십시오.

독점적 이윤추구 행위가 정말 나쁜 것인가?

이 예로부터도 알 수 있는 것처럼, 독점적 행위에 의해 공급자가 높은 이윤을 얻는 것 자체가 직접적으로는 자원배분에 악영향을 미친다고 볼 수 없습니다. 자원배분상 문제가 되는 것은 가격을 올리기 위해 공급을 제한한다는 점에 있습니다. 여기서의 가격차별의 예처럼, 독점적 공급자가 높은 이윤을 얻고 있어도 충분한 공급량이 확보되고 있다면 자원배분상 문제는 없는 것입니다.

그러면, 독점적 행위에 의해 높은 이윤을 얻는 것은 사회적으로 문제가 없는 것일까요. 독점적 공급행위에 의해 이익을 보는 사람들이 이 재화를 구입하는 사람들보다 부자라면, 독점적 행위에 의해 가난한 사람들로부터 부자에게로 소득이전이 일어나기 때문에 그 의미에서는 문제가 되겠지요. 그러나, 이 독점기업에 근무하는 사람들이 이 재화를 구입하는 사람들보다 가난하다면, 또는 독점적 이윤의 일부가 기부, 법인세 등의 형태로 사회에 환원된다면, 독점자가 유복한 소비자로부터 이윤을 착취하는 것은 반드시 문제가 된다고 말할 수 없을지도 모릅니다.

그런데, 이상에서 설명한 것과 같은 가격차별행동은 항상 잘 기능한다고는 볼 수 없습니다. 단행본을 사려는 마음이 있는 사람도, 만약 나중에 문고판이 나오는 것을 알면 그때까지 기다리려고 할지도 모릅니다. 이러한 사람이 늘어나면 단행본의 판매량은 떨어지고 그 결과 이윤은 감소하겠지요.

4 독점적 행위에 대한 규제정책

독점적 행위에 의해 생기는 과소생산의 폐해를 없애기 위해서는 어떠한 정책이 실시될 필요가 있을까요? 독점적 행위를 억제하기 위해 독점적 기업에 과세를 실시하면 좋지 않겠느냐는 논의가 있습니다만, 이러한 정책은 독점의 폐해를 크게 할 뿐입니다.

이미 설명한 것처럼, 독점적 행위가 자원배분의 관점에서 문제가 되는 것은, 독점적 행위에 의해 재화의 공급이 과소수준에 억제된다는 점에 있습니다.

과세가 독점적 행위에 따른 과소생산문제를 더욱 악화시킨다면 마이너스 과세인 생산보조금에 의해 독점적 행위에 따른 과소생산문제를 해결할 수 있습니다. 예를 들어, 그림 5-1의 경우에서는, 원유공급에 보조금을 주어 공급자의 한계비용을 MC 위치에서 MC′ 위치까지 이동시키면 독점공급자의 공급량은 X_1까지 확대합니다. 이를 위해서는 MC선과 MC′선의 차이에 해당하는(1단위당)보조금을 주어야 합니다.

독점기업에 보조금까지 주어서 공급량을 확대하는 것이 의미가 있는 것일까라는 의문을 가지는 독자도 적지 않을 것이라 생각합니다. 만약, 독점행위의 규제목적이 독점기업의 이윤의 축소에 있다면 보조금을 주는 것은 말도 안되는 소리입니다. 그러나, 만약 독점행위의 규제목적이 자원배분을 보다 바람직한 것으로 하는데 있다면, 어떤 수단을 사용해서라도 독점적 공급자에 의해 공급되고 있는 재화의 공급량을 확대해야 합니다. 그리고 이를 위한 정책은 과세가 아니라 보조금입니다.

가격규제

물론, 독점이윤을 확대시키지 않고 공급량을 확대시킬 수 있는 정책이 없는 것은 아닙니다. 이러한 형태의 정책으로 가장 표준적인 것이 「최고가격제」또는 「천정가격규제」라 부르는 것입니다. 즉, 정부가 기업에 어떤 수준 이상의 가격을 설정해서는 안된다고 규제하는 정책입니다.

최고가격제(천정가격규제) 외에도 정부가 사전에 가격을 고정(가격동결)시켜버리는 것과 같은 규제도 동일한 효과를 발생시킵니다. 우리나라에서는 택시요금이나 철도요금 등 각종 공공요금은 엄격한 규제로 지켜지고 있고, 은행의 예금금리도 과거 규제의 대상이었습니다.

만약, 최고가격이나 그 밖의 규제가격수준이 충분히 낮게 억제되면 독점의 폐해는 상당히 완화됩니다. 예를 들어, 그림 5-1의 경우에서 최고가격(천정가격)이 P_3 수준에 설정되었다고 해 봅시다. 즉, 기업은 P_3 이상의 가격을 정할 수 없도록 규제되는 것입니다. 이러한 규제하에서 독점기업은 P_3 이상의 가격을 정하는 것이 인정되지 않기 때문에 공급량을 줄이는 의미가 없어져 버립니다. 이러한 규제에 의해 공급량이 증가하고 더불어 독점적 기업의 이윤도 억제되는 것을 알 수 있을 것입니다.

가격규제는, 규제되는 가격이 적절한 수준으로 설정되면 유효한 규제수단이 됩니다. 그러나, 시장의 수요나 기업의 비용에 관해 충분한 정보가 없을 때 적절한 규제가격수준을 설정하는 것은 쉬운 일이 아닙니다. 가격설정을 잘못하면 규제의 결과 자원배분의 왜곡이 오히려 커질 수도 있습니다.

가격규제는 독점의 경우뿐만 아니라, 과점적 상황(두 회사 이상의 소수의 기업이 경쟁하고 있는 상황)에서도 빈번히 행해집니다. 가격규제가 적절하게 취해지고 있을 때에는 독점의 경우와 마찬가지로, 과점의 경우에도 규제는 바람직한 효과를 가질 수 있습니다. 그러나, 과점의 경우에는 규제가격의 수준이 너무 높아서 규제의 결과 오히려 카르텔적 상황을 일으킬 수도 있습니다. 김영삼 정부 이후의 일련의 규제완화 움직임은 이러한 규제의 폐해를 인식한 후의 정책변경으로 받아들일 수 있습니다.

5 수요독점

독점적 행위란 공급측에서 뿐만 아니라 수요측에 의해서도 이루어질 수 있습니다. 그림 5-3을 사용해서 수요독점(수요자의 독점적 행위)에 관해 분석해 보겠습니다.

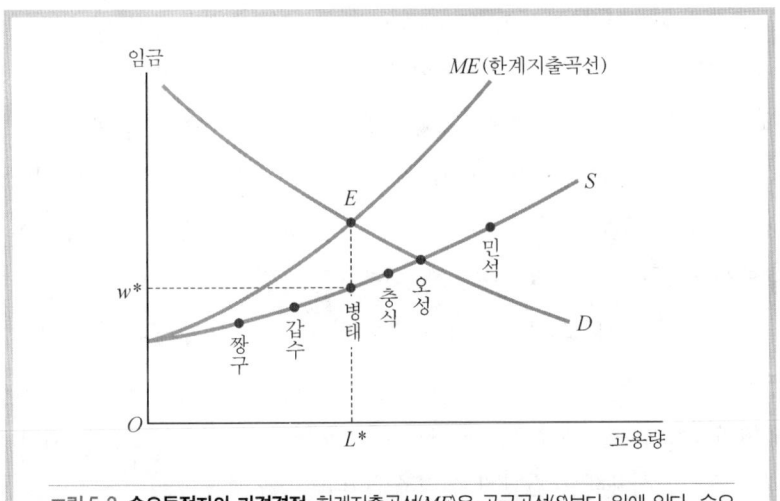

그림 5-3 **수요독점자의 가격결정** 한계지출곡선(ME)은 공급곡선(S)보다 위에 있다. 수요독점자는 이 한계지출곡선과 수요곡선(D)의 교차점(E)에 의해 결정되는 L^*만큼 노동을 수요하고, 그 때 설정하는 가격(임금)은 w^*이다.

지금 어떤 작은 마을에 공장이 하나 들어섰다고 해 봅시다. 이 공장은 이 마을에 서 단 하나의 공장이고, 이 마을 사람들은 농사를 짓던가 이 공장에서 일하던가 두 가지 선택밖에 없다고 합시다.

그림의 우하향하는 D곡선은 이 공장의 노동 수요를 나타내고 있습니다. 이 그림의 세로축에는 노동의 수요나 임금이, 가로축에는 고용량이 표시되어 있습니다. 노동의 수요를 나타내는 곡선이 우하향하는 형태로 되어 있는 것은 보다 많이 고용할 수록 추가적인 노동의 평가가 낮아지기 때문입니다.

우상향하는 S곡선은 이 마을의 노동의 공급곡선을 나타내고 있습니다. 이 그림이 우상향하는 형태를 하고 있는 것은 임금이 높을 수록 보다 많은 사람들이 이 공장에서 일하려고 하기 때문입니다. 이것은 짱구, 갑수, 병태, 충식…… 로 표기되어 있습니다만, 이것은 짱구가 가장 낮은 임금에서도 일하려고 하고, 다음으로 갑수가 낮은 임금이라도 일할 의사가 있다는 것을 나타내고 있습니다.

그러면, 이 기업은 어떠한 임금에서 얼마만큼의 사람을 고용하면 좋을까요? 높은 임금을 지불할 수록, 보다 많은 노동자를 고용할 수 있습니다만, 그만큼 임금비용도 커집니다. 여기서 문제가 되는 것은, 추가적으로 한 사람 고용함으로써 임금 비용이 얼마만큼 증가하는가 라는 점입니다.(이것을 이하에서는 「한계지출」이라 부르겠습니다)

한 사람을 추가적으로 고용하기 위한 임금비용의 증가는, 그 사람에게 지불되는 임금뿐만 아니라, 고용증가에 따른 기존 기존노동자들에 대한 임금의 상승분도 고려해야 합니다. 이 점은 한계수입의 개념과 동일합니다만, 그림 5-3을 사용해서 간단히 설명하겠습니다.

이 경우, 만약 짱구만 고용한다면 낮은 임금으로 해결됩니다. 그러나, 갑수도 고용한다면, 갑수 뿐만 아니라 짱구에게도 동일한 높은 임금을 지불

하지 않으면 안됩니다. 따라서, 갑수를 추가적으로 고용하는데 따르는 임금
비용의 증가는 갑수에게 지불하는 임금분과 짱구에게도 갑수와 같은 임금을
지불하기 위해 늘어난 짱구의 임금증가분의 합이 됩니다. 만약 여기에다
병태까지 고용한다면 임금을 더욱 인상시킬 필요가 있습니다.

이상과 같이 생각하면, 추가적 고용에 따른 임금지불의 증가(한계지출)는
다음과 같이 나타낼 수 있습니다.

한계지출 = 추가적으로 고용하는 사람에게 지불하는 임금 +

(추가적 고용에 따라 필요하게 되는 임금인상분 × 고용량)

이 식을, 이미 설명한 한계수입식과 비교해 보면, 양자는 기본적으로
같은 것이라는 것을 알 수 있을 것입니다.

그림 5-3에 그려진 한계지출곡선은 각 고용량수준에서의 한계지출(추가
적인 고용에 수반되는 임금 지불의 증가액)을 나타내고 있습니다. 이것이
노동의 공급곡선보다 위쪽에 있는 것은 한계지출이 임금보다도 높기 때문입
니다. 이 점은 위에 나타낸 식에서 우변의 제2항이 플러스인 것으로부터도
쉽게 확인할 수 있을 것으로 생각합니다.

이 공장의 이윤을 극대화하는 고용량은 한계지출이 노동의 한계적 평가
(곡선 D)와 같아지는 점에서 구할 수 있습니다. 그림에서, 이것은 두 곡선의
교차점 E에서 결정되는 L*로 표시됩니다. L*만큼의 노동사를 W*의 임금으
로 고용할 때 이 공장의 이윤은 극대가 됩니다. L*보다 많이 고용하면,
추가적으로 고용한 노동자의 이 공장에 대한 가치는 추가적 고용에 따른
임금비용 증가액보다 작게 됩니다. 이러한 상황에서 고용을 늘이는 일은
이 공장에게 의미가 없는 것입니다.

수요독점은 공급독점과 정확히 반대상황이 됩니다. 공급독점의 경우에는 공급량을 제한함으로써 가격을 끌어올리고 있습니다만, 수요독점의 경우에는 수요량을 제한함으로써 가격을 끌어내리고 있습니다.

수요독점의 케이스로는 여러 가지 예가 있습니다. 대규모 제조업체가 부품을 하청업체나 중·소부품 메이커에서 구입할 때 수요자로서 독점력을 행사할 수 있습니다. 또한 백화점이나 대형슈퍼마켓 등은 상품을 구매할 때 독점력을 행사하는 수가 있습니다.

제6장
기업과 산업

현실경제를 보고 있으면 기업의 행동이 너무나 다양해서 단순한 경제이론으로서는 전혀 파악할 수 없을 것처럼 생각됩니다. 기업 그 자체만 보아도 그 내부조직은 복잡하고, 게다가 항상 활달한 변화를 겪고 있는 것 같습니다. 이렇게 복잡한 기업이나 산업의 실태라든가 거기에서의 각종 경제적 메커니즘에 관해 연구하는 것은 경제학의 중요한 테마이고, 이에 관해 최근의 「기업과 산업의 경제학」 또한 「산업 조직론」은 눈부신 발전을 보이고 있습니다.

이 장에서는 이러한 기업과 산업의 문제를 알아보기 위해 몇 가지 분석틀에 관해 설명하고자 합니다. 경제학의 기초적인 문제를 다루는 이 책의 특징상 본격적인 논의는 할 수 없습니다만, 과점의 문제, 기업내의 자원배분 문제 등, 기업과 산업의 경제분석을 행하는데 있어서 기본적이라 생각되는 점에 관해 가능한 한 상세히 설명하고 합니다.

1 기업의 진입·퇴출행동과 자원배분

산업이나 경제전체의 활력이라는 것은, 계속해서 새로운 기업이 시장에 진입해 오는 것에서 생깁니다. 예를 들어, 이미 거대한 기업이 들어서 있던 미국의 반도체산업에 한국기업이 진입했다는 것은 미국시장에 있어서의 경쟁을 한층 격화시켰습니다. 이처럼 새로운 기업이 진입함으로써 경쟁이 활성화된 예는 매우 많습니다. 기업의 진입·퇴출행동은 자원배분이나 경쟁구조에 대단히 중요한 의미를 갖습니다.

기업의 진입·퇴출행동은 여러 가지 산업구조하에서 일어납니다만, 여기서는 가장 단순한 케이스로서 완전경쟁의 경우를 생각해 보기로 하겠습니다.

완전경쟁시장의 장기균형

그림 6-1은, 완전경쟁시장하에서의 개별기업의 공급행동을 나타낸 것입니다. 이 그림에서, AC곡선은 이 기업의 평균비용곡선, MC곡선은 한계비용곡선을 나타내고 있습니다. 만약, 이 기업이 그림에 표시된 P_1이라는 가격에 직면하고 있다면, 이 기업은 가격이 한계비용과 같아지는 X_1까지 공급하겠지요. 그림상에서 이것은 가격선 P_1과 한계비용곡선 MC의 교차점 E로 표시되고 있습니다. 이 그림에 나타낸 상황은, 개별기업의 관점에서는 균형이 달성되고 있습니다. 즉, 이 기업은 그림에 나타낸 상황하에서 이윤을 극대화하고 있는 셈입니다.

그러나, 산업전체의 관점에서는 균형 상태라 말할 수 없습니다. 왜냐하면, 개별기업이 이윤을 얻고 있기 때문에 새로운 기업의 진입을 초래하기

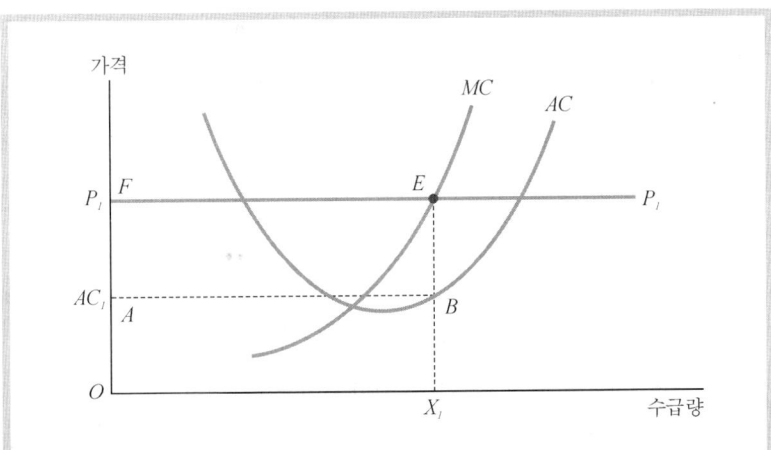

그림 6-1 **완전경쟁의 단기균형** 가격이 P_i이면, 가격선 P_iP_i이 한계비용곡선(MC)과 교차하는 X_i까지 공급이 이루어진다. 이때의 평균비용 수준은 OA이기 때문에, $ABEF$만큼의 이윤이 얻어진다. 이러한 (초과)이윤의 존재는 새로운 공급자의 참입을 촉진한다.

쉬운 상태에 있기 때문입니다.

완전경쟁시장에 있어서는 대단히 많은 기업이 경쟁하고 있습니다. 이것은 두 가지를 의미합니다. 하나는, 개별기업이 가격지배력을 가지고 있지 않다는 것입니다. 또 다른 하나는, 잠재력으로 대단히 많은 기업이 이 시장에 진입할 가능성이 있다는 것입니다. 전자에 관해서는 이미 제3장에서 설명했습니다. 여기서는 후자의 진입에 관해 살펴보겠습니다.

그림 6-1을 보면 이 기업이 취하는 가격은 P_1인데 대해 이 기업의 평균비용은 AC가 됩니다. 따라서, 이 기업은 단위 생산 당 EB 크기만큼 이익을 얻고 있습니다. 따라서, 사격형 $ABEF$가 이 기업이 얻는 총이윤이 됩니다.

이 재화가 공급되고 있는 산업이 완전경쟁적이라면 이 그림에 나타난 기업과 같은 비용구조를 가진 기업이 잠재적으로는 다수 존재한다고 생각할 수 있습니다. 만약 이 산업에서 이윤이 발생하고 있다면, 이러한 잠재적 진입자가 이 산업에 진입해 옵니다. 그래서, 산업전체로서의 공급량은 증가하고 가격은 하락합니다. 결국, 개별기업의 이윤이 없어질 때까지 이러한 진입은 계속됩니다.

그림 6-2는, 위에서 설명한 진입과정이 진행되어 산업이 장기 적인 균형 상태가 된 상황을 나타낸 것입니다. 이 그림에서 나타나고 있는 것처럼, 장기적인 균형하에서는 가격이 각 기업의 평균비용곡선의 최저수준과 같아집니다. 이것은 그림상에서 AC곡선의 최저점인 H수준에서 가격과 일치하는 것을 나타내고 있습니다. 그림에서는 이 가격이 세로축에 표시된 P_2와 같아집니다.

물론, 여기서 개별기업의 이윤이 영(0)이 될 때까지 진입이 이루어진다고

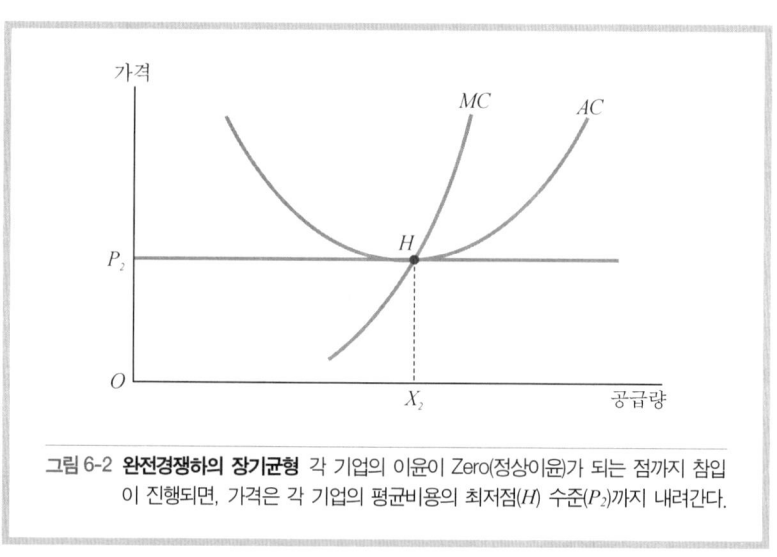

그림 6-2 **완전경쟁하의 장기균형** 각 기업의 이윤이 Zero(정상이윤)가 되는 점까지 참입이 진행되면, 가격은 각 기업의 평균비용의 최저점(H) 수준(P_2)까지 내려간다.

생각할 수 있는 것은 어디까지나 이론상의 단순화에 지나지 않습니다. 현실 경제에 있어서는 완전경쟁적 산업이라 해도 개별기업은 어느 정도 이윤을 획득하고 있습니다. 그러나, 그러한 경우에도 자유로운 진입이 일어날 수 있는 상황하에서는 개별기업이 얻을 수 있는 이윤은 극히 제한적인 것이 될 것입니다. 자유로운 진입하에 개별기업이 얻을 수 있는 이윤을, 경제학에서는 「정상이윤」이라 부릅니다. 여기서의 평균비용이나 한계비용에는 정상이윤이 포함되어 있다고 생각해 주십시오. 따라서, 이윤이 영(0)이라는 것은 개별기업이 정상이윤 밖에 얻고 있지 못하다는 것을 말합니다.

그림 6-2는, 진입행동이 자원배분에 어떠한 영향을 미치는가 라는 점에 관해 매우 흥미 깊은 것을 시사하고 있습니다. 진입의 결과 개별기업은 그 평균비용이 가장 낮은 점에서 생산을 하고 있습니다. 이것은 개별기업이 가장 효율적인 생산방법으로 생산을 하고 있다는 것을 의미합니다. 이런 의미에서 진입이 자유롭게 일어나 개별기업의 이윤이 감소하고 있다는 것은 매우 중요합니다. 자유로운 진입하에서 개별기업이 이윤을 마이너스로 하지 않기 위해서는 평균비용의 최저점에서 생산하지 않으면 안 됩니다.

2 불완전 경쟁: 독점적 경쟁과 과점

앞장에서는 독점과 완전경쟁의 경우를 설명했습니다만, 산업은 이외에도 여러 가지 형태를 취할 수 있습니다. 아래에서는 그 가운데에서도 대표적인 독점적 경쟁과 과점의 경우에 관해 설명하겠습니다.

완전경쟁적인 시장에서 개별기업은 가격지배력을 갖지 못합니다. 같은 재화를 공급하고 있는 기업이 다수 존재하고 있을 때에는 다른 기업보다 높은 가격을 설정해서는 그 재화를 전혀 팔 수 없습니다. 이 때문에 다른 기업과 동일한 가격을 설정하지 않을 수 없게 되는 셈입니다.

상품의 질적 차이에 따른 가격지배력

현실경제를 보면 공급자가 다수 존재하는 경우에도 개별공급자가 가격지배력을 갖고 있는 경우는 다수 있습니다. 개별 공급자에 의해 공급되는 상품이 아주 동질적이라면 개별공급자는 가격지배력을 갖지 못합니다. 그러나, 현실에 있어서 개별공급자가 공급하는 재화는 각각 다른 재화와 미묘하게 품질이 다릅니다. 공급자가 다수 존재해도 개별공급자가 가격 지배력을 갖는 것은 이러한 이유에서입니다.

곰탕이나 과자류에 대해 공급자는 대단히 많이 존재합니다만 개별상품은 조금씩 다릅니다. 어떤 브랜드의 공급자가 그 가격을 올렸다고 해서 그 재화에 대한 수요가 전혀 없어지지는 않습니다. 이 때문에 개별공급자가 직면하는 수요곡선은 우하향하게 됩니다. 즉, 경쟁자가 다수 존재함에도 불구하고 개별공급자는 어떤 의미에서 독점적 공급자와 같은 상황에 직면하게 됩니다.

지역독점

동일한 재화가 다수의 사람들에 의해 공급되는 경우에도 공급되는 지역이 넓으면 개별공급자가 직면하는 수요곡선은 우하향하게 됩니다.

배추를 팔고 있는 채소가게의 경우를 생각해 봅시다. 지금, A라는 동네와 B라는 동네에 채소가게가 하나씩 있다고 합시다. 두 채소가게에서 팔고 있는 배추의 품질은 아주 꼭 같다고 생각합시다.

이 경우에도, A동네에서 B동네까지 일부러 배추를 사러 가는 것은 시간과 비용이 들기 때문에, A동네의 채소가게가 배추가격을 조금 올렸다고 해서 A동네의 손님을 전부 잃어버리지는 않습니다. 즉, 채소가게의 거리가 떨어져 있는 것이 각각의 채소가게에 그 지역에서의 독점력을 가져다주는 결과가 됩니다. 이와 같은 상황을 「지역독점」이라 부릅니다.

브랜드 이미지에 따른 가격지배력

브랜드 이미지 등도 개별공급자에게 독점력을 제고합니다. 소주 등에는 그 맛에 관해서 구별하기 어려움에도 불구하고, '그린소주', '백세주'와 같은 브랜드가 개별상품을 다른 소주로부터 구별하게 됩니다. 따라서, '백세주'라는 소주가 다른 소주보다 다소 비싸다고 해서 '백세주' 소주에 대한 수요가 전부 사라지는 것은 아니겠지요. 브랜드 이미지를 높이는 것은 개별 메이커에게 독점력을 가져다주기 때문에 개별 메이커는 브랜드 이미지를 높이기 위해 광고를 합니다. 이런 의미에서 광고활동도 개별기업에게는 대단히 중요한 것입니다.

독점적 경쟁과 독점의 차이

그림 6-3은, 이러한 독점력을 가진 기업의 공급행동을 나타낸 것입니다. 그림의 곡선 D는 이 기업이 직면하고 있는 수요곡선입니다. 이 수요곡선이 우하향하는 것은, 이 기업이 가격지배력을 갖고 있기 때문입니다. 독점의 경우와는 달리 이 경우는 경쟁기업이 다수 존재합니다만, 이 기업이 공급하

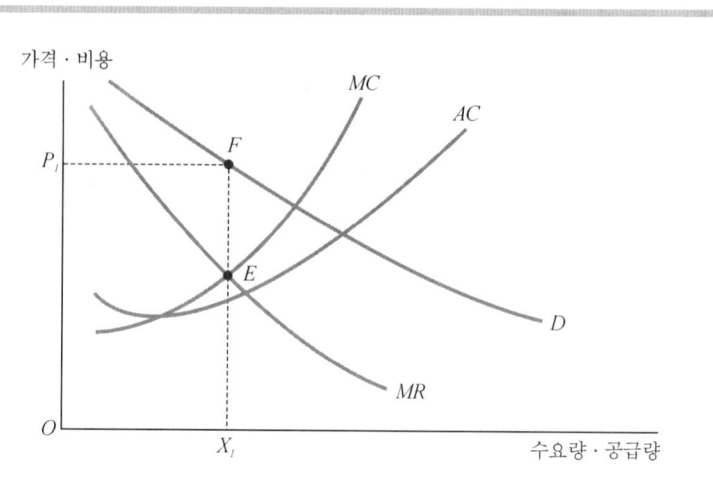

그림 6-3 **독점적 경쟁에서의 단기균형** 독점적 경쟁하에서 각 기업은 한계수입(MR)이 한계비용(MC)과 같아지는 X_i까지 공급을 행한다. 그때의 가격은 P_i이다. 이 그림에서는 가격이 평균비용보다 높게 되어 있으나, 이것은 이 기업이 초과이윤을 얻고 있을 것을 나타내는 것에 불과하다. 이러한 상태에서는 새로운 기업의 참입이 일어나고, 이것이 이 기업의 수요의 일부를 빼앗기 때문에 수요곡선은 좌측으로 이동한다. 그 결과 이 기업의 이윤은 점차 감소한다.

는 재화가 다른 기업이 공급하는 재화와 아주 똑같은 것이 아니기 때문에 수요곡선은 우하향하게 됩니다. 또한, 이 기업이 가격을 올리면 수요의 일부는 다른 기업의 재화로 이동하여 이 재화에 대한 수요는 감소합니다. 이 기업이 가격을 내리면, 다른 기업에서 이 기업으로 수요가 옮겨오기 때문에 수요는 증가합니다. 수요곡선이 우하향 하는 것은 이러한 상황을 나타내고 있다고 생각할 수 있습니다.

곡선 MR은 수요곡선에서 도출된 한계수입곡선입니다. 한계수입곡선이 수요곡선보다도 아래쪽에 있는 것은 이미 제5장에서 설명했습니다. 곡선

MC는 한계비용을, 곡선 AC는 평균비용을 나타내고 있습니다. 이 기업이 설정하는 가격은 한계비용 MC와 한계수입 MR이 만나는 E점에 의해 정해집니다. 즉, E점에 대응하는 공급량 X_1이 정해지고, 가격은 P_1이 됩니다.

여기서 논의하고 있는 독점적 경쟁이 독점의 경우와 다른 것은, 공급자가 이윤을 얻고 있는 경우에 새로운 진입이 일어난다는 점에 있습니다. 잠재적인 진입자가 다수 있어 이윤이 있는 곳에 새로운 진입자가 들어온다는 점을 완전경쟁상태와 유사하다고 할 수 있습니다.

독점적 경쟁의 장기균형

그림 6-3에 나타난 상황에서 이 기업은 플러스의 이윤을 얻고 있습니다. 이것은 공급량 X에서 가격이 평균비용보다 높다는 점에서 확인할 수 있습니다. 이러한 경우에는 유사한 상품을 공급하는 진입자가 나타납니다. 그 결과, 고객의 일부가 유사한 상품쪽으로 도망가버려 이 기업의 수요곡선은 점차 좌측으로 이동해 갑니다. 그 때문에 진입에 따라 기존 공급자의 이윤도 점차 감소합니다.

그림 6-4는, 이러한 시장에 있어서의 장기적인 균형을 나타낸 것입니다. 공급자가 플러스의 이윤을 얻고 있는 한 계속해서 새로운 진입이 일어납니다. 그 결과, 모든 기업의 이윤이 영(0)이 될 때까지 진입이 일어납니다. 이 그림은 모든 기업의 이윤이 정확히 영(0)이 되는 상태를 나타내고 있습니다. 완전경쟁기업과 마찬가지로 이윤이 영(0)이라는 것은, 각 기업이 정상이윤을 얻고 있다는 것을 의미합니다.

이 그림의 곡선 D는 개별기업에 대한 수요를 나타낸 것입니다. 이 수요곡선의 우측에 점선의 곡선이 표시되어 있습니다만, 이것은, 그림 6-3에 그린 수요곡선의 위치를 나타내고 있습니다. 즉, 새로운 진입에 의해 이 기업의 수요가 점선의 위치에서 좌측의 수요곡선 D의 위치까지 이동한 것이 됩니다.

그림의 곡선 AC와 MC는, 각각 평균비용곡선과 한계비용곡선을 나타내고 있습니다. 이것은 그림 6-3과 동일한 것입니다. 곡선 MR은 수요곡선 D에서 도출된 한계수입곡선을 나타내고 있습니다. 이 경우에도 이 기업의 공급량은 한계수입 MR과 한계비용 MC의 교차점에서 결정되는 X_2가 됩니다. 그리고 그때의 가격은 그림의 P수준이 됩니다. 그림 6-4가 그림 6-3과 다른 것은 기업이 설정하는 가격 P가 평균비용과 같아져 있다는 점에 있습니다. 즉, 이 기업은 이윤을 전혀 얻지 못하고 있습니다.

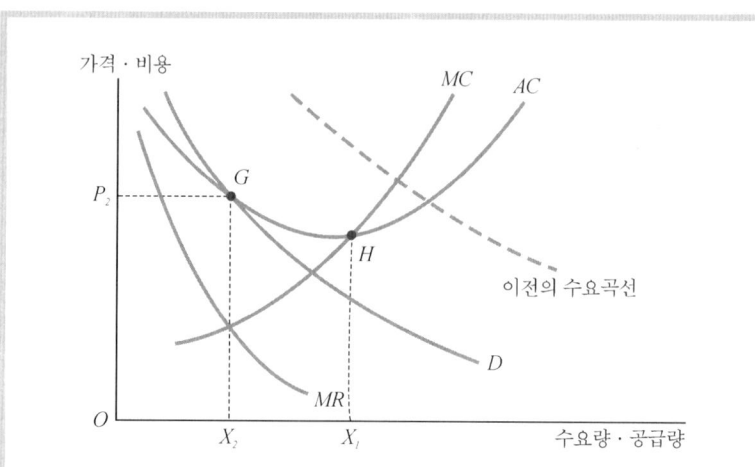

그림 6-4 **독점적 경쟁하의 장기균형** 각 기업의 이윤이 Zero가 될 때까지 참입이 진행되면 가격은 P_2와 같은 곳에서 안정된다. 여기서 각 기업의 평균비용과 수요곡선이 접하고 있어 이윤은 Zero가 된다. 생산점 G에서는, 평균비용이 우하향하는 구간에 있어 평균비용의 최저점 H보다 평균비용이 높다.

지금까지 논의한 것과 같은 경우를 「독점적 경쟁」이라 부릅니다. 즉, 개별공급자가 직면하는 수요곡선이 우하향하고 개별공급자가 가격지배력을 갖고 있다는 의미에서는 독점 상태에 가깝습니다만, 이윤이 있는 곳에는 항상 새로운 진입이 일어난다는 의미에서는 완전경쟁에 가깝습니다. 표 6-1은 독점, 완전경쟁, 독점적 경쟁의 세 가지 경우에 관해 각각의 특징을 표로 나타낸 것입니다. 이 표에서도 알 수 있듯이 독점적 경쟁은 독점과 완전경쟁의 성격을 갖추고 있다는 것을 알 수 있을 것입니다.

〈표 6-1〉 독점, 완전경쟁, 독점적 경쟁의 특성

	가격지배력	참　입
독 점	있음 가격 > 한계비용	없음(플러스 이윤) 가격 > 평균비용
완전경쟁	없음 가격 = 한계비용	있음(Zero 이윤) 가격 = 평균비용
독점적 경쟁	있음 가격 > 한계비용	있음(Zero 이윤) 가격 = 평균비용

생산의 효율성인가, 다양한 수요를 충족할 것인가

　그림 6-4를 보면, 독점적 경쟁의 경우, 각 생산자는 평균비용의 최저점에서 생산을 하고 있지 않다는 것을 알 수 있습니다. 이런 의미에서, 독점적 경쟁은 완전경쟁이 갖는 생산의 효율성을 갖고 있지 않습니다. 그러나, 독점적 경쟁의 경우에는 생산의 효율성은 별로 중요하지 않습니다. 만약, 생산의 효율성을 중시해서 그림 6-4의 H점까지 생산을 확대하려고 한다면, 그 만큼 시장에 재화를 공급하고 있는 기업수는 줄어들게 됩니다. 왜냐하면, 개별기업의 생산량이 확대되면 전체 기업수가 줄어들지 않는 한 수요와 공급은

일치하지 않기 때문입니다.

그러나 독점적 경쟁의 경우에는, 몇 가지 종류의 재화가 시장에 공급되고 있는가가 중요한 의미를 갖습니다. 개별상품이 각각 조금씩 틀리기 때문에 보다 많은 종류의 재화가 공급되고 있다는 것은 그 만큼 제품의 다양화가 진행되었다는 것입니다. 따라서, 경제 내에 보다 다양한 재화가 공급되기 위해서는 개별기업의 생산량이 그림 6-4의 G점처럼 과소공급상태에 있다고 해도 어쩔 수 없는 것입니다.

이상의 문제는, 제품의 다양화와 생산비용의 효율화 사이의 상충관계로 파악할 수 있습니다. 만약, 개별제품의 제조비용을 최저로 하는 것을 목적으로 한다면 개별기업의 생산량을 그림의 H점까지 확대하는 것이 바람직합니다. 여기에 대해, 경제에 다양한 재화를 공급하는 것을 목적으로 한다면 개별기업의 생산량이 다소 적어지는 것은 어쩔 수 없겠지요. 다소 비유적으로 말한다면, 의복 생산비용을 될 수 있는 한 낮게 하기 위해서는 국민전체가 군복을 입는 것이 가장 바람직합니다. 이에 반해, 패션이나 의상의 다양성을 중시한다면 의복 생산비용이 다소 높아지는 것은 피할 수 없다고 생각합니다.

과점

현실경제를 보면, 소수의 기업이 산업내에서 경쟁하고 있는 예가 다수 있습니다. 자동차, 정유, 항공, TV방송국 등은 어느 것이나 그 예로 들 수 있습니다. 이러한 산업은 독점도 아니고 완전경쟁도 아닙니다. 이처럼 소수의 기업이 경쟁하고 있는 경우를 「과점」이라 부릅니다. 아래에서는 이러한 과점적인 산업에서의 기업 행동에 관해 살펴보겠습니다.

과점적 산업이 다른 경우와 틀리는 것은, 개별기업이 그 가격이나 생산량을 결정하는데 있어서 다른 기업의 반응이 대단히 중요한 의미를 갖는다는 것입니다. 독점의 경우에는 경쟁기업이 없기 때문에 다른 기업의 반응을 문제삼을 필요가 없습니다. 완전경쟁의 경우는 개별기업이 시장에서 차지하는 비중이 대단히 작기 때문에 이 경우에도 경쟁기업의 반응에 관해 생각하지 않습니다. 개별기업이 라이벌의 행동을 고려해 가면서 행동한다는 것이 과점적 시장의 독특한 특징이라 할 수 있습니다.

〈표 6-2〉 **두 기업간의 과점적 경쟁** 각 기업의 행동패턴(협조적, 공격적)의 결합이 양기업의 이윤수준을 결정한다.(괄호 속의 앞 숫자는 기업 1의, 뒤 숫자는 기업 2의 이윤을 나타낸다)

		기업 2의 행동	
		협조적	공격적
기업1의 행동	협조적	(10, 10)	(0, 20)
	공격적	(20, 0)	(2, 2)

표 6-2는, 과점적 시장을 단순한 형태로 파악한 것입니다. 이 산업에서는 기업1과 기업2라는 두 기업 밖에 없다고 가정합시다. 단순화를 위해, 개별기업은 두 가지 형태의 행동밖에 취하지 않는 다고 가정하겠습니다. 하나는 협조적인 행동, 또 하나는 공격적인 행동이라 불려지고 있습니다. 표에 표시된 협조적 · 공격적이라는 것은 이 두 가지 행동패턴을 나타낸 것입니다.

표의 각 항에는 각각 두 가지 숫자가 표시되어 있습니다만, 이것은 두 기업의 이윤수준을 나타낸 것이라 생각하십시오. 좌측의 숫자가 기업1의 이윤이고, 우측의 숫자가 기업2의 이윤입니다. 이 표에 4가지 경우가 나오는 것은, 각 기업의 이윤이 두 기업이 어떻게 행동하는가에 따라 영향을 받기 때문입니다. 각 기업이 협조적 또는 공격적이라는 두 가지 타입의 행동을 취할 수 있기 때문에, 전부 4가지 가능성이 나오게 되는 것입니다.

좌측 상단의 경우는, 두 기업 모두 협조적인 행동을 취한 경우의 이윤을 나타내고 있습니다. 이 경우, 두 기업 모두 10의 이윤을 획득할 수 있습니다. 좌측 하단은, 기업1이 공격적 행동을 취하고, 기업2가 협조적 행동을 취했을 때의 두 기업의 이윤을 나타내고 있습니다. 이 경우, 공격적인 행동을 취한 기업1의 이윤이 20이고, 협조적인 행동을 취한 기업2의 이윤은 Zero가 됩니다. 우측 상단의 경우는 좌측 하단의 경우와 반대로서, 이 경우에는 협조적인 행동을 취한 기업1의 이윤이 Zero, 공격적인 행동을 취한 기업2의 이윤이 20이 됩니다. 우측 하단의 경우는, 두 기업 모두 공격적인 행동을 취한 경우로서, 이 경우에는 어느 기업도 2의 이윤밖에 얻지 못합니다.

이 표는 단순합니다만 현실의 과점적인 상황을 잘 나타내고 있습니다. 과점적인 상황에 있어서, 각 기업의 이윤수준은 그 기업의 행동 뿐만 아니라 라이벌기업의 행동에도 영향을 받습니다. 표 6-2의 경우에는, 기업1의 이윤이 기업1의 행동 뿐만 아니라 기업2의 행동에도 영향을 받는다는 것이 표시되어 있습니다.

좌측 상단의 경우는 「카르텔」의 경우로 불려지는 것입니다. 카르텔이란 두 기업이 협조적으로 행동하여 가격을 올리는 행동입니다. 이 경우 각 기업의 이윤은 극히 높아집니다. 이 표에서는 10의 이윤으로 표시되어 있습니다.

우측 상단과 좌측 하단의 경우는, 한 기업의 카르텔적 행동을 취하려고 했을 때, 다른 기업이 배신하는 경우입니다. 한 기업이 협조적으로 비싼 가격을 설정해도, 다른 기업이 공격적으로 싼 가격을 설정하면, 싼 가격을 설정한 기업으로 수요가 거의 쏠려버립니다. 그 결과, 협조적으로 비싼 가격을 설정한 기업은 고객을 잃어 매우 적은 이윤밖에 얻을 수 없게 됩니다. 이 표에서 이것은 Zero 이윤으로 표시되어 있습니다. 한편, 공격적인 가격을 설정한 기업은 많은 수요를 확보할 수 있기 때문에 높은 이윤을 얻을 수 있습니다. 이 표에서 20이라는 이윤의 숫자가 이것을 나타내고 있습니다.

우측 하단의 상황은 두 기업 모두가 매우 경쟁적으로 행동한 경우에 일어납니다. 이 경우에는 두 기업이 가격인하 행동(고객쟁탈전)을 하여, 어느 기업의 이윤도 모두 낮은 수치가 됩니다. 이 표에서 2라는 이윤이 여기에 대응합니다.

하지만, 이 표에 나타난 이윤의 숫자만으로는 어느 경우가 사회적으로 보았을 때 바람직한가를 알 수 없습니다. 왜냐하면, 소비자가 획득하는 이익도 고려해야 하기 때문입니다. 일반적으로 우측 하단의 경우에 소비자의 이익이 가장 큰 것으로 생각됩니다. 왜냐하면, 이 경우에 경쟁이 가장 심해져 소비자에게 유리한 가격이 설정되기 때문입니다. 이 표에 나타난 것과 같은 과점상태에서, 실제로 어느 경우가 실현되는가를 확정할 수 없습니다. 이하에서는 두 가지 가능성에 관해 생각해 보겠습니다.

경쟁적 과점

표 6-2의 우측 하단의 경우로 표시된 경쟁적 과점상황은 다음과 같은 경우에 생기는 것으로 생각됩니다. 지금 두 기업이 각각 라이벌의 행동에 대해 의심하고 불신하는 상태에 있다고 합시다. 따라서, 서로 대화를 해서 모두에게 유리한 방향으로 가격을 설정한다는 것은 생각할 수 없습니다. 이러한 경우, 기업1은 어떠한 행동을 취할까요? 예를 들어, 기업2가 협조

적 행동을 취한다고 생각해 봅시다. 이 경우, 기업1도 협조적인 행동을 취하면 기업1의 이윤은 10이 됩니다. 여기에 대해 기업1이 기업2를 제치고 공격적인 행동을 취하면 기업1의 이윤은 20이 됩니다. 따라서, 기업2가 협조적인 행동을 취한다면 기업1은 공격적인 행동을 취하는 것이 바람직하게 됩니다.

그러면, 기업2가 공격적인 행동을 취한다면 어떻게 될까요? 만약 기업1이 협조적 행동을 취하면 기업1의 이윤은 0(제로)이 되고 맙니다. 따라서, 기업 2가 공격적인 행동을 취한 경우에도 기업1에게는 공격적인 행동을 취하는 것이 바람직하게 됩니다.

이처럼, 기업2가 협조적인 행동을 취하든지 공격적인 행동을 취하든지 간에 기업1은 공격적인 행동을 취하는 것이 바람직하게 됩니다. 따라서 기업1은 기업2가 어떠한 행동을 취하는가를 생각하지 않고 주저 없이 공격적인 행동을 취하게 됩니다.

기업1과 기업2의 관계는, 이 표에서는 대칭적인 관계에 있기 때문에 이상의 논의는 기업2에 관해서도 적용됩니다. 즉, 기업2측도 공격적인 행동을 취하게 됩니다. 그 결과, 두 기업의 이윤 모두 2가 되어 시장은 경쟁적 과점상태가 됩니다.

이와 같이 서로 의사소통을 하지 않고 자기 이익만으로 행동하는 경우에는 결과적으로 2라는 대단히 낮은 이윤밖에 얻을 수 없게 됩니다. 만약, 서로 협조적인 행동을 취하면 양쪽 모두 10이라는 이윤을 얻을 수 있음에도 불구하고 상대의 행동을 주어진 것으로 해서 자기 이익을 극대화하는 행동을 취했기 때문에 결과적으로 2라는 낮은 이윤이 되어 버리는 것입니다.

죄수의 딜레마

이러한 상황을 게임이론에서 「죄수의 딜레마」라 부릅니다. 죄수의 딜레마라 부르는 이유는, 표 6-2를 다음과 같이 해석함으로서 이해할 수 있으리라 생각합니다. 지금 표 6-2의 기업1과 기업2를 두 사람의 죄수로 바꾸어 보십시오. 이 두 사람의 죄수는 공동으로 죄를 지어, 각자 다른 감방에 들어가 있다고 합시다. 그리고 두 사람의 죄수가 취할 수 있는 행동은, 범죄를 자백하던가, 아니면 묵비권을 행사하던가 라는 두 가지 밖에 없다고 합시다. 이 표에서 말하면, 자백하는 것이 공격적인 행동에 대응하고, 묵비권을 행사하는 것이 협조적 행동에 대응합니다.

만약, 두 사람 모두 묵비권을 행사한다면 죄는 확정되지 않기 때문에 두 사람 모두 무죄가 되어 10의 이익을 얻을 수 있습니다. 이에 반해, 어느한 사람이 자백하고 다른 한 사람이 묵비권을 행사한다면, 자백한 사람은 죄를 면제받고 묵비권을 행사한 사람은 벌을 받는다고 한다면 자백한 사람의 이익은 대단히 크고 묵비권을 행사한 사람의 이익은 대단히 작아집니다. 표 6-2의 좌측 하단과 우측 상단의 경우는 여기에 대응합니다. 만약 두 사람 모두 자백하면 양측 모두 벌을 받습니다. 이 경우 두 죄수의 이익은 2라는 낮은 수치가 됩니다.

이와 같은 상황하에서 두 죄수는 자백할까요? 각자 다른 감방에 가두어져 서로 의사소통을 할 수 없기 때문에, 각자의 죄수는 자기에게 어떤 것이 가장 이익이 큰가를 계산할 것입니다. 이미 설명한 것처럼, 상대가 어떤 행동을 취할 것인가에 관계없이 자백하는(공격적 행동)것이 가장 바람직하기 때문에 결과적으로 두 사람 모두 자백해 버리게 됩니다. 두 사람 모두 묵비권을 행사하는 것이 가장 바람직한 것입니다만, 서로 의사소통을 할 수 없는 결과 자백해 버리게 된다는 것입니다. 이러한 상태를 「죄수의 딜레마」라 부릅니다.

과점의 경우에도, 서로 의사소통을 할 수 없으면 결과적으로 대단히 공격적인 행동을 취할 가능성이 커집니다. 이미 앞에서 말한 것처럼, 과점시장이 경쟁적이 되는 것은 소비자에게 바람직한 것입니다. 따라서, 정책적 관점에서는 과점기업이 서로 밀실회의를 하여 카르텔적 행동을 취하는 것을 막는 정책이 바람직합니다. 공정거래법 등에 의해 과점적 기업에 의한 협조적 행동이 규제되고 있는 것도 이러한 이유에서입니다.

카르텔의 발생

기업의 입장에서 생각하면 서로 협조적 행동을 취하는 것이 바람직합니다. 즉, 두 기업간에는 협조적 행동을 취하려는 유인이 생깁니다. 이처럼 서로 경쟁을 피해 두 기업의 공동이익을 가능한 한 높이려는 행동을 「카르텔」이라 부릅니다.

카르텔을 실현하기 위해 가장 간단한 방법은 기업이 서로 긴밀히 연락을 취하는 것입니다. 그러나, 이렇게 긴밀한 연락을 취하는 형태의 기업간 연계행동은 많은 나라에서 정부에 의해 규제되고 있기 때문에 그러한 형태로 카르텔을 실행하는 것은 현실적으로 곤란하다고 생각됩니다.

그런데, 공공연히 카르텔적인 협조행동이 취해진 예가 없는 것은 아닙니다. 석유산유국에 의해 결성된 OPEC는 이러한 공개적인 형태로 행해지는 카르텔의 대표적인 예라 생각됩니다. OPEC회원국에 의한 카르텔 행위란, 서로의 생산량을 협조적으로 감소시킴으로써 세계 석유가격을 인상시키려는 것입니다.

그러나, 이러한 경우에도 카르텔을 유지하는 것은 대단히 곤란합니다. 왜냐하면, 다른 나라가 카르텔적으로 행동하고 있을 때 자기나라만 생산량을 늘이면 막대한 이익을 얻을 수 있기 때문입니다. 석유의 경우, OPEC에 가입하지 않고 OPEC에 의한 협조적 행동으로부터의 이익만을 얻으려는 국가가 존재하여 이것이 카르텔파괴를 일으키고 있습니다. 표 6-2의 경우에도 한쪽 기업이 협조적 행동을 취하고 있을 때, 다른 기업이 그것을 배반하여 공격적인 행동으로 나오면 이윤이 보다 높아진다는 것이 예시되어 있습니다. 이것이 카르텔 파괴의 메커니즘입니다.

계속적 경제관계

그러면, 현실적으로 카르텔은 없는 것일까요? 현실의 과점적 산업을 보면, 카르텔에 가까운 협조행동이 가끔 관찰됩니다. 이러한 카르텔적 협조행동을 설명하는 것으로 「계속적 경제관계」라는 개념이 유효하다고 생각됩니다. 아래에서는 이점에 관해서 간단히 설명해 보겠습니다.

기업1과 기업2는 동일 산업에서 오랫동안 경제활동을 계속하고 있다고 생각해 봅시다. 표 6-2에 나타난 단 한번의 이윤이 아니라 그것이 어떻게 반복되는가 라는 것이 각 기업에게 중대한 관심사가 됩니다. 이러한 상태에서 당초 두 기업 모두 협조적인 행동을 취해 각각 10의 이윤을 얻고 있다고 생각해 봅시다.

만약, 여기서 기업1이 기업2를 배신해 공격적인 행동으로 나온다면 어떻게 될까요? 그에 따라 기업1은 일시적으로 20의 이익을 얻습니다. 그러나 그 결과 기업2는 기업1에 대해 보복하고 공격적인 행동을 취하려 할 것임에 틀림없습니다. 이 때문에 기업1의 이윤은 2까지 떨어지고 말 것입니다.

이와 같이, 기업1과 기업2의 관계가 1회에 한하는 것이 아니라 계속적으로 이어지는 경우에는 기업1이 일시적인 이익을 추구하여 배신행동을 하면 상대의 보복을 초래하고 결과적으로 대단히 낮은 이익밖에 얻을 수 없는 상태가 됩니다. 이러한 보복에도 불구하고 기업1은 기업2를 배신하는 행동으로 나올까요?

만약, 배신에 의해 얻어지는 일시적 이익인 20이 그 후의 보복에 의해 잃는 이익보다 크다고 생각되면 기업1인 배신행동으로 나오겠지요. 그런데, 일반적으로는 일시적인 이익보다 장기적인 이익을 중시한다고 생각되기 때문에 기업1은 일부러 보복의 위험을 무릅써 가면서까지 일시적인 배신을 하려고 하지 않겠지요. 이것은 기업2에 대해서도 적용됩니다. 이와 같이, 두개 내지 소수의 기업이 장기적으로 서로 경제관계를 가지면서 행동하고 있는 경우에는 상대의 보복을 두려워하여 서로 협조적인 행동을 취하려는 경향이 나타납니다. 그리고 이러한 협조적 행동이 결과적으로 카르텔 상태와 같아지는 것입니다.

OPEC의 교훈

카르텔이란 생산자가 협력해서 서로의 생산량을 줄임으로써 시장가격을 끌어올려 그에 따라 이익을 얻으려고 하는 행위입니다. 그 전형적인 예는, 국제적인 원유가격의 인상을 노린 OPEC의 활동이라 할 수 있을 것입니다. 이 카르텔은 적어도 1970년대에는 대단히 성공하였고 원유의 국제가격이 대폭적으로 상승함에 따라 거액의 자금이 '오일달러'로서 OPEC 회원국에 들어왔습니다. 이 '오일달러'는 '유로(EURO)시장' 등에 투자자금으로서 환류되고 있었습니다.

OPEC 회원국에 의한 원유카르텔의 기반은 튼튼한 것일까요? OPEC의 기반을 뒤흔드는 두 가지 요인이 있습니다. 하나는, 非OPEC산유국의 움직임입니다. OPEC 회원국이 석유가격을 인상하면 非OPEC산유국은 그 높은 가격으로 대량의 원유를 판매함으로써 거액의 이익을 얻을 수 있습니다. 이것이 바로 카르텔파괴입니다. 이와 같이 카르텔 파괴를 하는 나라가 나오면, 가격을 끌어올리기 위해 생산량을 억제하고 있는 나라가 바보가 되기 때문에 카르텔을 유지하는 것이 어려워집니다. 일반적으로, 산유국이 많을수록 이와 같은 카르텔파괴를 하는 나라가 보다 많이 나온다고 생각됩니다.

카르텔을 무너뜨리는 또 하나의 힘은 원유 수입국측에서 나옵니다. 원유 가격의 급상승에 따라 한국을 비롯한 많은 나라에서 에너지 절약이나 탈원유산업의 움직임이 현저한 형태로 나타났습니다. 이 결과, 국제적인 원유의 수요에 억제력이 작용하여 이것이 원유가격을 내리는 요인이 되고 있습니다. OPEC 회원국이 판매자로서 카르텔을 행하고 있는 것과 마찬가지로, 원유 수입국측도 서로 원유수입량을 줄이는 노력을 할 수 있습니다. 이것이 바로 수요자측의 카르텔입니다. 수요자측의 카르텔이 성공하면, 석유가격을 내릴 수 있는 것입니다.

제4장에서 자원배분을 행하는 두가지 형태로서 시장경제와 계획경제를 비교했습니다. 거기서 설명한 시장거래의 메커니즘은 자본주의 경제의 자원배분에 관해 생각할 때 중요한 것입니다. 그러나, 자본주의 경제에서 계획경제적 메커니즘이 전혀 없는 것은 아닙니다. 실은, 기업내의 자원배분이 계획경제의 메커니즘과 유사한 점이 많습니다. 아래에서는 이 점에 관해 간단히 설명하겠습니다.

3 기업의 형태와 자원분배상의 기능

　제4장에서 자원배분을 행하는 두 가지 형태로서 시장경제와 계획경제를 비교했습니다. 거기서 설명한 시장거래의 메커니즘은 자본주의 경제의 자원배분에 관해 생각할 때 중요한 것입니다. 그러나, 자본주의 경제에서 계획경제적 메커니즘이 전혀 없는 것은 아닙니다. 실은, 기업내의 자원배분이 계획경제의 메커니즘과 유사한 점이 많습니다. 아래에서는 이 점에 관해 간단히 설명하겠습니다.

시장적 자원배분과 조직적 자원배분

　지금, 새로운 백화점이 생겼다고 생각해 봅시다. 여기서, 이 백화점의 각 층에 어떠한 상품을 배치하면 좋을까라는 문제가 생깁니다. 이 문제가 바로 자원배분문제입니다. 그리고 각 층에 어떤 상품을 진열할까라는 것에 대해 시장적인 결정방법과 계획적(조직적)인 결정방법, 두 가지가 있다는 것을 알 수 있을 것입니다.

　시장적 방법이란 다음과 같은 것입니다. 백화점 경영자는 각 층에서 장사를 할 권리를 경매에 부칠 수 있습니다. 이 경우, 각 층의 여러 장소는 가장 높은 임대료를 내겠다는 사람에게 임대합니다. 이러한 경우, 백화점 경영자는 각층에 어떤 상품을 파는가에 관해 일체 관여하지 않습니다. 백화점의 물건구색을 맞추는 방법은 백화점의 각 부문의 임대차에 관한 경매에서 결정되게 됩니다. 이것이 시장적인 자원배분방법에 대단히 가깝다는 것입니다.

이에 반해, 계획적(조직적) 배분방법이라는 것은 다음과 같은 것입니다. 백화점 경영자는 여러 가지 사정을 고려해 가면서, 계획적으로 어떤 장소에는 어떤 상품을 배치하면 좋을까에 관해 판단하고, 자기의 주도하에 상품의 배치를 행할 수 있습니다. 이것은 바로 계획경제에서 중앙의 관리기구가 각 공장에 생산이나 소비를 할당하는 것과 대단히 유사합니다. 그런 의미에서 이것은 계획적인 자원배분 방법이라 생각됩니다.

경제학에서는, 통상 기업은 속살이 없는 점처럼 취급됩니다. 이것은 경제라는 큰 대상을 다루기 위해서는 어느 정도 필요한 단순화입니다. 기업자체를 연구대상으로 하는 경영학에서는 기업의 실태에 관한 여러 가지 측면을 분석대상으로 합니다만, 경제학에서 그러한 상세한 분석을 하고 있어서는 경제전체를 파악할 수 없게 되기 때문입니다.

그러나 위의 예로부터도 분명한 것처럼 기업의 내부에서 자원배분이 이루어지고 있는 것을 생각하면 때로는 기업을 점으로서가 아니라 속살이 있는 실체로서 취급하는 것이 경제학에게도 필요한 것입니다. 아래에서 설명하는 다국적 기업의 활동이나 기업의 수직적 통합이라는 현상은 기업을 속살이 있는 실체로서 파악하지 않는 한 분석할 수 없습니다.

기업과 시장의 경계

그러면, 지금까지의 논의로부터 명백한 것처럼 기업의 내부에서는 조직적인 자원배분이 이루어지고 있습니다. 이에 반해, 기업의 외부에서는 시장적인 자원배분이 이루어지고 있습니다. 이러한 두 가지 자원배분 방법을 선택할 수 있을 때, 어디까지를 기업의 내부에서 행하고 어디까지를 기업의 외부에 맡길 것인가라는 것이 기업에게 중요한 문제가 됩니다. 이점에 관해서 하나의 예를 들어봅시다.

부품의 외부조달과 자체생산

자동차회사는 부품의 많은 부분을 자기가 생산하지 않고 하청회사나 그 밖의 부품업체로부터 구입하고 있습니다. 이처럼 다른 경제주체로부터 부품을 구입하는 행동은 자동차회사가 시장적인 메커니즘에서 부품을 조달하는 것에 대응합니다. 이에 반해, 매우 중요한 부품에 관해서는 자동차회사가 자체생산하는 일이 있습니다. 이 것은 기업내부에서 조직적인 배분을 통해 조달되는 것입니다. 왜 일반적인 부품은 외부에서 조달하고 중요한 부품은 기업이 자체생산할까요? 대답은 분명하다고 생각됩니다. 이미 제4장에서 설명한 것처럼, 시장메커니즘에 의해 행해지는 자원배분은 극히 효율적인 성질을 갖고 있습니다. 따라서, 기업이라고 해도 일반적으로는 시장에서 조달하는 방법이 싸게 들기 때문입니다.

그러나 시장에 맡긴 부품조달 방법은 가끔 대단히 위험할 수 있습니다. 대단히 중요한 부품이라면, 기업은 그 부품을 확실히 확보할 수 있지 않으면 안됩니다. 또한, 그 부품에 관해서 어느 정도의 품질을 추구할 수 있을가 라는 것이 그 기업제품의 품질자체에 큰 영향을 미칠지도 모릅니다. 즉, 기업의 경쟁력이 이러한 중요한 부품에 크게 의존하고 있습니다. 예를 들어, 자동차에 있어서의 엔진은 이러한 성질을 갖는다고 생각할 수 있습니다. 더욱이 외부로 기술적인 정보가 새 나가는 것을 막기 위해 기업내에서 생산한다는 점도 있겠지요.

이와 같이, 기업은 어떤 부분은 기업의 외부시장에서 조달하고, 어떤 부분은 기업내에서 계획적(조직적)으로 생산을 합니다. 그리고, 이 두 가지 형태의 자원배분을 어떻게 나누어 사용하는가는 기업에게 중요한 문제가 됩니다. 이 점에 관해 몇 가지 예를 들어가면서 생각해 봅시다.

유통단계로의 수직통합

식료품의 경우에는 생산자가 직접 그 판매에 관여하지 않습니다. 판매는 슈퍼마켓이나 백화점 등의 전문업자에게 맡기고 제조업자는 생산에 특화합니다. 이에 반해, 항공기나 컴퓨터 등은 제조업자가 직접 판매나 사후서비스까지 행합니다. 즉, 전자에서 판매는 제조업자의 조직외부에 있는데 비해, 후자에서는 판매부문도 제조업자의 조직내부에 있습니다.

식료품과 같은 단순한 제품이라면 제조업자 자신이 판매를 행할 필요는 없습니다. 오히려, 전문업자에게 맡기는 편이 효율적이고 시장이 갖는 경쟁 메커니즘도 이용할 수 있습니다. 그러나, 항공기나 컴퓨터와 같은 기술적으로 고도하고, 게다가 애프터서비스가 중요한 제품에 관해서는 제조업자 자신이 판매를 행하는 편이 효율적입니다. 이러한 제품에서는 판매부문과 유통부문의 긴밀한 연계플레이가 중요한 의미를 갖고, 판매를 위해 전문적인 기술지식이 필요하기 때문입니다.

이와 같이, 제조업자가 유통부문도 안고 있을 때 생산부문과 판매부문이 「수직통합」되어 있다고 말합니다. 이러한 형태의 수직 통합은 국경을 초월해서 일어나는 일도 있습니다. 예를 들어, 우리나라의 자동차 제조회사나 가전제품 제조회사가 외국에 판매회사를 설립하는 것은 그러한 예입니다. 이와 같이, 기업이 국경을 넘어 활동할 때, 직접투자가 일어납니다.

기업합병

기업은 가끔 합병을 합니다. 양자의 합의에 근거한 합병도 있을 수 있고, 한 쪽이 다른 쪽을 탈취하는 경우도 있습니다. 어느 경우이든 합병이라는 행위는 두 조직이 하나가 된다는 것으로서 조직적 자원배분의 확장을 의미합니다. 이러한 합병이 행해지는 이유의 하나는 시장을 통해서는 거래가 곤란한 것을 조직의 확장으로 가능케 하려는 데 있습니다.

예를 들어, 한 쪽 기업이 갖고 있는 경영노하우나 기술을 다른 용도에 살리려고 할 때, 그것을 시장에서 다른 기업에 파는 데에는 여러 가지 곤란함이 있습니다. 이 때에는 관련기업을 매수해, 거기에 자기기업이 갖고 있는 노하우나 기술을 이용하면 좋습니다. 이 경우에는 노하우나 기술이 시장적으로 거래되고 있는 것이 아니라 조직내부에서 계획적으로 배분되고 있습니다.

제7장
시장실패와 그 대책

제4장에서 본 것처럼, 시장에서의 자유로운 거래는 자원배분을 최적인 상태로 이끕니다. 그러나, 이러한 가격 메커니즘이 항상 최적인 자원배분을 가져오는 것은 아닙니다.

이 장에서 설명하는 것처럼, 공해를 발생하는 산업, 철도나 기타 공공사업과 같은 고정비용이 큰 산업, 또는 보험과 같은 특수한 산업에 있어서는, 시장의 자유로운 거래에 맡겨두면 바람직한 자원배분을 실현할 수가 없습니다. 이와 같이, 시장에서의 자유로운 거래만으로는 바람직한 자원배분을 실현할 수 없는 상황을 「시장실패(market failure)」라 부릅니다.

이 장에서는 시장실패가 어떠한 경우, 어떤 메커니즘에서 일어나는가를 설명하겠습니다. 또한, 시장실패를 시정하는 데에는 어떠한 형태의 정부정책이 필요한가, 또는 거래형태에 관해 어떤 시도가 이루어질 수 있는가 등에 관해 설명하겠습니다.

1 외부효과

어떤 경제주체의 활동이 다른 경제주체에 직접 또는 간접으로 영향을 미칠 때 「외부효과(external effects)」가 생기고 있다고 합니다. 외부효과는 여러 가지 형태를 취합니다만, 그 전형적인 예는 공해이겠지요. 자동차가 내는 배기가스가 공기를 오염시키고 그것은 사람들의 건강에 악영향을 미칩니다. 대기오염은 자동차를 구입해서 탄다는 활동이 일으키는 외부효과임에 틀림없습니다.

자동차에 의한 대기오염의 예

자동차에 의한 대기오염의 예를 사용해서 외부효과가 생길 때에는 왜 가격 메커니즘이 잘 작동하지 않는가를 살펴봅시다. 그림 7-1은, 외부효과가 없는 경우(케이스 A)와 있는 경우(케이스 B)를 비교한 것입니다. 케이스 A와 같이 외부효과가 작용하지 않으면 모든 소비자의 한계적 평가와 모든 생산자의 한계비용은 일치합니다. 해당상품의 사회적인 가치를 생각하는데 있어서 그 생산비용과 수요자의 평가이외에 고려해야 할 요소는 없기 때문에 이것으로 자원의 최적배분이 실현되고 있다는 것이 됩니다.

이에 반해, 케이스 B에서는 대기오염이라는 또 하나의 요소가 들어가 케이스 A와 다른 결과를 가져다주고 있습니다. 이 경우에도 공급자(자동차 생산자)는 한계비용이 가격과 같은 점까지 생산하고 있고, 수요자(자동차 구입자)는 자기의 한계적 평가가 가격과 같은 점까지 수요하고 있습니다. 그 결과, 자동차 생산을 위해 한계비용과 수요자에 의한 자동차의 한계적평

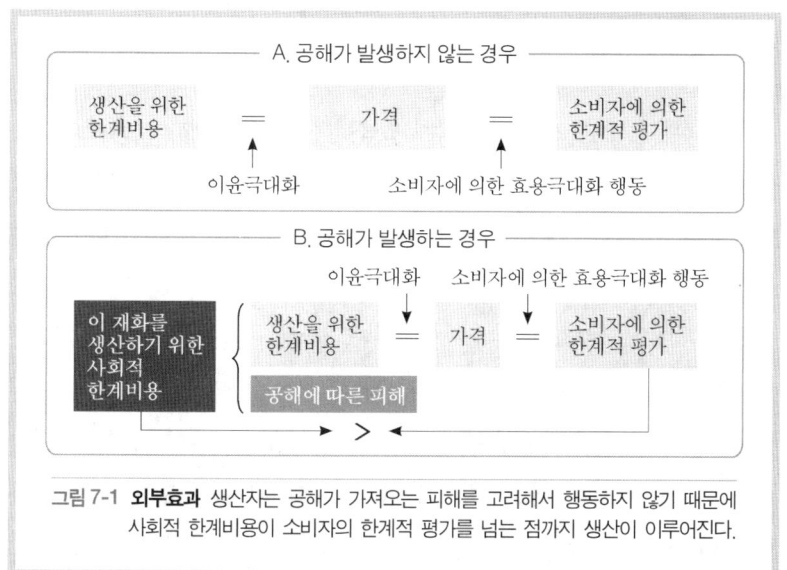

그림 7-1 **외부효과** 생산자는 공해가 가져오는 피해를 고려해서 행동하지 않기 때문에 사회적 한계비용이 소비자의 한계적 평가를 넘는 점까지 생산이 이루어진다.

가는 일치하고 있습니다. 그러나, 자동차가 얼마만큼 생산되어 사용되는가 라는 자원배분 문제를 생각하는데 있어서는 자동차가 발생시키는 대기오염 문제를 무시할 수 없습니다. 이 경우에서 최적자원배분이란 대기오염이라 는 사회적 손실도 고려한 자동차생산의 한계비용이 자동차의 한계적 편익과 같아지는 점까지 생산되는 것일 것입니다.

공해가 없는 케이스 A에서는 해당재화의 생산을 위한 한계비용은 단순히 생산자가 생산을 위해 지불한 한계비용만으로 괜찮습니다만, 공해가 발생하 는 케이스 B에서는 자동차생산을 위한 한계비용에는 생산에 든 비용뿐만 아니라, 자동차에 의해 일어나는 대기오염의 사회적 비용도 포함시켜야 합 니다. 그러나, 생산자도 소비자도 자기에게 책임이 있는 대기오염문제를 공급행동이나 수요행동에 있어서 고려하지 않습니다.

그 밖의 외부효과의 예

외부효과의 예는 이 밖에도 많이 있습니다. 대개 공해라 불려지고 있는 현상은 전부 외부효과에 포함되고 있습니다. 공장지대의 소음, 공장이나 가정에 의한 폐수의 방류 등에 관해 모두 같은 논의를 할 수 있다는 것은 분명하겠지요.

공해 외에도 외부효과는 다수 있습니다. 공해는 상대에게 불편을 끼치는 형태의 외부효과(이것을 「외부비경제」라 부름)입니다만, 상대에게 좋은 영향을 주는 외부효과(「외부경제」라 부름)도 있습니다. 예를 들어, 자택의 정원에 꽃을 키우고 있는 사람이 있다고 할 때, 그 꽃은 본인뿐만 아니라 이웃사람들에게도 즐거움을 줍니다. 이것도 바로 외부효과입니다.

꽃과 같은 재화의 경우에도 공해의 경우와 마찬가지로, 시장거래만으로는 자원의 최적배분을 실현할 수 없습니다. 꽃을 키우는 사람은 자신의 즐거움만을 목적으로 꽃을 키웁니다. 따라서, 그 사람 개인적으로 한계편익과 꽃을 키우기 위한 한계비용은 같아집니다만, 주위의 사람들이 꽃을 보는 즐거움도 포함된 꽃이 갖는 진정한 사회적 편익까지는 고려하지 않기 때문에, 꽃의 사회적 한계편익은 한계비용보다 높습니다. 왜냐하면, 보다 많은 꽃을 키우면 키운 사람의 손익은 별도로 하고서라도, 사회적으로는 한계비용 이상의 편익이 얻어지기 때문입니다.

외부효과를 발생시키는 것의 예로서 그밖에 중요한 것으로는, 기업간이나 산업간의 기술적인 연결고리와 관계되는 것이 있습니다. 이 케이스의 고전적인 예로서는, 양봉업자와 과수원 주인과의 관계입니다. 벌의 활동 없이는 과일 꽃의 수분은 곤란하고, 과일 꽃가루는 꿀의 원료가 되기 때문에 양자의 관계는 기술적인 외부 효과로 맺어져 있습니다.

이러한 산업간 또는 기업간의 기술적인 관계에 의한 외부효과의 예는 무수히 많습니다. 전자부품 업체와 전자기기 업체의 관계, 대학과 주위의 음식점의 관계 등은 모두가 이 범주에 속합니다. 이러한 형태의 외부효과는 전부 시장실패를 일으키지는 않습니다. 이 점에 관해서는 나중에 논의하겠습니다.

외부효과에 대해 어디까지 규제할 것인가

외부효과에 의해 시장실패가 생긴다면 그것을 시정할 정책적 개입이 필요하게 됩니다. 자동차에 의한 대기오염의 예를 사용해서 이 점에 관해 생각해 봅시다.

자동차의 경우에는 엔진 등의 구조를 바꿈으로써 어느 정도 대기오염을 방지할 수 있습니다. 따라서, 배기가스 규제 등의 엔진구조에 대한 직접적 규제가 필요하다는 것은 말할 필요도 없습니다. 그러나, 문제는 얼마만큼 규제할 필요가 있는가 라는 것입니다.

여기서도 중요한 것은 규제의 편익과 비용의 관계입니다. 배기가스의 내용에 관한 규제를 강화하면 그 만큼 대기오염도는 완화됩니다. 이것이 규제의 편익입니다. 한편, 규제를 하면 그만큼 자동차의 제조비용은 높아지고 이것은 소비자에게 비싼 가격으로서 전가됩니다. 이것이 규제강화의 비용이 됩니다.

결국, 규제강화의 한계적 편익과 한계비용의 똑같아지는 점까지 규제를 강화하면 좋게 됩니다. 대기오염이 완화되는 것의 편익을 어느 정도로 평가하는가 라는 것은 깨끗한 대기를 어느 정도 평가하는가 라는 것이고, 이 평가에 관해서 개인차가 생길 것입니다. 깨끗한 대기를 무엇보다 우선해야

한다는 입장에 서면 자동차의 배기가스 규제는 대단히 엄격해야 하고, 그 경우에 자동차는 극히 일부의 사람만이 탈 수 있는 대단히 비싼 것이 되겠지요. 반대로, 자동차의 편리함을 생각해 대기오염은 어쩔 수 없다는 입장에 서면, 규제는 별로 엄격하지 않는 것이 바람직하다는 것이 됩니다.

대기오염방지를 위한 자동차 규제의 예

자동차의 구조에 대한 직접적 규제만이 공해규제의 방법은 아닙니다. 만약, 어떠한 기술로도 대기오염을 완전히 없앨 수 없다고 한다면 다음으로는 자동차 대수를 통제하는 방법을 생각할 수 있습니다.

예를 들어, 엔진구조 등에 규제를 한다 해도 자동차 보유에 대해 전혀 규제가 없다면, 자동차 보유대수는 사회적 관점에서 과잉이 됩니다. 소비자에 의한 자동차의 한계적 평가는, 규제된 엔진이라 하더라도 자동차의 한계생산비용과 같아집니다.(왜냐하면, 소비자의 한계적 평가도 생산자의 한계비용도 가격과 같아지기 때문입니다)

자동차 1대가 증가함으로서 생기는 사회적 편익은 바로 소비자가 행하는 자동차에 대한 한계적 평가입니다만, 사회적 한계비용은 생산을 위한 한계비용과 자동차 1대가 늘어남으로서 악화되는 대기오염비용의 합이 됩니다. 따라서, 자동차 보유에 관해 정부의 규제가 없을 때에는 사회적 한계편익보다 사회적 한계비용이 커집니다. 말 할 것도 없이, 이것은 소비자도 생산자도 자동차에 의해 대기오염의 사회적 비용을 고려해서 행동하지 않기 때문입니다.

그러면, 어떠한 방법을 통해 사회적으로 최적인 자동차의 보유대수는 실현할 수 있을까요? 근본적인 문제는 각 보유자가 자기가 일으키는 대기오염을 고려치 않고 행동하고 있는 것에 있습니다. 자동차 1대가 늘어남으로써 생기는 대기오염의 비용분만큼의 보유세를 자동차에 부과하면 된다는 것을 알 수 있을 것입니다. 그에 따라 자동차는 그 한계적 편익이 가격과 대기오염의 한계적 비용의 합과 같아지는 점까지 보유되게 되어 최적인 보유대수가 실현 되게 됩니다.

이와 같이, 외부효과에 의해 생길 수 있는 시장실패를 시정하기 위해 도입되는 세금을 「피구(A.C pigou)세」라 부릅니다. 피구세는 외부효과의 비용분을 수요자나 공급자의 행동에 반영시키기 위해 정부가 도입한 세금이라 할 수 있습니다.

많은 외부효과에 대해 피구세는 효과적으로 작용합니다. 예를 들어 꽃처럼 플러스의 외부효과를 가져오는 재화에 관해 말하면, 꽃이 다른 사람에게 가져다 주는 즐거움의 편익(외부효과)과 같은 만큼의 보조금을 꽃을 재배하고 있는 사람에게 주면 되겠습니다. 아래에서는 지금까지 논의한 것을 좀 더 자세히 분석하겠습니다.

외부효과 문제에 대한 과세효과 분석

위에서 설명한 것은, 그림 7-2와 같은 수요·공급곡선을 사용해서 분석할 수 있습니다. 이 그림의 D곡선은 공해를 발생하는 재화(예: 자동차)에 대한 수요를 나타내고 있습니다. 이것은 소비자의 재화에 대한 한계적 평가도 됩니다. S곡선은 이 재화의 공급곡선으로서 생산자에 의한 한계비용을 나타내고 있습니다.

그림 7-2의 아래쪽에 그려진 C*곡선은 이 재화에 의해 생기는 공해의 사회적 한계비용을 나타낸 것입니다. 이 재화의 공급이 증가하면 그에 따라

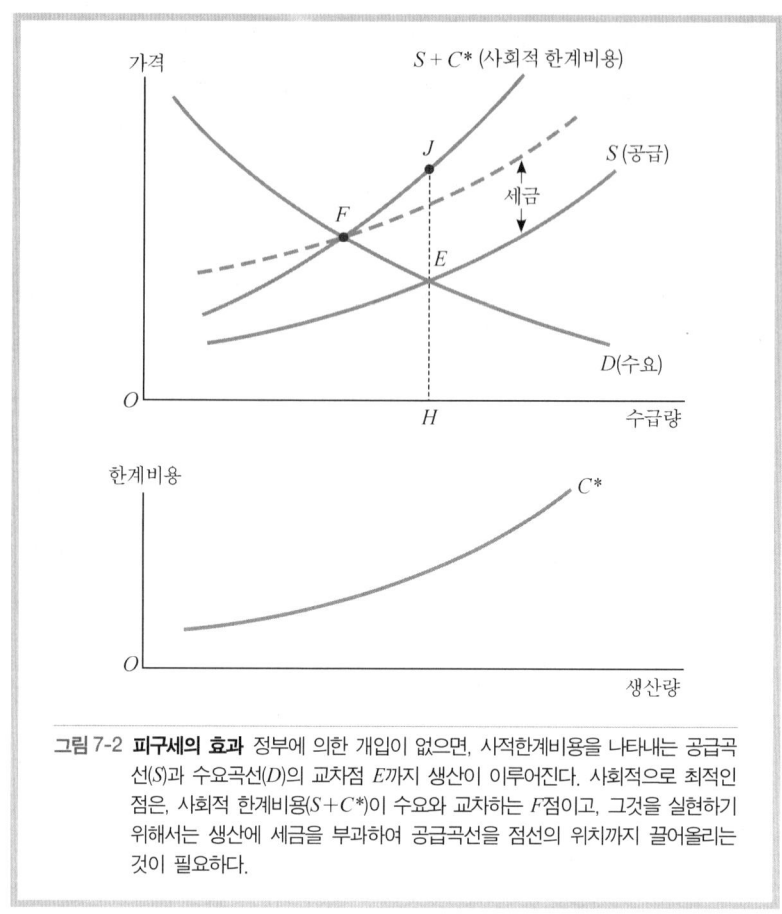

그림 7-2 **피구세의 효과** 정부에 의한 개입이 없으면, 사적한계비용을 나타내는 공급곡
선(S)과 수요곡선(D)의 교차점 E까지 생산이 이루어진다. 사회적으로 최적인
점은, 사회적 한계비용(S+C*)이 수요와 교차하는 F점이고, 그것을 실현하기
위해서는 생산에 세금을 부과하여 공급곡선을 점선의 위치까지 끌어올리는
것이 필요하다.

공해도 심해집니다만, 그 공해의 악화가 사회적으로 얼마만큼의 비용으로
평가되어야 하는가를 나타낸 것이 이 곡선입니다. 공해의 평가에는 주관적
인 가치기준이 들어가는 것은 말할 것도 없습니다.

그림의 S+C*곡선은 이 재화의 공급곡선 S(생산을 위한 비용)와 그 재화
의 공급에 따라 생기는 공해의 한계비용 C를 더한 것입니다. 따라서, 이것은

공해의 비용도 포함한 의미에서 이 재화를 공급하기 위한 사회적 한계비용을 나타내고 있습니다.

만약, 정부에 의한 규제가 아무 것도 없을 때에는 균형점은 수요와 공급의 교차점인 E가 됩니다. 이 점에서는 그 재화의 한계적 편익(EH)보다 사회적 한계비용(JH)이 큽니다. 즉, 생산과잉이 발생하고 있습니다. 사회적으로 최적인 점은 한계적 평가와 사회적 한계비용이 일치하는 F가 됩니다.

F와 같은 점을 실현하기 위해서는, 피구세를 도입하여 생산을 억제시켜야 합니다. 그림의 점선은 이 재화의 생산에 과세되었을 때의 공급곡선을 나타내고 있습니다. 이 점선과 S곡선의 수직방향의 차이가 세액을 표시합니다. 이러한 세금하에서는 사회적으로 최적인 점 F가 실현됩니다.

전철과 부동산 개발: 외부효과의 내부화

외부효과가 있는 경우, 일반적으로 정부의 개입 없이는 최적인 자원배분을 실현할 수 없습니다. 그러나, 어떤 형태의 외부효과에 관해서는 시장거래를 통해 최적인 자원배분을 실현할 수 있습니다. 그것은 외부효과와 관련된 경제주체의 수가 대단히 작아서 외부효과 자체를 시장거래 하는 것이 가능한 경우입니다.

하나의 예로서, 전철과 연도의 부동산업의 관계에 관해 생각해 봅시다. 전철 서비스가 좋아지면 연도의 부동산값도 오른다는 의미에서 양자간에는 외부효과가 작용하고 있습니다. 만약 전철과 연도의 부동산업자가 각각 전혀 독립적으로 행동하고 있다면 사회적으로 최적인 상태는 실현하지 않겠지요.

전철서비스의 수준을 생각할 때, 사회적으로 전철수송 그 자체의 편익중가 뿐만 아니라, 연도의 부동산가격 상승 등으로 나타나는 주변택지의 편익증가도 고려할 필요가 있습니다. 그러나, 전철회사가 연도의 부동산을 보유하고 있지 않으면 전철수입밖에 고려하지 않기 때문에 전철서비스는 과소하게 공급되게 됩니다. 이러한 상태는 분명히 최적상태가 아닙니다.

우리나라와는 달리, 일본의 동경을 중심으로 한 수도권의 일부 전철의 경우, 민간전철회사가 일부 구간에서 수송을 담당하면서 연도의 부동산업도 대대적으로 행하고 있어 전철서비스의 질과 연도의 부동산업이 잘 결합되어 있는 것 같습니다. 만약, 전철과 연도의 부동산업을 동일한 기업이 경영한다고 하면, 양 부문간의 상호의존관계를 충분히 고려한 경영을 하겠지요. 즉, 이 경우에는 외부효과가 「내부화」되어 이미 외부효과가 없는 상태가 됩니다.

이와 같이, 두 가지 다른 활동간에 외부효과가 존재할 때에는, 그 외부효과를 고려하지 않고 각자의 활동이 이루어지는 것은 사회적으로 바람직하지 않을 뿐 아니라 활동을 하고 있는 기업의 이윤동기에도 부합되지 않습니다. 만약, 가능하다면 외부효과를 내부화 하려 하겠지요. 전철과 부동산의 예로 말하면, 전철회사가 주위의 부동산업을 흡수하거나, 또는 주위의 부동산업과 공동으로 부동산업을 운영하는 것입니다. 여러 가지 산업에서 행해지는 기업의 다각화, 업무의 제휴, 또는 합병 등에는 이러한 외부효과의 내부화라는 행위로 설명이 가능한 예가 많이 있습니다.

2 비용체감산업

철도나 전력 등의 산업은 공기업에 의해 운영됩니다. 민간기업이 운영하는 경우에도 그 활동은 많은 정부의 보조대상이 되고 있습니다. 그 이유는 이들 사업이 공공성이 강한 것이라는 것에도 있지만, 그 외에도 아래에서 언급하는 것과 같은 이유가 존재합니다.

이들 사업에 공통되는 점은 고정비용이 커서 통상적인 방법으로는 채산성이 맞지 않는다는 것입니다. 제4장에서 설명한 것처럼, 자원을 최적으로 배분하기 위해서는 가격이 한계비용과 같아져야 합니다. 그러나, 만약 고정비용 부분이 대단히 크면 한계비용과 일치하는 가격으로는 비용을 충분히 감당할 수 없게 됩니다.

따라서, 이러한 사업에서는 정부가 어떤 형태로던 보조를 하든가, 아니면 가격 설정방법을 연구하던가 할 필요가 있습니다. 그렇지 않으면 시장실패가 발생하기 때문입니다.

한계주의 가격형성원리와 채산성

그림 7-3을 사용해서 위에서 언급한 점에 관해 검토하는 것으로부터 시작합시다. 그림의 곡선 D는 어떤 재화(예를 들어, 철도수송 서비스)에 대한 수요곡선을 나타내고 있습니다. 곡선 MC는 이 재화를 공급하기 위한 한계비용곡선입니다. 지금 이 재화를 공급하기 위한 고정비용이 크기 때문에 복수의 기업이 이 재화를 공급하지 않고 하나의 기업이 공급하는 것으로 하겠습니다. 만약, 복수의 기업이 공급하면, 고정비용이 겹쳐서 지불되게

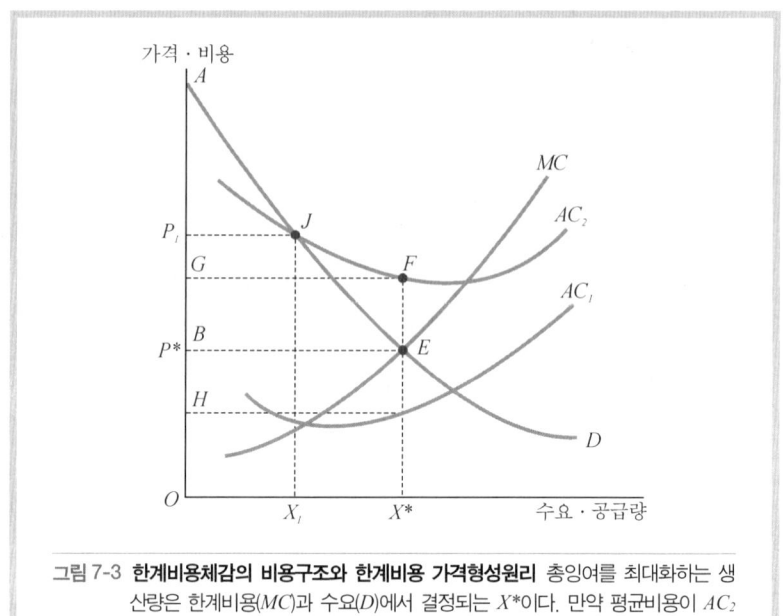

그림 7-3 **한계비용체감의 비용구조와 한계비용 가격형성원리** 총잉여를 최대화하는 생산량은 한계비용(MC)과 수요(D)에서 결정되는 X^*이다. 만약 평균비용이 AC_2라면 가격(P^*)보다 평균비용(OG)이 높아져 손실이 생기게 된다.

됩니다.

제4장에서 설명한 것처럼, 만약 이 재화가 공급되면 한계비용곡선과 수요곡선의 교차점 E까지 공급되는 것이 바람직하다고 말할 수 있습니다(이때의 공급량은 X^*가 됩니다). 왜냐하면, X^*보다 적은 공급량에서는 수요곡선의 높이로 표시되는 수요자의 한계적 평가가 한계비용보다 높아 과소공급이 이루어집니다. 또한 X^*보다 우측에서는 한계적 평가가 한계비용보다 낮아 과잉공급이 됩니다.

X^*만큼의 양을 수요로 전부 흡수하기 위해서는 가격이 그림의 세로축상의 P*에 설정되지 않으면 안됩니다. 즉, 가격은 한계비용과 같아져야 한다는

것입니다. 이러한 가격설정의 원칙을 「한계비용 가격형성원리」또는 「한계주의 가격설정원리」라 부릅니다. 문제는 이러한 가격설정을 했을 때 채산이 맞는가 라는 것입니다.

채산성의 문제를 생각할 때 중요한 것은 고정비용이 어느 정도의 크기인가 하는 것입니다. 그림 7-3에는, 고정비용이 작은 경우의 평균비용곡선(AC_1)과 고정비용이 큰 경우의 평균비용곡선(AC_2)이 그려져 있습니다. 아래에서 설명하는 것처럼, 전자에서는 채산성의 문제가 생기지 않습니다만, 후자에서는 채산이 맞지 않게 됩니다.

고정비용이 작으면 그만큼 평균비용도 낮아집니다. 그림의 AC_1의 경우에는 X^*의 생산을 위한 평균비용은 세로축의 H의 높이로 표시됩니다. 이것은 가격 P^*보다 낮기 때문에, 이 재화의 생산은 충분히 채산이 맞는다 것을 알 수 있을 것입니다. 이에 반해, 고정비용이 크면 평균비용도 AC_2와 같이 높아집니다. 이 경우에는 X^* 생산을 위한 평균비용은 G의 수준이 되어 명백히 채산이 맞지 않습니다.(평균비용이 가격보다 높으면 그 차액분 만큼 손실이 생깁니다)

그런데, 한계비용 가격형성원리의 적용하에서 채산이 맞지 않는다고 해서, 이 재화가 공급되는 것이 사회적으로 바람직하지 않다는 것은 아닙니다. 그림 7-3의 AC_2비용의 경우, 소비자 잉여는 AEB인데 대해 손실액은 BEFG에 지나지 않습니다.(이 점을 그림상에서 확인하십시오) 소비자 잉여가 손실액을 충분히 상회하고 있다는 것은 이 재화가 X^*만큼 공급되어 P^*가격으로 팔리는 것이 사회적으로 충분히 의미가 있다는 것입니다.

고정비용이 큰 산업에서는 왜 시장실패가 생기는가?

고정비용이 큰 산업의 경우 두 가지 의미에서 시장의 실패가 생길 수 있습니다. 먼저 첫 번째로, 독점의 문제가 있습니다. 고정비용이 있기 때문에 대량으로 공급하는 편이 비용이 낮아지고, 따라서 소수의 기업이 이 재화를 공급하게 됩니다. 이러한 경우에는 독점이나 과점의 폐해가 일어나 자원의 최적배분은 보증되지 않습니다.

위의 문제도 중요합니다만, 여기서 특히 문제삼고 싶은 것은 또 하나의 시장실패입니다. 이것은 설사 기업이 독점적인 행동을 하지 않는다 해도, 최적인 자원배분을 실현하는 가격을 설정하면 채산이 맞지 않게 된다는 점입니다. 독점적 행동을 하지 않는다는 가정은 그렇게 비현실적인 것도 아닙니다. 이러한 산업은 많은 경우, 공기업 내지 준 공기업으로서 정부의 관리하에 놓여져 있습니다. 따라서, 가격설정에 있어서 이윤극대화가 아니라 사회적 이익의 극대화를 그 목적으로 합니다. 문제는 그러한 동기에서 가격설정을 해도 손실이 생긴다는 것입니다.

그러면 왜 손실이 생길까요? 문제의 근본에는 모든 구입자가 동일한 가격을 지불한다는 대전제가 있습니다. 수요곡선이 우하향하고 있다는 것은 그 재화에 대한 평가가 사람에 따라 각각 다르다는 것입니다. 수요곡선의 좌측 위쪽의 높은 곳이 이 재화를 높게 평가하고 있는 사람의 수요를 반영하고 있고, 우측 아래쪽으로 내려갈 수록 보다 낮은 평가를 하는 사람의 수요가 포함되어 있습니다. 이 재화를 높게 평가하고 있는 사람도 있는데 비해, 지불되는 가격은 한계적인 평가를 하는 사람과 동일하게 됩니다.

이와 같이, 사람들의 이 재화에 대한 평가가 다름에도 불구하고, 가격은 모든 수요자에게 동일하게 설정됩니다. 그것도 그 가격은 최저의 한계비용

가격이기 때문에 높은 평가를 하고 있는 사람들은 자신의 평가와 가격차이만큼 소비자 잉여를 획득할 수가 있습니다. 이러한 소비자 잉여는 기업의 수입으로 들어오지 않기 때문에 사회적으로는 평가가 높아도 기업은 플러스의 이윤을 얻을 수 없게 됩니다.

정부에 의한 개입과 공공요금제도

이와 같이 고정비용이 크면 한계비용 가격형성원리를 그대로 적용해서는 채산이 맞지 않게 됩니다. 따라서, 채산을 맞추기 위해서는 가장 높은 가격을 설정하던가, 아니면 정부가 손실을 보조하던가 해야 합니다.

높은 가격을 설정하면 채산의 문제는 없어질지도 모릅니다. 예를 들어, 평균비용이 그림 AC_2의 경우에는, 그림의 세로축에 표시한 P_1과 같은 가격을 설정하면, 가격이 평균비용보다 높게 되기 때문에 이윤은 플러스가 됩니다. 그러나, 그러한 가격을 설정하면 이 재화의 수요량은 그림의 X_1까지 줄어들고 맙니다. 이것은 분명히 과소소비입니다.

따라서, 바람직한 배분을 실현하기 위해서는 높은 가격을 설정하는 것이 아니라, 정부가 보조금을 내어서라도 한계비용가격을 유지할 필요가 있습니다. 철도나 대학 등에 있어서 정부가 거액의 보조를 하고 있는 것에 정당성이 있다고 한다면, 한쪽으로는 이러한 사정이 있다고 생각할 수 있습니다.

이러한 보조금을 지출하는 데에는 의미가 있습니다만, 보조금에 문제가 없는 것이 아닙니다. 정부로부터의 자금원조가 기대되는 경우에는 때때로 경영노력이 부족해지기 때문입니다.

보조금을 대신하는 것으로서는, 제1장에서 설명한 것과 같은 2부요금제를 생각할 수 있습니다. 즉, 먼저 고정액을 청구하고 나머지를 수요에 따라서 한계비용분만을 징수하는 방법입니다. 이 경우, 만약 소비자 잉여가 고정지불액을 초과하면 소비자는 고정액을 지불해도 이 재화를 수요하려고 하겠지요. 그리고 이 고정지불액이 생산을 위한 고정비용에 충당되는 것입니다.

이러한 2부요금제에 근거한 공공요금제도를 실행하는 것은 그 다지 곤란하지 않습니다. 예를 들어, 전화시스템으로 말하면 가입료가 여기서의 고정지불액에 해당합니다. 전기나 수도에서도 기본요금이라는 것이 있습니다. 공공요금 이외에도 골프장이나 스포츠클럽과 같이 고정비용이 큰 곳에서는 2부요금제를 실시하고 있습니다.

3 공공재

공원이나 TV방송과 같은 것은 일반적인 재화와 성질이 다릅니다. 일반적인 재화는 어느 한 사람이 소비하면 다른 사람이 그것을 소비할 수 없습니다. 구체적인 예로 말하면 병태가 먹은 라면을 영자가 먹을 수 없습니다. 이와 같이, 일반적인 재화에는 「배제성」이 있습니다. 이에 반해, 공원이나 TV방송과 같은 것에는 배제성이 없습니다.

일단, 공급되면 많은 사람이 동시에 소비할 수 있는 재화를 「공공재」라 부릅니다. 공공재라 해도 재화에 따라 배제성의 정도는 다릅니다. TV방송과 같이 전혀 배제성이 없는 것도 있는가 하면 공원이나 도로와 같이 너무 많은 사람이 사용하면 혼잡이 생긴다는 의미에서 배제성이 약한 것도 있습니다. 그러나, 그러한 미세한 점을 무시하고 아래에서는 배제성이 없는 것을 모두 공공재로 부르기로 하겠습니다.

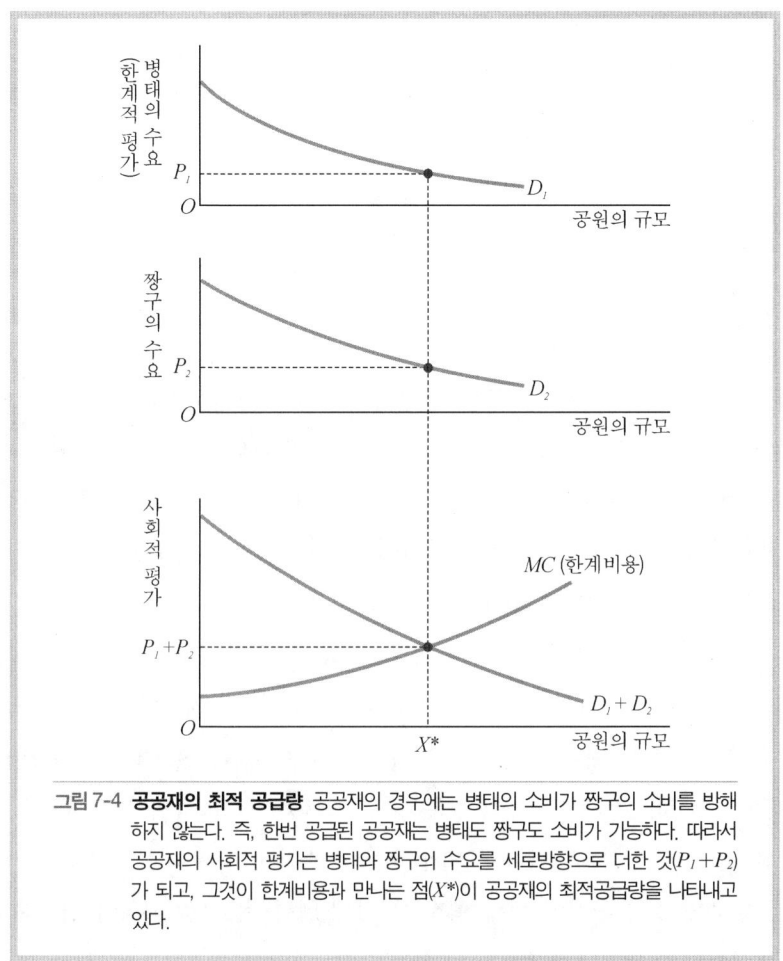

그림 7-4 **공공재의 최적 공급량** 공공재의 경우에는 병태의 소비가 짱구의 소비를 방해하지 않는다. 즉, 한번 공급된 공공재는 병태도 짱구도 소비가 가능하다. 따라서 공공재의 사회적 평가는 병태와 짱구의 수요를 세로방향으로 더한 것(P_1+P_2)이 되고, 그것이 한계비용과 만나는 점(X^*)이 공공재의 최적공급량을 나타내고 있다.

공공재와 일반적인 재화의 차이는 그림 7-4로 설명할 수 있습니다. 그림 7-4에는 병태와 짱구의 공원에 대한 수요곡선이 그려져 있습니다. 가로축에는 공원의 규모, 세로축에는 규모의 증가에 대해 각자가 지불해도 좋다고 생각하는 금액이 표시되어 있습니다. 제1장에서 설명한 것처럼, 세로축은 각 개인의 그 재화에 대한 한계적 평가도 됩니다.

공공재의 경우, 시장전체의 평가는 각 개인의 수요곡선을 세로 방향으로 더해서 구할 수 있습니다(여기에 대해, 일반적인 재화의 경우에는 각 소비자의 수요를 수평방향으로 더해서 시장전체의 수요를 구했습니다). 세로방향으로 더하는 것은, 병태가 소비하는 공원을 짱구도 소비할 수 있다는 「비배제성」에 의한 것입니다.

만약, 이 경제에 병태와 짱구 두 사람 밖에 없다고 하면 경제 전체의 수요는 그림에서 나타낸 것처럼 두 사람의 수요를 세로방향으로 더한 것이 됩니다. 만약 공원을 공급하기 위한 한계비용이 그림의 MC라면, 사회적으로 최적인 점은 그림의 E점이고, X정도 규모의 공원이 조성되는 것이 바람직하게 됩니다. 문제는 시장의 자유로운 거래에서는 이러한 최적규모의 공원공급이 실현될 수 없다는 것에 있습니다.

일반적인 재화의 경우에는 자신의 선호를 솔직히 표현하지 않으면 그 재화를 소비할 수가 없습니다. 그 재화의 시장가격보다 자신의 평가가 높으면 소비자는 그 재화를 살 것이고, 그에 따라 소비자가 선호를 표명했다는 것이 됩니다. 그 재화를 사고 싶은데 「나는 그것을 갖고 싶지 않다」고 거짓말해도 어떤 이익이 없습니다. 이와 같이 각 소비자가 자신의 선호를 솔직히 표명하는 것이 시장에 의해 최적배분이 실현될 수 있는 배경이 됩니다.

그러나, 공공재의 경우에는 이 조건이 성립하지 않습니다. 다른 사람에게 돈을 지불케해서 자기는 거기에 「무임승차」(이러한 행위를 하는 사람을 가리켜 「프리라이더-무임승차자」라 합니다) 할 수 있기 때문입니다. 예를 들어, 모든 사람이 국방의 혜택을 받고 있듯이 자기도 국방의 혜택을 받고 있으면서도 군입대를 기피하는 사람은 무임승차자라는 것입니다.

이러한 무임승차행위의 결과, 공공재의 공급을 시장거래에서 실현하는 것은 대단히 곤란합니다. 소비자가 정확히 선호를 표명하지도 않고 재화를 공급하는 주체가 그것을 예상하는 것도 곤란하기 때문입니다. 이 결과, 공공재의 대부분은 공공기관에 의해 공급되는 것이 많습니다. 공공기관의 경우에도 소비자의 선호를 알아서 적절한 공급량을 결정하는 것이 어려운 것은 시장거래의 경우와 마찬가지입니다만, 적어도 지불을 강제할 수는 있습니다 (세금으로 충당하는 것도 있습니다).

공공재의 성격을 갖춘 것은 많이 있습니다. 공원이나 도로 등의 공공시설뿐만 아니라, 군사비 등도 공공재입니다. 군사비를 평가하는가 하지 않는가는 사람에 따라 의견이 다르겠습니다만, 군사비의 혜택(사람에 따라서는 피해)은 모든 사람에게 돌아갑니다. 자연환경이나 교육수준, 또는 법제도 등도 공공재적 성격을 강하게 갖고 있습니다.

4 「레몬」시장의 경제학: 정보의 불완전성과 시장실패

지금까지 설명해 온 시장거래의 논의에서는, 상품의 품질 등에 관해 정보의 불완전성이나 불확실성이 없다는 전제가 깔려 있습니다. 그러나 현실에는 불완전정보나 불확실성이 커다란 문제가 되고, 이것이 원인이 되어 시장실패가 생기는 것도 있습니다. 이 점에 관해서 사세하게 논의할 여유는 없습니다만, 아래에서 간단히 언급하겠습니다.

레몬(lemon)이라는 말에는 과일로서의 레몬이라는 이외에, 「빛 좋은 개살구」또는 「가치 없는 것」이라는 의미가 있습니다. 이것은 저자의 상상입니다만, 레몬은 겉으로는 품질의 판단이 어렵고, 구입한 레몬이 가끔 속이

상한 것일 때가 많기 때문에 이러한 의미가 되었으리라 생각됩니다. 경제학에서 「레몬시장의 문제」라 부르는 것은 사는 사람이 상품의 품질에 관해 완전한 정보를 가지고 있지 않는 경우를 가리킵니다.

레몬시장에서 자주 언급되는 예는 중고자동차시장입니다. 중고차시장의 특징은, 파는 사람은 그 차를 타고 있었기 때문에 품질에 관해 상당히 잘 알고 있습니다만, 사는 사람은 품질에 관해 충분한 정보를 가질 수 없다는 것입니다. 즉, 중고차라는 상품에 관해 파는 사람과 사는 사람간에 현저한 「정보의 비대칭성」이 존재합니다. 만약, 자동차수리업체에 보이든지 단기간 운전해 보는 것으로 자동차의 품질을 알 수 있으면 정보의 비대칭문제는 심각하지 않습니다. 그러나, 그러한 방법으로는 품질에 관해 정확한 정보를 얻을 수 없는 것이 많고 이 때문에 거래에 지장이 생기게 됩니다.

사는 사람은 중고차의 가격으로 그 품질을 판단하려고 할지도 모릅니다. 파는 사람은 자기가 팔려고 하는 차의 품질을 알고 있기 때문에, 만약 성능이 좋은 차를 팔려고 하면 결코 싼 가격으로는 팔려고 하지 않겠지요. 왜냐하면, 싼 가격으로 팔리고 있는 차는 고물자동차 뿐이라는 것이 됩니다.

더욱이 문제가 되는 것은, 가격이 비싸면 차의 품질이 좋다는 것이 되지 않는다는 점입니다. 비싼 가격의 중고차 가운데에도 질이 나쁜 것(레몬)이 섞여 있기 때문입니다. 사는 사람은 레몬에 속는 것도 고려하기 때문에 가격이 비싸도 그 중고차에 대해 그에 상응하는 충분한 평가를 하지 않겠지요.

이러한 「레몬」의 존재 때문에 질이 좋은 중고차의 거래는 성립하지 않을지도 모릅니다. 이와 같이 질이 나쁜 상품이 돌아다님으로써 질이 좋은 상품의 거래가 저해되는 현상을 「그레샴의 법칙」이라 부릅니다. 이 법칙은 원래 「악화는 양화를 구축한다」는 현상을 가리키는 것이었습니다만 그것이 확대 해석된 것입니다.

품질에 관한 정보가 불완전한 체로 시장거래가 이루어지는 것은 드문 일이 아닙니다. 기업이 노동자를 고용할 때 그 노동자의 능력이나 성격을 완전히 알고 있지 않습니다. 은행이 자금을 대출할 때에도 고객의 정보를 모으는 일이 큰 문제가 됩니다. 또한 의사나 선생의 능력을 판단하는 일에 우리들은 많은 노력을 합니다. 유치원이나 학원을 선택할 때에도 품질의 문제는 중요합니다.

정보의 불완전성 때문에 금융이나 의료의 분야에서 정부의 규제가 정당화되는 것도 있습니다. 또한, 브랜드, 계속적 거래(소위 「단골」), 고용에 있어서의 학력중시 등의 현상도 정보수집활동으로 이해할 수 있습니다. 레몬시장의 분석을 계기로 위와 같은 점에 관한 분석이 가속되어, 「정보의 경제학」은 경제학 가운데 중심적인 위치를 차지하게 되었습니다. 또 정보의 경제학에 의해 금융이나 보험 또는 기업 이론 등이 크게 개편되고 있습니다.

5 시장실패와 정부실패

이 장에서 설명한 것처럼, 공해나 공공재 등의 경우처럼 시장실패가 생길 때에는 규제나 공적개입 능으로 해결하는 섯을 생각할 수 있습니다. 그러나, 시장과 마찬가지로 정부도 실패할 수 있습니다. 규제나 공적개입의 결과 오히려 상황이 악화되거나 생각지 못한 피해가 나는 것을 「정부실패」라 합니다.

정부라는 조직에 의해 문제를 해결하려고 할 때, 조직의 폐단이 발생하는 일이 있습니다. 시장은 조직에서 볼 수 없는 효율적인 자원배분기능을 갖고 있습니다. 그러나, 이 시장의 자원배분기능에도 한계가 있어 그것이 시장실패를 일으키는 것입니다. 그렇다고 해서 그것을 정부라는 조직으로 해결한다고 해서 잘 된다고는 할 수 없습니다.

제2이동통신의 설립이나 담배인삼공사의 민영화는 이러한 정부의 실패를 반성해서 행해진 조치라 이해할 수 있습니다. 시카고 학파의 프리드만에 따르면, 「민간은 자기 돈으로 자기를 위해 행동하나, 정부는 남의 돈으로 남을 위해 행동하기 때문에, 정부보다 민간이 훨씬 진지한 태도로 행동하고 효율성도 높다」고 합니다. 이 주장에는 다소의 과장도 있습니다만, 중요한 진리에 관해 말하고 있는 것으로 생각됩니다.

경제학에서 시장실패에 관한 연구는 많이 있습니다만, 정부실패에 관한 연구는 대단히 뒤떨어져 있습니다. 그것은 정부라는 조직의 기능이 시장의 기능보다 훨씬 더 복잡하기 때문일 것입니다. 이러한 시장실패와 정부실패 간의 이해격차를 생각하면 시장실패가 있다고 해서 안이하게 정책적 개입을 행하는 것이 바람직한가 어떤가는 분명 하지 않습니다. 앞으로 보다 엄밀한 연구가 이루어질 필요가 있습니다. 그리고, 정부실패에 관한 이해가 시장실패에 관한 이해의 수준까지 도달했을 때, 처음으로 시장실패의 치유책에 관한 보다 현실적인 평가를 할 수 있게 됩니다.

광크야 놀자 경제야 놀자

제2부_ 거시경제학

제8장
거시경제학과 국민소득의 기초개념

　제1장에서 7장까지 다루어 온 경제문제를 되돌아보면, 개별상품에 대한 수요와 공급에 의한 가격결정문제, 상품을 둘러싼 개별 소비자, 개별기업 또는 개별산업의 행동 등이었습니다. 이와 같이 개별상품, 개별경제주체의 행동에 분석의 초점을 맞추어 경제문제를 분석하는 경제학의 한 분야를 미시경제학(Microeconomics)이라 합니다. 이에 대해, 이 장에서부터 시작하여 이후의 각 장에서는, 개별주체의 합인 국민전체의 경제활동을 대상으로 분석하는 것을 거시경제학(Macroeconomics)이라 합니다.

　한나라 경제전체를 분석하는 것은 장님이 코끼리를 만지고 나서 코끼리를 그리는 것만큼이나 어려운 일입니다. 이 장에서는, 먼저 거시경제학이란 어떤 경제문제를 다루는가를 구체적인 예를 들어 살펴보겠습니다. 그리고 나서, 거시경제분석에 있어서 가장 중요한 개념인 국민소득이 어떤 것인가를 알아보겠습니다.

1 거시경제학이란?

최근 TV나 신문에는 「경기침체가 계속되어 실업이 늘어나고 있다」, 「국제수지적자와 물가상승률이 당초예상보다 늘어날 것 같다」, 「민간의 투자심리는 위축되어 있어 자극책이 강구되어야 한다」등의 이야기를 자주 접합니다.

위에 든 예에서 등장하는 경기 · 물가 · 실업 · 투자 등은 어느 것이나 경제전체의 상태를 개략적으로 파악하기 위한 개념입니다. 이와 같이, 한 나라 경제전체를 대략적으로 파악할 수 있는 변수간의 관계에 대해 분석하고, 가능하다면 거기에서 정책으로 유익한 시사를 얻으려는 것이 거시경제학입니다. 이 장에서부터는 이 거시경제학의 기초적 분야에 관해 살펴보기로 하겠습니다.

거시경제학은, 우리가 제1장에서 7장까지 다루어온 미시경제학과 대조되는 형태로 언급됩니다. 「거시(큰)」라는 말에도 나타나 있듯이, 거시경제학에서는 경제전체의 대략적인 움직임을 분석대상으로 합니다. 즉, 경제전체의 생산량이나 고용 또는 물가 등이 어떠한 메커니즘으로 결정되는가, 혹은 정부에 의한 정책이 경기나 국제수지에 어떠한 영향을 미치는가 등의 문제가 논해집니다.

2 케인즈 경제학과 통화론자의 경제학

현대 거시경제학의 출발점이 된 것은 영국의 케인즈 경(John Maynard Keynes)의 『일반이론』이라 해도 좋겠습니다. 케인즈에 의하면, 현대자본주의 경제는 항상 실업문제를 안고 있어 재정정책의 도움 없이는 충분한 고용수준이나 생산수준을 유지하는 것이 어렵다고 합니다. 케인즈 자신의 논의는 난해하고 그 해석도 사람에 따라 다릅니다만, 케인즈의 생각은 소위 케이지안(Key-nesian)이라 불려지는 학파의 사람들에게 계승되어, 케인즈 경제학으로 발전되어 왔습니다. 거기에서는 가격이나 임금의 경직성 등의 이유로 실업이 생기는 메커니즘이 나타나고, 그러한 실업을 해소하기 위해서 어떠한 정책을 취할 필요가 있는가가 논의되어 왔습니다. 단, 미국을 중심으로 전개된 케인즈 경제학은 반드시 케인즈의 경제학을 그대로 계승한 것이 아니라는 견해도 있습니다.

케인즈 경제학에서 논의의 대상이 된 주요한 정책은 재정정책과 금융정책입니다. 재정정책이란 감세나 증세 등 세제의 변경과, 국채발행이나 증세에 의해 조달되는 정부지출(공공투자 등)액의 증감 등입니다. 금융정책이란 중앙은행에 의한 통화량의 조절이나 금리의 변경을 가리킵니다. 경제가 불황에 빠져 있을 때에는 이러한 정책을 확장적인 방향으로 가져가고, 경기가 과열되고 있을 때에는 신축적인 방향으로 가져가 경기의 안정화를 꾀한다는 「파인 튜닝(fine tunning, 미(세한)조정)」이 케인즈 경제학의 기본적인 생각입니다.

1950~60년대에는 이러한 케인즈 경제학이 미국을 필두로 한 주요공업국의 거시정책운영에 반영되었습니다. 이 시기는 세계경제가 비교적 순조

롭게 발전한 시기였습니다만, 그러한 경제적 안정은 케인즈 경제학에 바탕을 둔 정책운영의 덕택이라는 견해도 있었습니다. 토빈(J.Tobin), 솔로우(R.M.Solow), 모딜리아니(F.Modigliani), 클라인(Clein), 사뮤엘슨(P.A.Samueson)과 같은 경제학자는 미국 케인즈학파의 중심을 이루는 사람들이고 이 시기의 정책에 대한 이론적 기초를 구축했습니다.

그런데, 비교적 순조롭게 보였던 세계경제도, 70년대에 들어와 세계적인 인플레이션이나 경기침체에 직면하여 반드시 순조로운 행보를 하지 못하게 되었습니다. 통화론자(Monetarist) 내지 시카고 학파(Chicago school)의 세력확대는, 이러한 세계적인 거시경제의 움직임을 반영한 것이라고 말할 수 있을지도 모릅니다. 시카고 학파의 중심적 인물은 프리드만(M.Friedman)입니다만, 그후 루카스(R.Lucas), 써젼트(T.Sargent), 바로우(R.Baraw)와 같은 학자가 그 생각을 발전시켰습니다.

시카고학파의 거시경제정책에 대한 생각은, 「파인투닝(미조정)」이라는 케인즈적 거시경제정책은 효과가 없는 것이라는 것입니다. 재정정책은 작은 정부로 가능한 한 재정수지균형을 유지하고, 금융정책은 통화공급량의 안정화에 주의를 기울여야 하며, 정책의 효과에 과도한 기대를 해서는 안된다고 주장합니다. 이것은, 거시경제정책을 적극적으로 사용하려는 케인즈학파의 생각과는 정반대 된다고 말할 수 있습니다.

케인즈학파와 시카고학파의 생각은 대조적이고 가까운 장래에 양자간에 결착이 난다고는 생각할 수 없습니다. 아래의 각 장에서는 필요한 범위내에서 양자의 생각을 비교해 가면서 거시경제의 분석을 해보려고 합니다.

3 금리의 변화와 거시경제적 파급: 거시경제학 문제의 대표적인 예

거시경제학이 어떠한 것인가를 파악하기 위해 거시경제학문제의 대표적인 예를 들어볼까요. 여기서는 금리(이자율)가 하락했을 때, 경제전체에 어떠한 영향이 미치는가 라는 점에 관해 생각해 보겠습니다.

그림 8-1은 금리가 하락했을 때 일어나는 거시경제의 여러 가지 활동을 그림으로 예시한 것입니다. 금리란, 예금에 대한 이자, 한국은행이 민간금융기관에 대출할(어음을 할인할) 때의 금리, 은행이 기업에 융자할 때의 이자율 등의 총칭으로 생각하면 되겠습니다. 이러한 개별이자율은 서로 다른 수치로 나타납니다만, 이것들은 대게 비슷한 움직임을 보이기 때문에, 여러 가지 이자율을 총칭한 개념으로 금리(이자율)를 생각하는 것은 추상화로서 충분히 의미가 있는 것입니다.

금리가 하락하는 요인에는 여러 가지가 있습니다만, 여기서는 정부 · 한

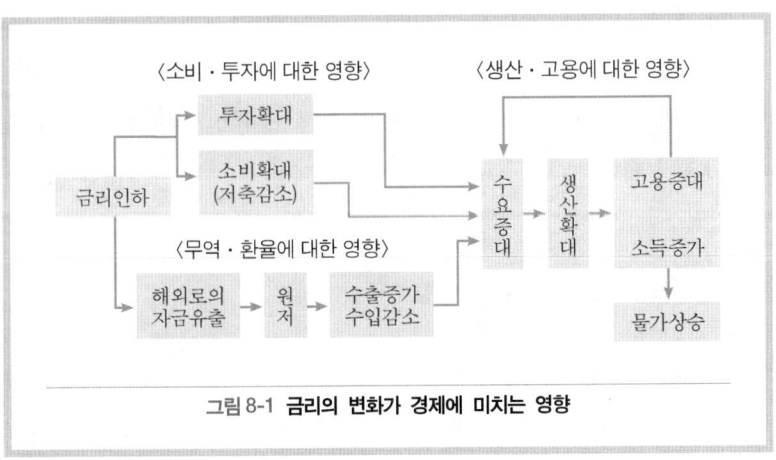

그림 8-1 **금리의 변화가 경제에 미치는 영향**

국은행에 의한 금융완화정책의 결과로 금리가 내려갔다고 생각하면 좋겠습니다. 그럼에도 표시되어 있는 것처럼 금리의 변화는 여러 방면에 영향을 미칩니다.

무역·환율 등에 대한 영향

국가간의 자금이동이 자유로운 상태에서 국내의 금리가 내려가면 외국의 금리는 상대적으로 높아지기 때문에 자금의 일부가 국내에서 해외로 유출될지도 모릅니다. 왜냐하면, 상대적으로 금리가 높은 외국에서 자금운용을 하는 것이 유리하기 때문입니다. 이러한 국제인 자금의 움직임은 환율을 변화시키고, 나아가서는 무역의 움직임 등에도 영향을 미치겠지요.

투자·소비에 대한 영향

금리가 내려가면기업의 자금조달이 쉬워지기 때문에 기업의 투자는 자극됩니다. 한편, 소비에 대한 영향입니다만, 금리하락에 따라 사람들의 저축의욕이 감퇴한다면 소비는 증가합니다. 왜냐하면, 소득가운데 소비되지 않는 부분이 저축이기 때문에 저축이 줄어드는 것과 소비가 늘어나는 것은 같은 것이기 때문입니다.

생산·고용·물가에 대한 영향

금리하락에 의해 소비나 투자가 자극되면 그것은 재화나 서비스에 대한 수요증가로 나타나 생산을 자극합니다. 생산의 증가에 따라 고용도 증가하겠지요. 소비나 투자의 일부는 수입재에 대한 수요가 되기 때문에 수입도 확대됩니다. 소비나 투자가 자극되면 물가에도 영향을 미칠지도 모릅니다.

이상과 같이, 금리의 하락은 경제의 여러 분야에 영향을 미칩니다. 거시 경제학에서는 이러한 각종변수간의 상호의존관계를 정확히 파악하는 것이 포인트가 됩니다.

4 거시경제의 조감도

경제에는 대단히 많은 경제주체가 있고 이들의 경제활동을 상세히 다루

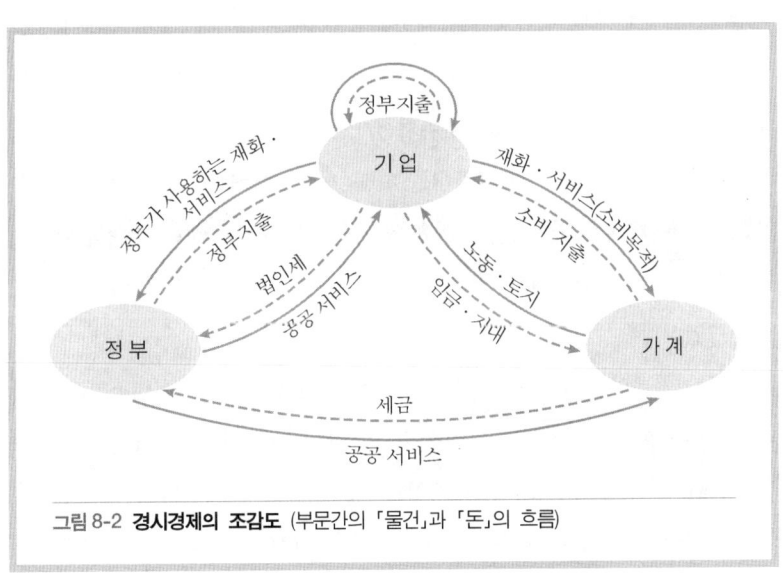

그림 8-2 **경시경제의 조감도** (부문간의 「물건」과 「돈」의 흐름)

다보면 논의가 수습되지 않습니다. 경제학에서는 일반적으로 가계·기업·정부라는 세 가지 경제주체로 크게 나누어 분석을 하고 있습니다(나중의 장에서는 해외부문을 넣습니다). 그림 8-2는 경제를 세 가지 주체로 나누었을 때의 물건 및 돈의 흐름을 나타낸 것입니다. 실선은 재화·서비스 및 생산요소(노동·토지 등)와 같은 「물건」의 움직임을, 점선은 「돈」의 움직임을 나타내고 있습니다.

가계는 노동이나 토지 등을 기업에 제공해서, 그 대금인 임금이나 지대 등을 사용해서 재화·서비스를 구입합니다(이것을 「소비」라 부릅니다). 가계는 동시에 정부에 대해 세금을 내고 정부로부터 각종 공공서비스를 받습니다.

기업은 가계로부터 제공된 노동이나 토지 등을 사용해서 생산을 합니다. 생산된 재화·서비스는 가계의 소비·기업의 투자·정부의 공공투자 등에 사용됩니다. 기업은 이러한 형태로 공급한 재화·서비스에 대한 대금을 받습니다만, 그 일부는 가계에서 제공된 노동이나 토지에 대한 지출인 임금이나 지대로 지불되고, 다른 일부는 정부에 세금으로 납부되며, 나머지는 내부유보로서 자기 손에 남겨 투자자금으로 합니다. 「투자」란 기업이 설비 확장이나 기술개발 또는 재고확대를 위해 재화·서비스를 구입하는 행위를 말합니다. 쉽게 말하면, 기업이 이윤추구를 위해 물건을 사는 행위를 말하며 그 내용물은 상관없습니다.(예를 들어, 기업이 편지 봉투를 구입하는 것도 「투자」입니다)

정부는 가계와 기업에서 세금을 거두어 그것으로 재화·서비스를 구입합니다. 이 재화·서비스는 공공투자나 그 밖의 정부에 의한 서비스를 위해 사용됩니다. 정부의 서비스는 기업과 가계 양쪽에 제공됩니다.

이상에서 본 물건이나 돈의 흐름은 서로 밀접한 관계 가지고 있고, 이

점에 관해 정확히 이해하는 것이 거시경제를 분석하는데 있어 중요하게 됩니다. 예를 들어, 기업이 생산하는 재화에 대한 수요는, 가계에 의한 소비, 기업에 의한 투자, 정부에 의한 정부 지출(공공투자 등)이라는 것을 그림에서 알 수 있습니다. 따라서, 이들 세 가지가 기업에 의한 생산활동의 수준을 결정하는 중요한 요인이라는 것을 알 수 있겠지요. 소비나 투자가 위축되면 거기에 수반되어 기업의 생산수준도 떨어집니다. 또한, 정부지출 수준을 높임으로써 기업의 생산수준을 늘일 수 있습니다. 이것이 바로 재정정책의 기본적인 메커니즘입니다.

기업부문에 의한 노동수요는 당연히 생산수준과 연동하고 있습니다. 만약 생산수준이 높으면 그 만큼 노동에 대한 수요도 늘어나 고용도 확대될 것입니다. 따라서, 소비·투자·정부지출의 수준은 기업의 생산수준의 변동을 통해서 고용에도 영향을 미치게 됩니다.

이상은 그림 8-2와 같은 조감도를 이해하는 방법은 하나의 예에 지나지 않습니다. 이외의 이해방법에 관해서는 이하의 각 장의 논의 가운데 언급하기로 하겠습니다.

5 국민소득

한 나라 안에서 일정기간(통상 1년) 동안에 생산된 재화·서비스의 총액을 국내총생산(gross domestic product: GDP)라 부릅니다. GDP는 각 산업의 부가가치를 합하는 방법으로 구해집니다. 예를 사용해서 이점에 관해 설명하겠습니다.

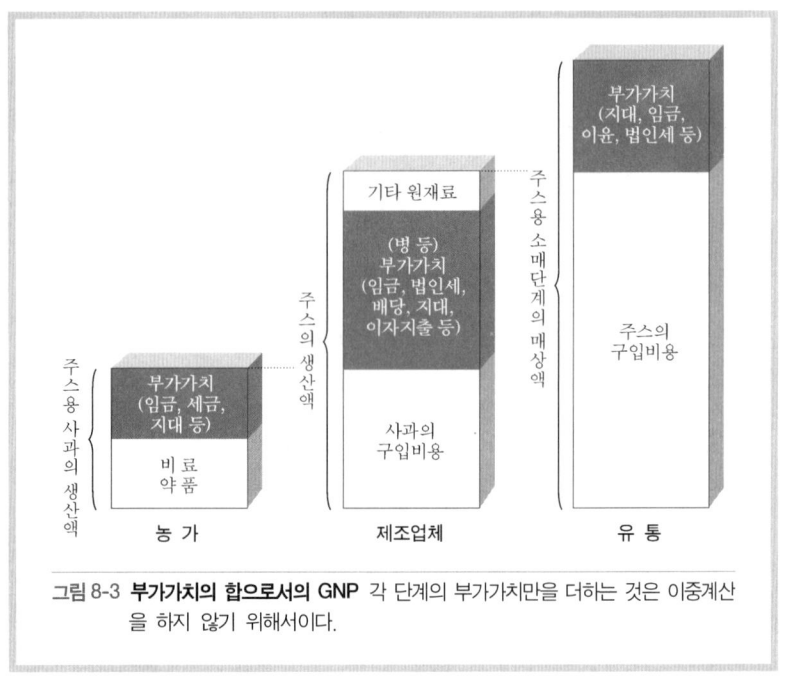

그림 8-3 **부가가치의 합으로서의 GNP** 각 단계의 부가가치만을 더하는 것은 이중계산을 하지 않기 위해서이다.

그림 8-3은 사과주스의 생산·유통단계를 세 단계로 단순화해서 나타낸 것입니다. 농가는 비료, 원료, 기타재료를 사용해서 사과를 생산합니다. 농가의 부가가치란 사과의 판매액에서 비료 등의 원재료비를 뺀 것입니다. 이 부가가치는 농가의 소득이 됩니다. 만약, 빌린 토지가 있으면 부가가치의 일부는 빌린 토지의 지대가 되어 토지 소유자의 소득이 됩니다.

주스를 생산하고 있는 제조업체의 부가가치는 주스의 총생산액에서 원료로서의 사과나 그 밖의 재료비를 뺀 것입니다. 이 부가가치는 제조업체에 근무하는 노동자의 임금이나 주주의 배당이 됩니다. 유통단계의 부가가치는 최종적인 판매액에서 주스의 구입비용을 뺀 것으로, 이것은 유통에 관여한 사람들의 소득이 됩니다.

이상, 세 단계로 나누어 주스의 부가가치를 계산했습니다만, 주스 산업의 부가가치는 이상의 세 단계 부가가치를 합해서 구할 수 있습니다(만약, 각 단계의 생산액을 더하면 같은 항목을 두 번 이상 계산하는 것이 됩니다). 이와 같이 각 산업의 부가가치를 구할 수 있습니다만, 한나라 전체의 부가가치 총합인 국내총생산(GDP)은 각 산업의 부가가치를 더한 것이 됩니다. GDP는 1년 동안 그 나라에서 생산을 통해 새롭게 생겨난 부가가치의 총액이라고 생각할 수 있습니다.

GDP와 GNP

국민총생산(gross national product: GNP)은 국내총생산과 대단히 가까운 개념으로서 국내총생산과 아래와 같은 관계가 있습니다. 한국의 국내총생산(GDP)이라는 것은 한국의 국내에서 생산된 부가가치의 총합이지, 한국의 거주민(=국적보유자=한국국적의 노동자나 기업)이 생산한 부가가치의 총합이 아닙니다.

이에 반해, 한국의 국민총생산(GNP)이란 한국의 거주민(=국민)에 의한 총생산액을 나타내고 있습니다. 예를 들어, 외국인이 한국기업의 주식을 보유하여 배당을 받으면 한국의 국내총생산에는 포함됩니다만, 국민총생산에는 포함되지 않습니다. 반대로, 한국거주민이 미국기업의 주식을 삯고 있어 배당을 받으면 한국의 국내총생산에는 포함되지 않습니다만, 한국의 국민총생산에는 포함됩니다. 이것은 한국인이 외국기업에 자금을 제공하는 형태로 생산에 관여하고 있어, 그것이 한국의 국민총생산에 포함된다는 것입니다. 마찬가지로 외국근로자가 국내에 들어와 국내기업에 취업하여 받은 급료는 국내총생산에는 포함되나 국민총생산에는 포함되지 않습니다. 이와 같이 국민총생산(GNP)은 국내총생산(GDP)에서, 한국에서 외국으로 지불되는 이자나 배당, 임금을 빼고, 외국으로부터 한국거주민에게 지불되는 이자나 배당, 임금을 더한 것입니다. 이와 같이, 한국의 국민총생산 (GNP)은 한국 거주민에 의해 생겨난 1년분의 부가가치의 합인 것입니다.

6 국민소득의 3면 등가법칙

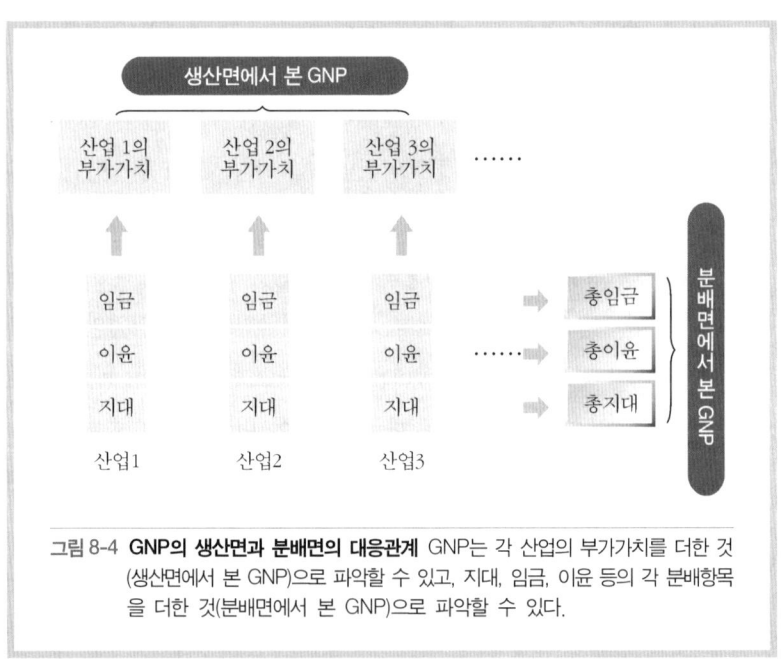

그림 8-4 **GNP의 생산면과 분배면의 대응관계** GNP는 각 산업의 부가가치를 더한 것 (생산면에서 본 GNP)으로 파악할 수 있고, 지대, 임금, 이윤 등의 각 분배항목을 더한 것(분배면에서 본 GNP)으로 파악할 수 있다.

위에서 언급한 것처럼, 국민총생산(GNP)은 각 산업에서 얼마만큼의 부가가치를 만들어 내었는가를 합계해서 구할 수 있습니다. 이것은 「생산면에서 본 GNP」라 부릅니다. GNP에는 생산 측면 이외의 측정방법도 있습니다.

위의 설명에도 있었던 것처럼, 각 부문에서의 부가가치는 임금·이윤·지대 등의 형태로 분배됩니다. 따라서, 만약 각 부문의 임금이나 이윤, 지대 등을 합하면 반드시 GNP가 될 것입니다. 이 점은 그림 8-4에도 예시되어 있습니다. 즉, 생산면에서 본 GNP=임금+이윤+지대 등(=「분배면에서 본 GNP」)이라는 관계가 성립합니다. 단, 「분배면에서 본 GNP」는 임금·지대·이윤 등과 같은 각종 형태의 소득을 더한 것입니다.

다음으로, 생산된 재화·서비스는 반드시 어느 부문에서 구매(흡수)될 것입니다. ① 가계가 소비하기 위해 구입한다(이것을 「소비」라 합니다). ② 기업이 이윤추구를 위해 구입한다(이것을 「투자」라 합니다). ③ 정부가 사용하기 위해 구입한다(이것을 「정부지출」라 합니다) 라고 하는 재화·서비스의 흡수경로를 생각 할 수 있습니다.

투자를 좀 더 자세히 분류하면 설비확장을 위해 재화·서비스를 구입하는 「설비투자」와 기업의 수중에 상품을 일부를 놓아두는 「재고투자」로 나눌 수 있습니다. 팔리지 않아서 기업의 수중에 남아 있는 것도 재고투자에 포함됩니다. 기업에 의한 투자란 설비투자와 재고투자를 합한 것입니다.

경제에는 가계, 기업, 정부 밖에 없기 때문에 생산된 것은 전부(가계에 의한)소비, (기업에 의한)투자, (정부에 의한)정부지출 가운데 어느 하나의 형태를 취합니다. 즉,

생산면에서 본 GNP = 소비 + 투자 + 정부지출 = 지출면에서 본 GNP

라는 관계가 성립합니다. 단, 「지출면에서 본 GNP」란 소비, 투자, 정부지출이라고 하는 지출(재화 및 서비스의 구입)항목을 더 한 것입니다.

이상과 같이, GNP는 ① 각 재화나 서비스가 얼마만큼 생산되었는가라는 생산면에서 본 GNP, ② 임금이나 지대, 이윤으로서 1년간 얼마만큼 생겨났는가 라는 분배면에서 본 GNP, ③ 소비, 투자, 정부지출이라는 지출면에서 본 GNP, 이 세가지 측면을 갖고 있습니다.

제9장
유효수요 이론

    GNP나 고용량은 대단히 큰 변동을 나타냅니다. 1930년대의 세계적 대불황 때에는 세계 각국의 거리에 실업자가 넘쳐흘러, 예를 들어 미국에서는 4명에 1명이 실업하고 있었다고들 합니다. 이에 반해, 1970년대에 세계각국은 고도성장기를 맞아 최저의 실업률을 기록했습니다. 그러나 70년대 이후 현재까지 유럽각국은 높은 실업률을 기록하고 있습니다. 한편, 한국은 60대 이후 현재까지 높은 경제성장에 의해 낮은 실업률을 기록해 왔으나, 97년 외환위기(소위 IMF사태) 이후 높은 실업률을 기록하고 있습니다.

    이와 같이, 시대나 지역에 따라 실업률이나 생산수준이 크게 다르거나 변동하거나 하는 것은 왜 그럴까요? 왜 경제에는 호경기, 불경라는 경기변동이 있는 것일까요? 이것은 경제학의 가장 중요한 문제의 하나입니다. 아래에서 설명하는 「유효수요(effective demand)」라는 사고는 이 문제에 관해 분석하기 위한 중요한 열쇠를 제공해 줍니다.

1 수요의 파급과정

경기가 나빠서 실업자가 대량으로 발생하는 것은 기업이 노동자를 고용하지 않기 때문입니다. 기업이 노동자를 고용하지 않는 것은 경기가 나빠서 제품이 팔리지 않기 때문입니다. 이렇게 생각해 보면, 거기에는,

[경기가 나빠서 물건이 팔리지 않는다]

→ [기업이 생산을 축소해 고용을 줄인다]

라는 악순환이 배경에 놓여 있다는 것을 알아차릴 수 있을 것입니다. 경기가 좋을 때에는 이것과 반대로 호순환이 작용합니다.

이 경기의 악순환 또는 호순환을 이해하기 위해 하나의 예를 생각해 봅시다. 여름의 더위는 에어컨 판매에 중대한 영향을 미치기 때문에 가전제품 제조업체에게는 커다란 관심사입니다만, 이것은 단순히 가전업계만이 아니라 경제전체의 경기에도 영향을 미칩니다. 예를 들어, 2000년 여름은 대단히 더워서 예년보다 100억원 정도의 에어컨이 더 팔렸다고 합시다. 가전업계는 100억원 정도의 에어컨을 추가적으로 생산·판매합니다. 이 매출액 증가분 100억원은 가전업계나 그 하청업체에서 종사하는 노동자의 임금 또는 이윤으로 분배되어(경제 전체로서)100억원의 소득증가를 발생시킵니다. 그러나, 경제전체의 소득증가액은 이것에만 머물지 않습니다.

소득이 증가한 가전업계 종사자들은 소득의 일부를 옷이나 레져 또는 그 밖의 상품구입으로 돌리겠지요. 그 결과, 이들 상품을 생산하고 있는 기업의 생산이 증가하고, 거기서 일하는 사람들의 소득도 증가합니다. 그러면 이번에는 이 사람들이 여러 가지 상품의 구입을 늘게 될 것이기 때문

에, 그러한 수요증가가 나타나는 상품을 생산하고 있는 기업의 생산량도 늘어납니다.

이와 같이, 에어컨의 수요증가는 거기에 끝나지 않고, 소득증대 → 수요증대 → 생산증대 → 소득증대 → 라는 끝없는 수요의 파급을 경제전체에 만들어 냅니다.

이러한 2차적, 3차적인 수요의 파급크기는 소득증가분 가운데 얼마나 소비로 돌려지는가에 달려 있습니다. 소득증가분의 대부분이 소비증대로 연결된다면 수요의 파급효과는 커질 것입니다.

소득은 최종적으로 소비로 사용되든지 그렇지 않으면 저축으로 남든지 할 수밖에 없습니다. 원래 저축이란 소득 가운데 소비로 사용되지 않는 부분을 말하는 것으로서,

소득(Y) = 소비(C) + 저축(S)

라는 관계가 성립합니다.

한계소비성향

소득증가분 가운데 소비로 돌려지는 비율을 「한계소비성향」이라 부릅니다. 예를 들어, 소득이 100억원 증가했을 때, 그 가운데 80억원이 소비로 돌려지고 나머지 20억원이 저축으로 놀려진다면, 한계소비성향은 0.8이라는 것입니다. (이때, 「한계저축성향」은 0.2라고 합니다)

그림 9-1은, 한계소비성향이 0.8일 때의 에어컨 수요증가의 파급과정을 그림으로 예시한 것입니다. 최초의 100억원의 에어컨 수요증가가 생산증가를 촉진시키고, 그 결과, 경제전체에서 100억원의 소득증가가 생겨난다는

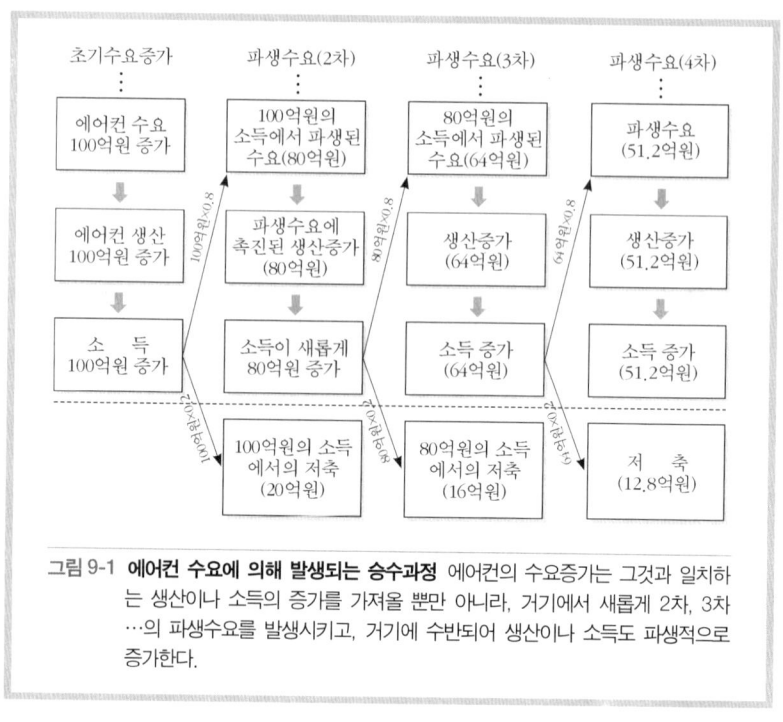

<table>
<tr><th>초기수요증가</th><th>파생수요(2차)</th><th>파생수요(3차)</th><th>파생수요(4차)</th></tr>
</table>

초기수요증가 ⋮	파생수요(2차) ⋮	파생수요(3차) ⋮	파생수요(4차) ⋮
에어컨 수요 100억원 증가	100억원의 소득에서 파생된 수요(80억원)	80억원의 소득에서 파생된 수요(64억원)	파생수요 (51.2억원)
에어컨 생산 100억원 증가	파생수요에 촉진된 생산증가 (80억원)	생산증가 (64억원)	생산증가 (51.2억원)
소 득 100억원 증가	소득이 새롭게 80억원 증가	소득 증가 (64억원)	소득 증가 (51.2억원)
	100억원의 소득 에서의 저축 (20억원)	80억원의 소득 에서의 저축 (16억원)	저 축 (12.8억원)

그림 9-1 에어컨 수요에 의해 발생되는 승수과정 에어컨의 수요증가는 그것과 일치하는 생산이나 소득의 증가를 가져올 뿐만 아니라, 거기에서 새롭게 2차, 3차 …의 파생수요를 발생시키고, 거기에 수반되어 생산이나 소득도 파생적으로 증가한다.

것에 관해서는 이미 설명했습니다. 만약, 경제전체의 한계소비성향이 0.8이라면, 소득증가분 100억원의 8할, 즉 80억원이 새로운 수요증가로 나타날 것입니다. 이 80억원의 수요증가는 소득이 증가한 가전업계에 종사하는 사람들에 의한 것입니다만, 그 내용은 의류, 레져, 식품 등 여러 가지 재화 및 서비스에 대한 수요가 될 것입니다. 어떠한 재화 및 서비스의 수요가 증가한다고 해도 그것들을 공급하는 기업이 국내기업이면 국가전체에 새롭게 80억원의 생산증가, 소득증가를 발생시킵니다.

이 2차 파생수요에서 생겨난 80억원의 생산 및 소득 증가는 더 이상 가전업계에 머물지 않습니다. 가전업계 사람들이 새롭게 증가한 소득으로

술을 마시러 가면, 술집의 생산(매상)이나 소득이 늘어날 것이고, 여행을 가면 관광업의 매상이나 소득이 증가해, 2차 파생수요는 경제전체로 확산됩니다.

그림 9-1에도 나타난 것처럼, 파생수요는 2차에 그치지 않고, 3차, 4차로 계속해서 추가적인 파생수요를 발생시킵니다. 위에서 말한 술집이나 관광업의 사람들이 새롭게 증가한 소득으로 재화 및 서비스를 구입하면 그것이 3차 파생수요를 만들어 내어, 거기에서 생기는 소득증가가 4차 파생수요를 일으킵니다.

이와 같이, 수요증가가 생산증가와 소득증가를 발생시키고, 이것이 계속해서 파생수요를 만들어 내어, 그 결과, 경제전체의 수요, 생산, 소득이 눈덩이처럼 불어나는 과정을 「승수과정(multiplier process)」이라 부릅니다. 다음으로 이 승수과정의 이론적 구조에 관해 정리해 봅시다.

2 한계소비성향과 승수

승수과정의 구조에 관해서 좀 더 상세하게 설명할까요. 지금, 최초의 수요증가액이 A(위의 예에서는 100억원)이고, 한계소비성향이 c(위에 예에서는 0.8)라고 합시다. 반복이 됩니다만, 한계소비성향이란 소득증가 가운데 어느 정도의 비율로 소비증가가 이루어지는가를 나타낸 것입니다.

이러한 상황에서, 2차 파생수요는 cA, 3차 파생수요는 2차 파생수요에 새롭게 c를 곱한 c^2A, 4차 파생수요는 c^3A가 됩니다. 이러한 파생수요를 모두 합하면,

$$A + cA + c^2A + c^3A + c^4A \cdots\cdots$$
$$= A \cdot (1 + c + c^2 + c^3 + c^4 + \cdots\cdots)$$

가 됩니다. 이것은 초항 A, 공비 c의 무한등비급수라는 것을 알 수 있을 것입니다. 따라서 이 해답은 $1/1\text{-}c \cdot A$가 됩니다. 여기서 $1/1\text{-}c$은 「승수(값)」이라 불려지는 것으로서, 최초의 수요증가에 대해 파생수요까지도 전부 합한 최종적인 수요증가가 몇 배까지 확대되는가를 나타내고 있습니다. 예를 들어, c=0.8일 때, 승수 값은 5가 됩니다.

한계소비성향이 1에 가까울 때, 즉 사람들이 소득증가분의 대부분을 소비로 돌릴 때에 승수 값도 커집니다. 이 점은 승수과정의 메커니즘을 생각해 보면 쉽게 납득이 갈 것입니다. 한계소비성향이 1에 가까워서 사람들이 소득증가분의 대부분을 소비로 돌리면, 그 만큼 2차, 3차 파생수요도 커져 승수 값도 커지게 되는 것입니다.

3 소득수준 및 생산수준의 결정과 승수과정

위에서 전개해온 수요의 파급과정에 관한 논의를 확장함으로써, 경제전체의 생산수준이나 소득수준이 어떻게 결정되는가에 관해 대략적인 시각을 얻을 수 있습니다. 논의를 가장 단순한 것에서 시작하기 위해 재화의 수요는 모두 가계에 의한 소비라는 형태를 취한다고 합시다. 기업에 의한 투자나 정부지출도 포함된 보다 복잡한 케이스에 관해서는 나중에 설명하겠습니다.

그림 9-2는 경제전체의 생산수준이 어떠한 메커니즘으로 결정되는가를

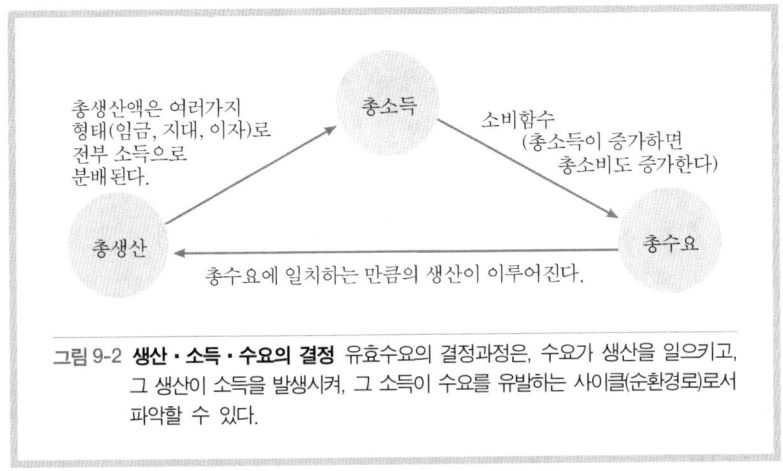

총생산액은 여러가지
형태(임금, 지대, 이자)로
전부 소득으로
분배된다.

총소득

소비함수
(총소득이 증가하면
총소비도 증가한다)

총생산

총수요

총수요에 일치하는 만큼의 생산이 이루어진다.

그림 9-2 **생산·소득·수요의 결정** 유효수요의 결정과정은, 수요가 생산을 일으키고,
그 생산이 소득을 발생시켜, 그 소득이 수요를 유발하는 사이클(순환경로)로서
파악할 수 있다.

간단히 나타낸 것입니다. 이 그림으로부터, 총소득, 총수요, 총생산이 하나
의 순환경로상에서 동시에 결정되는 것을 알 수 있으리라 생각합니다. 이
사이클은, 총수요에서 총생산이 결정된다, 총생산에서 총 소득이 결정된다,
총소득에서 총수요가 결정된다 라는 세 가지 관계로 되어 있습니다. 아래에
서 이 세 가지를 설명하겠습니다.

먼저, 총수요에서 총생산으로의 관계는 총수요가 그것과 동일한 만큼의
총생산을 가져온다는 단순한 것입니다. 이것은 기업이 충분한 생산여력을
남기고 있어 항상 수요에 맞는 만큼의 생산을 한다는 생각에 근거하고 있습
니다. 앞의 에어컨의 예에서 제조업체는 수요가 증가한 분만큼 에어컨의
생산을 늘이고 있었기 때문에 이 가정을 암묵적으로 인정하고 있다는 것이
됩니다.

다음으로 총생산에서 총소득으로의 관계입니다만, 이것도 총생산이 그것
과 동일한 액수의 총소득을 발생시킨다는 단순한 것입니다. 제8장의 GNP

의 세 가지 측면에서 언급한 것처럼 사람들의 소득은 어떤 형태로든 생산과 연결되어 있습니다. 소득의 형태는 임금, 지대, 채권이나 예금의 이자, 주식의 배당 등 각종 형태를 취합니다만, 이것들은 결국 생산에 의해 생겨난 것을 분배한 것에 지나지 않습니다. 근본적으로 생산에 의해 생겨난 것 이상을 소득으로 지불하는 것은 무에서 유를 창조하는 것과 같고, 반대로 생산에 의해 생겨난 것의 일부가 누구의 소득도 되지 않는 것도 있을 수 없습니다.

소비함수

마지막으로, 총소득이 총수요를 결정하는 메커니즘에 관해 설명하겠습니다. 이를 위해 한계소비성향의 생각을 좀 더 일반화시킨 「소비함수

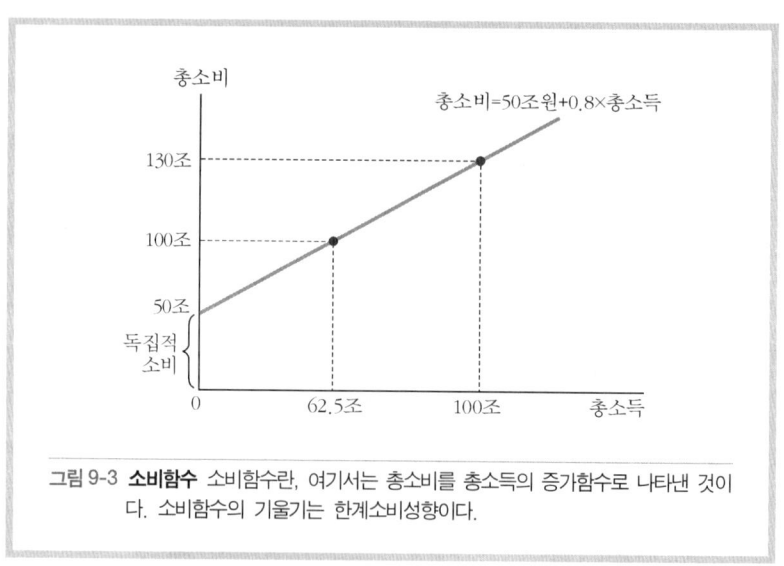

그림 9-3 **소비함수** 소비함수란, 여기서는 총소비를 총소득의 증가함수로 나타낸 것이다. 소비함수의 기울기는 한계소비성향이다.

(consumption function)」라는 생각을 도입할 필요가 있습니다. 그림 9-3은, 여기서의 논의에 사용될 단순한 형태의 소비함수를 나타낸 것입니다. 먼저 이것에 관해 간단히 설명하겠습니다.

이 그림의 가로축에는 경제전체의 총소득(Y)이, 세로축에는 총소비(C)가 표시되어 있습니다. 소비함수 그래프를 식으로 표현하면,

$$C = 50조원 + 0.8Y \cdots\cdots \tag{9-1}$$

이 됩니다. 즉, 총소득이 Zero일 때 총소비 수준은 50조 원이고, 소득이 1조 원 증가할 때마다 소비는 8,000억 원씩 증가한다는 관계를 나타내고 있습니다. 이러한 경제전체의 소비함수는 그 경제를 구성하는 개별가계의 소비함수를 집계한 것으로 구해집니다. 예를 들어, 이 경제에 1,000만호의 가계가 있다고 한다면, 평균적인 가계의 소비함수는 (1)식을 1,000만분의 1로 축소한,

$$소비 = 500만원 + 0.8 \times 소득$$

이 됩니다.

이러한 소비함수는, 소비수준을 결정하는 요인 가운데 가장 중요한 것이 소득수준이라는 생각에 근거하고 있습니다. 소득이 늘어나면 각 가계의 소비도 늘어날 것이고, 반대로 소득이 줄어들면 소비도 줄어든다고 생각됩니다. 따라서, 소비가 소득의 증가함수(비례함수)라는 것은 납득이 되는 가정이라 생각됩니다.

현실적으로 융자금의 금리, 물가의 동향, 기후, 기업의 광고 등 가계의 소비수준에 영향을 미치는 요인은 많이 있습니다. 그러나, 이와 같은 자세한 요인을 전부 고려해 넣어서는 논의를 수습할 수 없게 됩니다. 문제에 대한

제1차 접근으로서, 여기서는 소비수준이 소득에만 의존한다고 생각하기로 하겠습니다.

그러면, 소비함수의 형태에 관해 자세히 살펴봅시다. 소비함수의 성질 가운데 중요한 것은 소비함수의 절편과 기울기의 크기입니다. 먼저 기울기 입니다. 이것은 한계소비성향을 나타내고 있습니다.

이에 반해, 소비함수의 절편(소득수준이 Zero일 때의 소비수준)은, 전체 적으로 소비가 어느 정도 수준에 있는가를 나타내고 있습니다. 절편 값이 커진다는 것은 소비함수가 전체적으로 상방(위쪽) 이동하는 것을 의미합니 다. 소비함수의 이러한 특징은 그림 9-4에 예시되어 있습니다.

이 소비함수하에서 소비는, 소득 증가에 따라 유발된 부분과 소득과는 독립적인 부분으로 되어 있습니다. 지금부터는 후자를 「독립(적)소비」라 부르기로 하겠습니다. 예를 들어, 앞의 그림 9-3에서 총소득이 100조원 일 때 총소비는 130억원이 됩니다. 그 가운데 80조원은 100조원의 소득에 서 유발된 소비, 나머지 50조원은 독립적 소비부분이 됩니다.

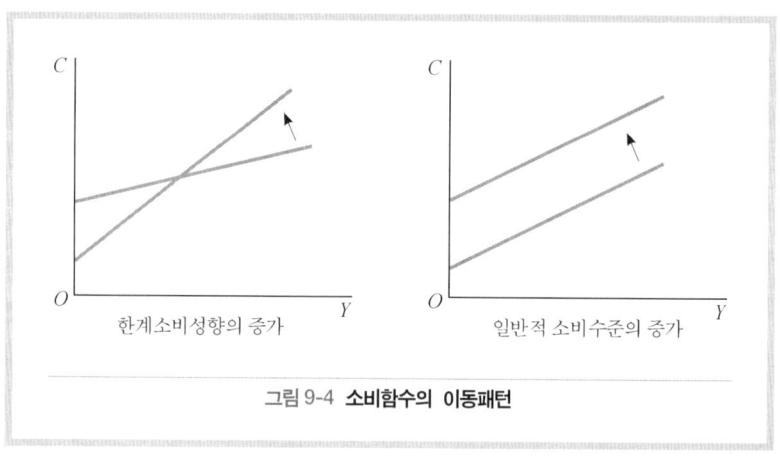

한계소비성향의 증가   일반적 소비수준의 증가

그림 9-4 **소비함수의 이동패턴**

그러면, 이상의 것을 종합하면 다음과 같이 됩니다.

① 수요수준의 결정(총소득 → 총수요) : 소비함수([총소비(총수요) = 50
   조원 + 0.8 × 총소득])
② 생산수준의 결정(총수요 → 총생산) : 총수요액과 동일한 만큼의 생산이
   이루어진다.
③ 소득수준의 결정(총생산 → 총소득) : 총생산은 그것과 동일한 만큼의
   총소득을 발생시킨다.

그림 9-2는, 이 세 가지 관계를 예시한 것입니다만, 총소득, 총생산,
총수요가 하나의 사이클(순환경로)상에서 동시에 결정되는 것을 알 수 있으
리라 생각합니다. 최종적으로는 이 세가지는 동일한 값이 되기 때문에,

총생산 = 총소득 = 총소비 = Y

로 두고, 이것을 소비함수 (9-1)에 대입하면,

Y = 50조원 + 0.8Y

가 되어, Y=250조원을 구할 수가 있습니다.

눈치빠른 독자는, 지금까지의 논의를 읽고, 그것이 승수과정의 구조나
본질적으로 틀리지 않는다는 것을 알아차렸으리라 생각합니다.

독립적 소비와 소득에 의해 유발된 소비를 구별했습니다만, 이처럼 두
가지를 구별하는 것의 의미도 명백해졌다고 생각합니다. 소득에 유발되어
생기는 소비는 승수과정에서 생기는 총수요 부분인데 대해, 독립적 소비부
분은 그 승수과정을 출발시키는 방아쇠 역할을 하고 있습니다. 기업에 의한
투자, 정부지출, 수출 등도 같은 역할을 합니다. 이것에 관해서는 아래에서

논의하려고 생각합니다.

4 투자와 정부지출

　기업으로부터 재화 및 서비스를 구입하는 것은 가계뿐만이 아닙니다. 기업이나 정부도 재화 및 서비스의 중요한 구입주체입니다. 각 기업은 설비를 확장하거나 연구개발 또는 기술개발을 위해 다른 기업으로부터 많은 재화 및 서비스를 구입합니다. 이들 활동의 최종목적은 이윤추구에 있습니다. 이러한 기업부문에 의한 이윤추구목적의 지출을 「투자(investment)」라 부릅니다.

　정부도 재화 및 서비스를 구입합니다. 도로, 항만, 댐 등의 공공설비를 건설하기 위해 많은 재화 및 서비스를 구입해야 합니다. 이것을 「공공투자」라 합니다. 공공투자 이외에도 교과서의 무료배포, 각종 정부기관의 활동 등에도 재화 및 서비스 구입이 수반되는 것은 분명합니다. 이것을 「정부소비」또는 「공공지출」이라 합니다. 이러한 정부소비나 공공투자도, 경제전체의 총수요 가운데 큰 위치를 점하고 있습니다. 공공투자와 정부소비를 합쳐서 「정부지출」이라 합니다.

　기업에 의한 투자나 정부지출이 어떠한 수준이 되는가 라는 것은 그 자체로 매우 중요한 경제문제입니다. 그러나, 그러한 문제는 뒷장으로 넘기고, 여기에서는 단순히 투자와 정부지출이 어떤 수준으로 정해졌을 때, 그 결과, 경제전체의 생산수준이 어떠한 영향을 받을 것인가라는 점에 논의를 집중하려고 합니다.

지금까지의 논의에서, 총수요(Y)는 소비만으로 되어 있는 것으로 생각해 왔습니다만, 여기에서는 투자(I)와 정부지출(G)도 총수요의 구성요소에 포함합니다.

즉,

$$Y = C + I + G$$

가 됩니다. 단, C는 소비를 나타내고 있습니다.

여기서, 투자수준과 정부지출수준은 각각 20조원이고 소비함수는 이전에 사용했던 (9-1)식과 같다고 해 봅시다. 이것들을 위의 식에 대입하면,

$$Y = 50조원 + 0.8 \times 총소득 + 20조원 + 20조원$$

이라는 관계를 얻을 수 있습니다. 전과 마찬가지로, 총수요=총생산=총소득 =Y로 두고 풀면,

$$Y = (50조원 + 20조원 + 20조원) + 0.8Y$$

라는 식이 도출되어

$$Y = 450조원$$

이 구해집니다.

앞의 논의에서와 같이, 투자나 정부시출은, 독립소비와 마찬가지로 승수 과정의 방아쇠를 당기는 요인이 되고 있습니다. 최종적인 수요(=생산=소득)는, 독립적 소비(50조원), 투자(20조원), 정부지출(20조원)의 합인 90조원에 승수 값 5를 곱한 450조원이 된다는 것이 이를 뒷받침하고 있습니다.

투자나 정부지출이 총수요의 결정요인이라는 것을 확인하면 몇 가지 경

제문제는 쉽게 이해할 수 있습니다.

먼저 투자입니다. 이것은 경기변동을 일으키는 가장 커다란 요인으로 알려져 있습니다. 투자는 소비지출(특히 독립적 소비)이나 정부지출에 비해 훨씬 더 큰 스케일로 변동합니다. 각 기업의 투자액은 그 기업이 직면하고 있는 현재의 시장상황 또는 장래에 대한 전망에 크게 의존합니다. 예를 들어, 신발이나 광업과 같은 구조적 불황업종이라 불려지고 있는 산업에서는 투자를 억제하거나 설비를 축소하는 반면에, 반도체나 통신사업 등과 같이 급격한 수요증가나 기술진보가 일어나는 산업에서는 적극적인 투자나 일어나고 있습니다.

경제전체의 투자수준은 이러한 개별산업의 사정을 반영할 뿐 아니라, 경기동향이나 그 전망과 밀접한 관련을 갖고 있습니다. 경기가 회복되고 있을 때, 또는 경기가 과열되고 있을 때에는, 적극적으로 투자하는 기업이 투자를 억제하는 기업보다 많을 것이기 때문에 경제전체의 투자액도 커집니다. 경기의 움직임이나 그 예상이 투자를 더욱 더 자극하면, 이번에는 그 투자가 승수과정을 통해서 총수요를 높여 경기를 자극하게 됩니다. 반대로, 경기가 악화되면 투자도 위축됩니다만, 이것은 마이너스 방향의 승수과정을 통해서 더욱더 경기를 냉각시키게 됩니다.

이처럼, 경기변동에 있어서 투자는 중요한 역할을 합니다만, 거기에는 승수과정이 작용하고 있다는 것을 알 수 있겠지요. 경기가 악화되었을 때, 정부는 자주 투자에 대해 감세를 실시하여 투자를 자극하려고 합니다만, 이것도 위의 설명으로 명백해진다고 생각합니다.

정부지출도 투자와 마찬가지로 총수요의 결정요인이기 때문에, 이것을 경기자극 목적에 사용하는 것도 생각할 수 있습니다. 예를 들어, 경기가 악화되었을 때 공공투자를 조기에 발주하거나, 신규공공투자를 계획하는 것은 이러한 예입니다. 이런 종류의 정책 가운데 역사적으로 가장 유명한 것은 1930년대의 대공황 때 미국에서 행해진 뉴딜정책이라 할 수 있겠지요.

그런데 경기자극이라는 관전만으로 생각하면 공공투자의 내용은 그다지 문제가 되지 않습니다. 유명한 예입니다만, 불황일 때 정부가 벌판에 구덩이를 파서는 곧 바로 메우는(또는 건물을 지어서 부수는)작업을 반복했다고 합시다. 이러한 작업자체는 물론 전혀 의미가 없습니다. 그러나, 예를 들어 승수가 5라면 이 정부활동 이외에 그 4배의 소비증가가 유발되게 됩니다. 그리고 이것은 생산이나 고용도 유발합니다. 이와 같이 전혀 의미가 없는 공공투자활동이라도 승수가 충분히 큰 경우 유발수요는 사회적으로 의의가 있습니다.

제10장
유효수요이론의 확장

앞장에서 설명한 유효수요의 개념이나 승수이론은 여러 가지 문제에 응용할 수 있습니다. 이 장에서는 그 가운데 몇 가지 중요한 응용 예를 들어서 승수과정이나 유효수요의 개념에 대한 이해를 높이고자 합니다.

이 장의 전반에서는 외국과의 무역량 증감이 유효수요의 크기에 어떠한 영향을 미치는가에 관해 살펴보겠습니다. 후반에서는 재화 및 서비스의 흐름과 자금의 흐름과의 관계를 봄으로서 경상수지나 재정수지가 가계나 기업의 저축 및 투자와 어떠한 관계가 있는지를 밝히기로 하겠습니다.

1 유효수요의 국제적 파급

외국과의 무역이 한 나라의 생산이나 소득에 어떠한 영향을 미칠까요? 우리나라와 같이 외국에 대한 의존도가 높은 나라에서는 외국의 경기 상태에 큰 영향을 받습니다. 미국이 기침을 하면 한국이 감기가 걸린다는 말이 유행한 적도 있었습니다. 또한 석유가격의 상승(소위 오일쇼크)의 결과, 한국의 물가는 큰 폭으로 오르고 경기는 침체되었던 기억도 있습니다.

최근처럼 한국의 교역량이 세계무역에 차지하는 비중이 높아짐에 따라 한국의 경기도 우리나라와 교역관계가 깊은 국가의 경기에 영향을 주게 됩니다. 이러한 국제적인 경기의 파급과정은 앞장에서 설명한 승수과정으로 어느 정도 설명할 수 있습니다.

수출입과 유효수요

외국과 무역을 행하면 국내에서 생산되는 재화 및 서비스가 소비(C), 투자(I), 정부지출(G)이라는 형태로 국내에서 수요될 뿐 아니라, 수출(X)이라는 형태로 외국에서도 수요됩니다. 또한, 국내에 재화 및 서비스의 공급경로는 국내에서 생산할 뿐 아니라, 외국에서 수입하는 것도 가능합니다. 그림 10-1은 무역도 포함한 재화 및 서비스의 수요와 공급관계를 나타

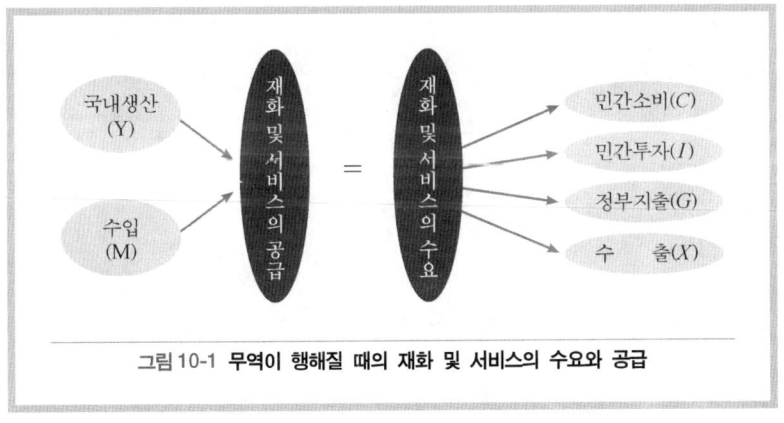

그림 10-1 **무역이 행해질 때의 재화 및 서비스의 수요와 공급**

낸 것입니다.

그림에도 나타나 있는 것처럼, 만약 재화 및 서비스의 수요와 공급이 일치하는 균형상태라면, 다음과 같은 관계식이 성립합니다.

$$Y + M = C + I + G + X \cdots\cdots \tag{10-1}$$

단, M은 수입을 나타내고 있습니다.

즉, 국내에 재화 및 서비스를 공급하는 경로는 국내에서 생산을 하든가(Y의 부분), 외국에서 수입하는(M의 부분) 수밖에 없습니다. 여기에 대해, 이 재화 및 서비스를 수요하는 주체는 가계, 기업, 정부, 외국 밖에 없습니다. C, I, G, X가 각 부문에 의한 수요라는 것은 다시 말할 필요도 없겠지요. 여기서 새롭게 논의에 더해진 수출과 수입의 수준은 어떻게 결정될까요.

먼저 수입입니다만, 이것은 소득수준에 민감하게 반응하는 것으로 알려져 있습니다. 소비와 마찬가지로 그 나라의 소득수준이 높을수록 수입액도 커집니다. 각 가계가 소비하는 재화는 국내재와 수입재로 구성되고, 소득증가와 함께 이것들은 양쪽 모두 증가하겠지요. 따라서, 한나라 전체의 수입액도 총소득과 함께 증가한다고 생각할 수 있습니다.

수입의 크기에 영향을 미치는 것은 소득수준 뿐만이 아닙니다. 예를 들어, 환율의 변동은 큰 영향을 미칩니다. 그러나, 여기서는 소득 이외의 요인은 무시하고 다음과 같은 1차식의 형태를 갖는 수입함수를 생각하기로 하겠습니다.

$$M = 10조원 + 0.1Y$$

이 수입함수는 이미 설명한 소비함수와 똑같은 형태이기 때문에, 새로이 상세하게 설명할 필요는 없겠지요. 수입이 소득의 증가함수라는 것을 가장 단순한 형태로 파악하기 위한 가정입니다.

10조원은 「독립적 수입」을 나타내고 있고, 소득이 1조원 증가할 때마다 수입은 1할인 1,000억원 만큼 증가합니다. 이 식 우변의 0.1이라는 숫자는, 소득증가에 수반되는 수입증가의 비율을 나타낸 것으로 「한계수입성향」이라 부릅니다.(한계수입성향과 한계소비성향이 유사한 개념이라는 것은 말할 것도 없겠지요)

한편, 수출입니다만, 투자나 정부지출과 마찬가지로 외생적으로 주어진 다고 생각하겠습니다. 수출은 외국이 수입하는 것이기 때문에, 외국의 소득수준으로부터는 큰 영향을 받습니다만, 수출하는 나라의 소득수준이 수출액에 큰 영향을 준다고 생각되지 않습니다. 또한, 그것 이외에 수출액의 결정 요인으로 생각되는 것(환율 등)은, 여기서의 논의의 본질과는 그다지 변하지 않기 때문에 무시하기로 하겠습니다. 아래에서는 예시적으로 수출은 40조원이라고 하겠습니다.

그러면, 소비, 투자, 정부지출에 관해서는 앞장의 예와 마찬가지라 하고, 경제전체의 총생산 및 총수요가 어떠한 수준이 되는가를 생각해 봅시다. 좀 더 확실히 하기 위해 다시 한번 소비, 투자, 정부지출의 수준을 써두겠습니다.

$$C = 50조원 + 0.8Y, \quad I = G = 20조원(I, \ G \ 모두 \ 외생변수)$$

이상을 처음에 밝혀둔 재화시장의 균형조건식 (10-1)에 대입하면, 아래와 같이 됩니다.

$$Y + 10조원 + 0.1Y = 50조원 + 0.8Y + 20조원 + 20조원 + 40조원$$

이것을 Y에 관해 풀면,

$$Y = 1/0.3 \times (50조원 + 20조원 + 20조원 + 40조원 - 10조원)$$

$$= 400조원$$

이라 구할 수 있습니다.

이와 같이 해서 구해진 총생산수준 400조원에 관해 좀 더 자세하게 검토하면, 다음과 같은 것을 알 수 있습니다. 400조원은, 독립적인(50조원), 투자(20조원), 정부지출(20조원), 수출(40조원)의 합에서 독립적 수입(10조원)을 뺀 것에 승수 1/0.3(=3.4)를 곱해서 구해집니다.

수출과 수입이 총생산에 미치는 영향

그러면, 왜 수출이나 독립적 수입이 투자나 정부지출과 마찬가지로 총생산에 영향을 미칠까요?

먼저, 수출입니다만, 생산자에게 있어서 재화를 수요하는 주체가 국내에 거주하는가 외국에 거주하는가는 별로 중요하지 않습니다. 생산자는 국내의 수요증가에 대한 것과 마찬가지로 외국에서의 수요증가에 의해 생긴 수출증가에 대해 생산을 증가시켜 대응하겠지요. 그래서, 생산이 증가하면 그에 따라 소득이 증가하고 거기에서 파생수요가 생겨나는 점은 투자나 정부지출이 증가한 경우와 같습니다. 이와 같이, 수출은 정부지출이나 투자와 마찬가지로 승수과정을 통해서 그 몇 배의 생산 및 소득증가를 발생시킵니다.

이에 반해, 독립적 수입이 총생산 및 총수요에 마이너스 방향을 미치는 것은 다음과 같은 이유에서입니다. 무역을 생각하지 않은 지금까지의 논의에서는, 소비, 투자, 정부지출이 모두 국내에서 생산된 재화에 대한 수요라고 암묵적으로 가정해 왔습니다. 그러나 현실적으로 이들 수요의 일부는 외국에서 생산된 재화에 대한 수요, 즉 수입이 될 것입니다.

예를 들어, 자동차에 대한 수요가 증가했다고 해도, 그 일부는 해외자동차에 대한 수요(수입)이고, 그 부분은 국내자동차에 대한 수요가 되지 않습니다. 수입한 부분은 국내에 승수과정을 일으키지 않기 때문에, 국내에서 생산된 재화에 대한 수요와 구별해서 생각하지 않으면 안됩니다. 결국, 독립적 소비, 투자, 정부지출 가운데 국내에 승수과정을 일으키는 것은 국산품에 대한 수요부분만으로, 이것은 위의 세가지 수요에서 독립적 수입을 제함으로써 구할 수 있습니다.

미국이 기침을 하면 한국은 감기가 걸린다?

위에서 설명한 것은 여러 가지 현상과 관계가 있습니다. 여기서는 그 가운데 대표적인 케이스를 한가지 들어보려고 합니다. 앞에서도 언급했듯이, 「미국이 기침을 하면 한국은 감기가 걸린다」는 예입니다.

제2차 세계대전 이후, 국제무역은 미국을 중심으로 움직여 왔습니다만, 이것과 관련해서 우리나라가 수출지향정책을 적극적으로 실시하고 있던 시기에 미국이 우리 수출상품의 최대고객이었습니다. 이때 나온 말이 「미국이 기침을 하면 한국은 감기에 걸린다」는 것입니다. 이것이 의미하는 것은 미국경제의 경기가 나빠지면 한국도 그 영향을 받아 경기가 나빠진다는 것입니다. 이처럼 미국의 경기상태가 한국에 파급되어 오는 것은 위에서 설명한 무역을 통해서의 승수과정에 따른 것입니다. 그림 10-2는 이러한 경기의 국제적 파급과정을 나타내고 있습니다.

미국의 경기 나빠지면, 미국의 소득수준은 하락해서 수요가 위축되고

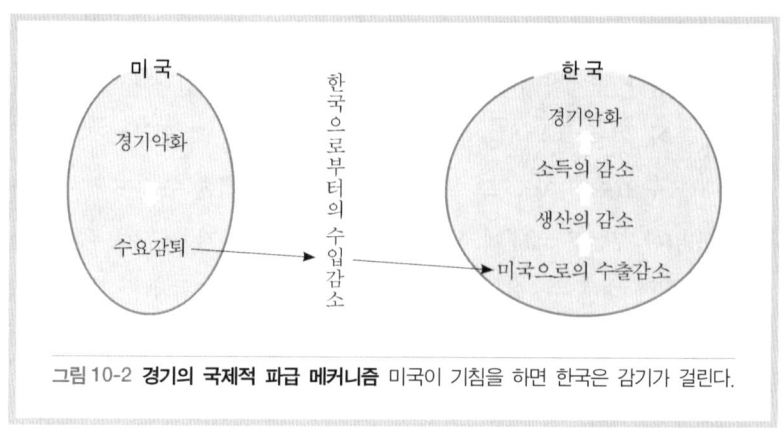

그림 10-2 **경기의 국제적 파급 메커니즘** 미국이 기침을 하면 한국은 감기가 걸린다.

미국의 수입수준도 감소합니다(이미 설명한 것처럼, 수입은 그 나라의 소득 수준에 민감하게 반응합니다). 미국의 수입이 감소하면, 미국에 수출비중이 대단히 높고, 수출산업의 발전을 통해 경제발전을 이룩하려는 한국의(미국에 대한)수출은 감소합니다. 이것이 한국의 국내에 마이너스 방향의 승수효과를 일으켜 한국의 생산, 소득수준이 감소합니다. 이와 같이, 두 나라가 밀접한 무역관계에 있으면 무역량의 확대 또는 축소를 통해서 한 나라의 경기상태가 다른 나라에도 영향을 미칩니다(위의 예에서, 한국의 경기악화가 미국의 경기 악화로 이어지지 않는 것은 우리나라의 미국상품에 대한 수입변동이 미국의 전체 수출량에 차지하는 비중이 매우 낮기 때문입니다).

무역승수

외국과 무역이 이루어지고 있을 때에는, 승수 값도 무역활동의 영향을 받습니다. 앞장에서 든 에어컨의 예에서 기후변화 때문에 예년보다 100억원 만큼 에어컨 수요가 증가했을 때, 그 80%인(한계소비성향=0.8) 80억원이 새로운 수요(파생수요)로 발생합니다. 문제는 수입이 있을 경우 이 파생수요의 일부가 국내생산자로 향하지 않는다는 것입니다.

지금, 한계수입성향을 0.1이라 하면, 100억원의 1할(10%), 즉 10억원분은 해외로 부터의 수입이 됩니다. 따라서, 81억원의 2차 파생수요 가운데 실제로 국내생산자의 생산증가액은 70억원, 거기에서 생기는 소득의 증가도 70억원이 됩니다.

이상과 같이 수입이 소득과 함께 증가하는 경우, 국내생산자에 대한 파생수요는 한계소비성향에서 한계수입성향을 뺀 값을 소득증가액에 곱한 것이 됩니다.

외국과의 무역이 행해지고 있을 때에는, 국내에서 생긴 수요증가의 일부가 수입이라는 형태로 해외로 유출되어 버려 그만큼 구내에 있어서의 2차이후의 파생수요가 작아져 승수 값도 작아집니다. 단, 해외에는 수요가 파급되고 있기 때문에 세계전체의 관점에서 보면 승수 값은 같다고도 생각할 수 있습니다. 또한, 해외에서 생긴 수요의 증가도 한국의 수출을 통해서 한국에 파급되어 옵니다.

2 재화 및 서비스의 흐름과 자금순환

저축과 투자의 균등

지금까지 논의에서는 가계, 기업, 정부의 각 부분이 지출을 어떻게 충당하고 있는가라는 점에 대해서는 언급하지 않은 체 경제 전체로서의 「생산＝지출＝소득」의 균형만을 생각해 왔습니다. 아래에서는 생산된 재화가 어떻게 배분되며, 그리고 그 배후에는 어떠한 자금순환이 이루어지고 있는가라는 점에 관해서 살펴보겠습니다. 재화의 흐름과 자금의 흐름은 표리일체의 관계가 있고, 이 양자를 정확히 파악하는 것은 거시경제의 기본적 구조를 이해하는데 중요합니다.

논의를 간단히 하기 위해 정부활동 및 외국과의 무역은 무시하고, 가계부문과 기업부문만으로 되어 있는 경제(「순수민간경제」)를 생각합니다. 정부부문과 무역에 관해서는 나중에 살펴보겠습니다.

그림 10-3은 이러한 경제의 총수요, 총생산, 총소득의 내역을 나타낸 것입니다. 제8장에서 설명한 것처럼, 총생산, 총수요(총지출), 총소득, 이 세 가지는 최종적으로는 같아집니다만, 그림상에서는 각각 같은 크기의 사각형으로 나타내어져 있습니다.

경제전체로 보았을 때 총소득이 총지출(총수요)과 같게 되어 있다는 것은

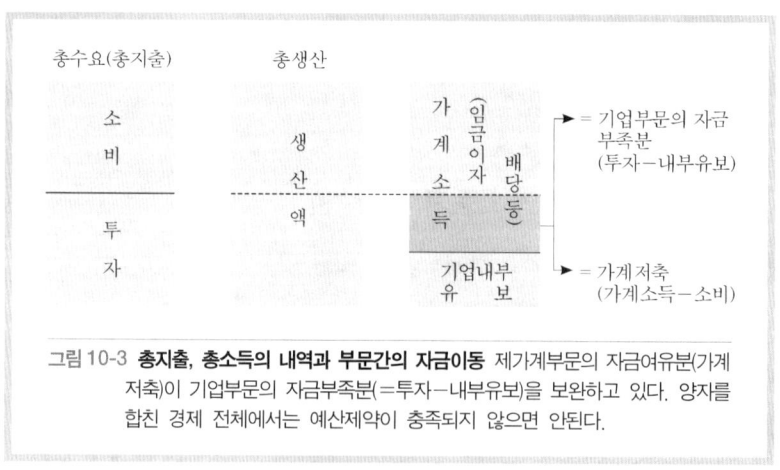

그림 10-3 **총지출, 총소득의 내역과 부문간의 자금이동** 제가계부문의 자금여유분(가계저축)이 기업부문의 자금부족분(＝투자−내부유보)을 보완하고 있다. 양자를 합친 경제 전체에서는 예산제약이 충족되지 않으면 안된다.

바로 경제전체로서 예산균형이 이루어지고 있다는 것을 말합니다. 그러나, 가계와 기업이라는 개별부문에 대해서는 예산균형(소득과 지출의 균등)이 이루어지지 않고 있습니다. 그림에서는, 가계의 소득이 소비액보다 큰 것으로 표현되어 있습니다. 가계의 소득에서 소비를 뺀 것을(가계의) 「저축」이라 부릅니다만 이것이 플러스로 되어 있습니다. 이에 대해, 기업부문에서는 투자액이 내부유보 보다 크게 되어 있습니다.

경제전체로서 총소득이 총지출과 같아지기 때문에 가계부문의 소득이 지출을 초과하고 있는 부분(저축)은 기업부문의 지출(투자)이 기업부문의 소득(내부유보)을 초과하고 있는 부분과 같아지지 않으면 안됩니다. 즉,

가계부문의 저축액 = 기업부문의 자금부족액(투자 − 내부유보) (10-2)

라는 관계가 성립하게 됩니다. 이것은 그림 10-3에서는 우측 사각형에 진한 음영으로 표시되어 있습니다. 이 그림으로부터도 위의 관계가 성립하는 것을 쉽게 파악할 수 있으리라 생각됩니다. 정확히 가계부문에 있어서의 자금잉여분이 기업부문의 자금부족분을 보완하고 있습니다.

이러한 가계부문에서 기업부문으로의 자금이동은 기업부문에 의한 채무발행에 의해 뒷받침됩니다. 기업이 발생한 주식이나 증권, 또는 은행이 기업에 해주는 대출의 자금원이 되는 가계의 예금 등이 가계의 저축대상이 되고, 정확히 그것과 같은 만큼의 채무가 기업 측에도 생깁니다.

그런데, (10-2)식을 바꾸어 쓰면,

가계부문의 저축 + 기업의 내부유보 = 총저축 = 투자

가 됩니다. 즉, 경제전체의 저축(가계의 저축과 기업의 저축의 합계)은 투자와 같아지게 됩니다.

국내지출과 경상수지

다음으로 정부활동과 무역도 포함시킨 개방경제하의 재화시장의 균형과 부문간의 자금순환의 전모를 밝히겠습니다. 경제전체로서의 소득과 지출 (수요)을 각 부문마다의 소득과 지출로 나누면 다음과 같이 됩니다.

$$\text{총생산(Y)} = \text{소비(C)} + \text{투자(I)} + \text{정부지출(G)} + \text{수출(X)} - \text{수입(M)}$$
$$= \text{국내총지출(E)} + \text{수출(X)} - \text{수입(M)} \qquad (10\text{-}3)$$

$$\text{총소득(Y)} = \text{가계소득}(Y_h) + \text{기업내부유보}(Y_f)$$
$$+ \text{정부세입}(Y_g) \qquad (10\text{-}4)$$

단, E는 국내총지출이고,

$$E = C + I + G$$

라는 관계에 있고 Y_h, Y_f, Y_g, 는 각각 가계(household), 기업(firm), 정부 (government)의 소득이고, 좀더 구체적으로 말하면 가계소득, 기업내부유보, 정부세입입니다.

(10-3)식은, 이미 설명한 바 있는 재화시장의 균형조건식에서 좌변의 수입을 우변으로 옮긴 것에 불과합니다.(가계에 의한)소비, (기업에 의한)투자, 그리고 정부지출의 세 가지를 더한 것은 국내경제주체의 지출의 합계(총지출)가 됩니다. (10-4)식은, 생산에 의해 생겨난 소득이 각 부문간에 어떻게 배분되는가를 나타내고 있습니다.

그림 10-4는, 이것을 대단히 단순화한 형태로 나타낸 것입니다. 기업부문의 생산활동에서 생겨난 소득은, 임금, 이자, 배당 등의 형태로 가계에 지불

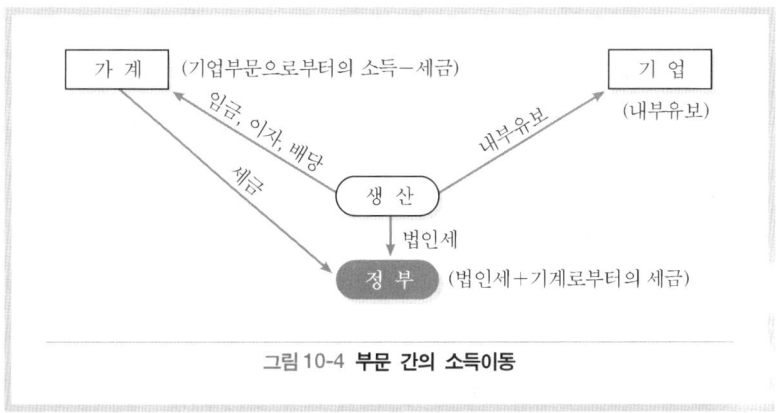

그림 10-4 **부문 간의 소득이동**

되는 부분, 법인세 등의 형태로 정부에 지불되는 부분으로 나눌 수 있습니다. 또한 가계부문에 들어온 소득의 일부는 소득세, 재산세 등의 형태로 지불됩니다.(그림 10-4는 어디까지나 단순화한 것인지, 현실의 부문간 소득이전은 좀 더 복잡합니다)

그러면 이 두 식을 주의 깊게 검토함으로서 몇 가지 중요한 것을 알 수 있습니다. 총생산과 총소득이 같기 때문에 위의 식(10-4)을 식 (10-3)에 대입하여 변형시키면, 다음과 같은 식을 얻을 수 있습니다.

$$Y - E = X - M = 경상수지$$

여기에서는 단순화를 위해, 이 나라와 외국간의 이자나 다른 요소소득 또는 이전소득의 거래가 없다고 가정합니다. 그리고 이 경우에는, 위의 식 우변의 '수출-수입' 항은 「경상수지」라는 것이 됩니다.

외국과 무역을 행하고 있지 않는 경우와는 달리, 이 경우에는 수출과 수입이 같아지지 않는 한, 한나라 전체의 총소득과 총지출은 같아지지 않습니다. 예를 들어, 수입이 수출보다 크면, 우변은 마이너스가 되기 때문에 좌변도 마이너스가 되어, 이 나라(예를 들어, 한국)는 총소득 이상의 지출을 하고 있는 것이 됩니다. 이것은 바로 국가전체로서 자금이 부족하다는 것입니다. 이점에 관해 좀 더 상세히 설명하겠습니다.

지금, 외국을 하나의 덩어리로 뭉쳐서 생각해 보면 한국과 외국간의 재화·서비스 및 자산거래는 그림 10-5에 나타낸 것과 같습니다. 한국에서 외국으로 재화 및 서비스가 수출되면 반드시 수출과 동일한 금액의 지불이 외국에서 한국으로 이루어집니다.

만약, 달러라는 통화로 지불이 이루어지면 수출과 반대방향의 자산 이동이 일어나고 그 내용은 외국통화(달러)가 됩니다. 외국의 수입업자가 나중에 지불한다는 계약으로 수출이 이루어진다면 자산의 이동내용은 어음이 됩니다. 게다가, 수출업자가 수출에 의해 획득한 자금으로 해외의 증권이나 토지를 구입하든지, 외국 은행에 예금을 한다면 자산이동의 내용은 증권, 토지, 예금 등이 됩니다. 마찬가지로 해서, 한국의 수입에 대해서도 동일한 액수의 자산(반드시 그 실체가 아니라 소유권)이 한국에서 외국으로 이동합

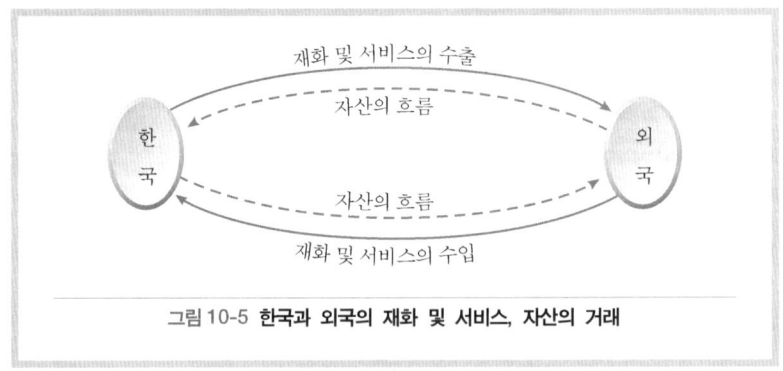

그림 10-5 **한국과 외국의 재화 및 서비스, 자산의 거래**

니다.

이와 같이, 한국의 수입이 수출을 초과하고 있을 때에는 그 초과액에 해당하는 만큼의 자산소유권이 한국에서 외국으로 이전되게 됩니다. 이때, 한국의 총지출은 총소득을 초과하고 있어 이 초과액도 수입·수출의 초과액과 같아지는 것입니다. 이 점을 종합하면 아래와 같이 됩니다.

$$- (총소득 - 총지출) = - (수출 - 수입) = 경상수지 적자$$
$$= 한국의 외국에 대한 채무의 순증가$$

세계전체로 보면, 총생산(총소득)과 총지출은 같아지기 때문에, 각국의 경상수지를 모두 더하면, 그 합은 Zero가 됩니다. 따라서, 한국의 경상수지가 적자일 때에는 외국이 경상수지 흑자가 됩니다. 즉, 외국은 한국의 자금 부족을 보완하고 있는 것이 됩니다.

이와 같이, 경상수지가 총생산과 총지출의 차이가 된다라는 사고를 「업숍션 접근법」이라 부릅니다. 업숍션(absorption)이란 '흡수'라는 의미입니다만, 여기에서는 재화 및 서비스가 얼마만큼 국내수지(총지출)에 의해 흡수되는가 라는 의미에서 사용되고 있습니다. 만약 생산이 총지출에 의해 흡수된다면, 경상수지는 균형 상태에 있습니다. 총지출이 생산보다 커서 국내생산을 전부 흡수하고도 모자라 외국의 생산을 흡수한다면 경상수지는 적자가 되고, 반대의 경우에는 흑자가 됩니다.

부문간의 자금이동과 경상수지

(10-3), (10-4)식으로 되돌아가서, 각 부문의 소득과 지출의 관계를 살펴봅시다. 이 두 식에서 다음과 같은 관계가 도출됩니다.

$$\text{총소득} - \text{총지출} = (\text{가계소득} + \text{내부유보} + \text{정부수입})$$
$$- (\text{소비} + \text{투자} + \text{정부지출} + \text{수출} - \text{수입})$$
$$= (\text{가계소득} - \text{소비}) + (\text{내부유보} - \text{투자})$$
$$+ (\text{정부수입} - \text{정부지출}) - (\text{수출} - \text{수입})$$

이 식은, 다음과 같이 바꾸어 쓰는 것이 이해하기 쉬울 것입니다.

$$(\text{가계소득} - \text{소비}) = (\text{투자} - \text{내부유보}) + (\text{정부지출} - \text{정부수입})$$
$$+ (\text{수출} - \text{수입})$$

가계부문의 자금여유분(저축) = 기업의 자금부족분 + 정부의 재정적자폭
+ 경상수지(해외의 자금부족분)

이 식은, 다음과 같이 해석할 수 있습니다. 가계 부문에서 저축이라는 형태로 생기는 자금여유분은, 기업의 자금부족분, 정부의 재정적자분, 외국의 자금부족분(한국의 경상수지 흑자)을 충당하도록 배분됩니다. 후자의 세 가지 가운데 어느 것이 마이너스가 되면, 그 부문에는 자금잉여가 생기고 있는 것이 됩니다. 그 경우에는 가계부문이 다른 두 부문의 자금부족을 메우게 됩니다.

예를 들어, 오일쇼크 이후 한국의 경상수지는 대폭적인 적자였습니다만, 그때는 외국(주로 OPEC국가)과 가계 두 부문의 자금잉여가 다른 두 부문의 자금부족을 메우는 형태가 되어 있었습니다.

각 부문의 자금부족은 그 부문에 의한 부채발행이라는 형태로 충당됩니다. 기업부문의 자금부족은 기업에 의한 주식, 채권의 발행 또는 은행으로부터의 차입에 의해 조달됩니다. 경상수지흑자 라는 해외부문의 자금부족은 해외의 기업·가계·정부가 발행한 증권이나 해외의 토지 등을 한국거주민

이 갖는 형태로 충당됩니다. 정부지출이 정부세입을 초과할 때는 이 정부재정적자분과 같은 만큼의 공채가 새롭게 발행되지 않으면 안됩니다.

그런데, 위의 식에서 (수출－수입)이 마이너스가 되면, 즉 경상수지가 적자가 되면, 기업부문의 자금부족분과 정부재정적자분을 가계와 외국의 잉여자금이 두 부문의 자금부족분을 메우는 형태 형태가 됩니다. 이 가운데 경상수지 적자폭이 커진다는 것은 가계의 잉여인 저축의 증가가 거의 없는 경우 국내 자금수요를 외국에서 조달해서 충당하는 비중이 늘어간다는 것을 의미합니다. 대폭적인 적자증가에 직면해서 1996년 10월부터 한시적으로 장기저축이자에 대한 비과세제도를 도입한 것은 두 부문의 자금부족분을 저축을 통해 조달하는 비중을 높여 경상수지적자(외국자금에 의한 국내자금부족 해소용)를 줄이자는 의도에서입니다.

한편, 경상수지적자 해소를 위해 흑자재정을 편성하는 방법도 생각할 수 있으나, 마이너스 승수효과 때문에 국민소득이 감소하고 실업이 증가할 수 있어 정책을 시행하는 데 어려움이 수반됩니다.

제11장
화폐의 기능과 통화량 결정

화폐란 무엇인가? 그것은 현대경제에 있어서 어떠한 기능을 하고 있는가? 라는 것과 같은 물음에 명확한 대답을 하는 것은 그렇게 쉬운 일이 아닙니다. 금융조직이나 금융제도 또는 현존하는 자산의 내용은 수시로 변하고 점점 복잡한 양상을 더해가고 있습니다. 이러한 현상의 본격적인 해명은 「화폐금융론」이라는 경제학의 전문분야에 맡기고, 여기에서는 가능한 한 단순한 틀 안에서 화폐의 역할이나 신용창조 메커니즘에 관해 설명하려고 합니다.

1 화폐의 기능

화폐의 교환매개기능

그림 11-1에 나타낸 것과 같은 3국간의 무역의 예를 사용해서 화폐의

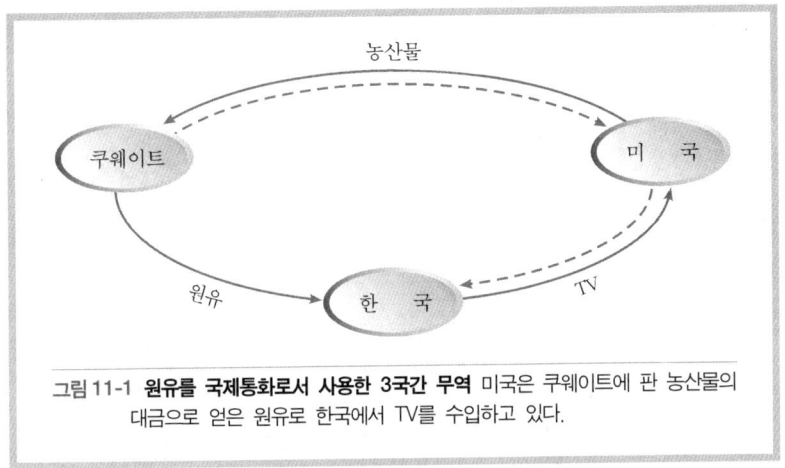

그림 11-1 **원유를 국제통화로서 사용한 3국간 무역** 미국은 쿠웨이트에 판 농산물의
대금으로 얻은 원유로 한국에서 TV를 수입하고 있다.

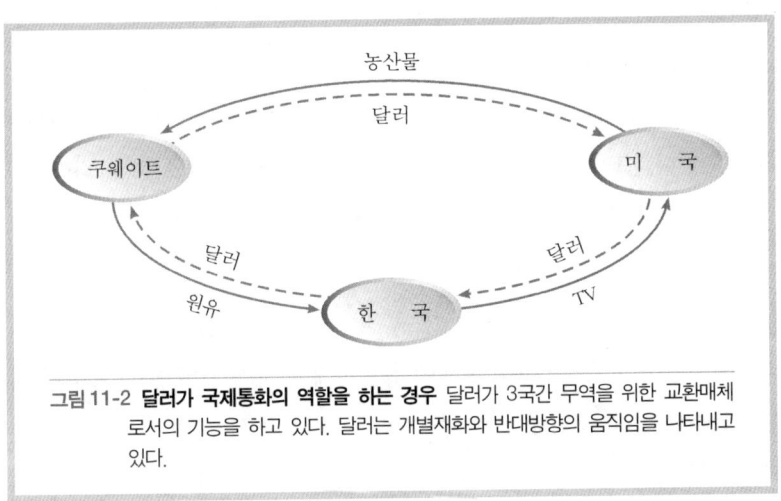

그림 11-2 **달러가 국제통화의 역할을 하는 경우** 달러가 3국간 무역을 위한 교환매체
로서의 기능을 하고 있다. 달러는 개별재화와 반대방향의 움직임을 나타내고
있다.

교환매개기능에 관해서 생각해 봅시다. 지금, 세계에는 한국, 미국, 쿠웨이
트밖에 없고, 각국은 그림에 표시한 것과 같은 수요 및 공급패턴을 가지고
있다고 합시다. 이 그림으로부터 쉽게 알 수 있는 것처럼 이대로는 세 나라

간의 무역은 성립하지 않습니다. 예를 들어, 한국이 수출하는 상대는 미국이고 수입하는 상대는 쿠웨이트이기 때문에, 이 형태 그대로는 한국과 미국, 또는 한국과 쿠웨이트간에 무역은 성립하지 않습니다.

이 세 나라간의 무역을 성립시키는 가장 빠른 방법은, 세 가지 재화 가운데 하나에 화폐의 기능을 부여하는 것입니다. 예를 들어, 원유를 화폐로서 사용하면 어떻게 될까요? 그림상에서 점선으로 나타낸 것은 원유를 화폐로 사용했을 때의 원유의 움직임입니다. 미국은 쿠웨이트에 농산물을 수출하고 그 대금으로 원유를 받습니다. 이것은 원유를 국내에서 사용하기 위해서가 아니라 그 원유를 한국에 수출하고 그것으로 TV를 수입하기 위해서입니다.

이 경우, 미국에게 원유는 재화로서가 아니라 쿠웨이트에 농산물을 팔고 그것으로 한국으로부터 TV를 사기 위한 「교환수단」으로서의 의미밖에 갖지 못합니다. 그러나, 원유의 이러한 교환의 매개기능 덕택으로 세 나라간의 무역은 순조롭게 이루어지게 되는 것입니다. 물론, 원유 대신에 농산물이나 자동차를 화폐로서 사용할 수도 있습니다.

이와 같이, 상품이 화폐로서 사용된 예는 많이 있습니다. 예를 들어, 제2차대전 중의 유태인수용소 내에서는 담배가 교환의 매개수단으로서 사용되었다고 합니다. 담배를 피우는 사람은 많고 비교적 가볍고 오래 보관할 수 있다는 것은 화폐로서 사용하기 좋은 것입니다. 담배를 피우지 않는 사람이라도 우선 자기가 갖고 있는 물건을 담배로 바꾸어 두면 나중에 필요한 물건이 생겼을 때 담배와 교환할 수 있기 때문입니다.

현실의 국제무역에 있어서는, 석유와 같은 상품이 화폐로서 사용되는 것은 드물고, 일반적으로 달러 등의 통화가 사용됩니다. 그림 11-2는, 달러가 국제무역의 교환매체로서 사용되는 경우를 나타낸 것입니다. 한국은

TV수출대금을 달러로 받고, 그것을 쿠웨이트에 지불해서 원유를 수입하고 있습니다. 그림 11-2에 있어서 달러가 미국에 하는 역할은, 그림 11-1에 있어서 석유가 하고 있는 역할과 같습니다. 둘 다 교환의 매개로서의 기능밖에 갖고 있지 않습니다.

현대경제에 있어서 화폐 없이는 거래가 원활히 이루어지지 않습니다, 경제에는 많은 경제주체가 존재하고 제각기 많은 재화를 사거나 팔고 있습니다. 그런 의미에서 현실은 그림 11-1이나 그림 11-2를 훨씬 복잡하게 한 것이라 말할 수 있습니다. 그러한 사회에서 화폐 없이 물물교환만으로 성립하는 거래는 아주 적을 수밖에 없을 것입니다.

화폐의 형태

위에서 화폐의 가장 기본적인 기능이라 일컬어지는 교환의 매개기능에 관해 설명했습니다만, 이것만으로 「화폐란 무엇인가」라는 점은 분명해지지 않습니다. 교환의 매개기능을 가지는 것은 모두 화폐라고 할 수 있습니다. 그러나, 아무 것이나 다 화폐로 간주해 버려서는 이야기가 복잡하게 될 뿐이기 때문에 좀 더 초점을 좁히지 않으면 안됩니다. 현재의 거시경제구조를 이해하기 위해서는 최저한 어디까지를 화폐로 생각하는 것이 적당할까요?

중앙은행이 발행하는 지폐나 경화(동전)가 화폐라는 것에는 이의가 없겠지요. 그러나, 이야기가 다소 복잡해지는 것은 이것 이외에 각종 예금이 화폐와 같은 기능을 하는데 있습니다. 우리는 일상생활에 있어서 예금을 통해 많은 거래를 하고 있습니다. 공공요금이나 주택융자금상환 또는 신용카드로 구입한 물건의 대금결제, 계좌이체 등에 있어서 현금을 사용하지 않고 예금상의 청산만으로 거래가 이루어지고 있습니다. 나아가, 수표에 의한 거래도 이 범주에 넣을 수 있습니다. 이와 같이, 예금은 현대 경제거래에 있어 중요한 수단이 되고 있기 때문에 이것도 화폐에 포함시키지 않으면 안됩니다. 아래에서는 현금과 예금 양쪽을 합한 것을 화폐(=통화)라 부르기로 하겠습니다.

예금에도 여러 가지 형태가 있습니다. 당좌예금은 보통예금보다 훨씬 화폐로서의 성질을 갖고 있습니다. 정기예금이 되면 보통예금보다 더욱 화폐로서의 기능이 약해집니다. 또한 신용카드나 현금카드의 발달로 보통예금의 화폐로서의 기능은 이전보다 훨씬 강해졌습니다. 실제로 화폐량(=통화량)을 통계적으로 파악할 때에도, 어느 형태의 예금까지 포함시킬까에 따라 M1(통화), M2(총통화)등 서로 다른 화폐의 개념을 생각할 수 있습니다. 그러나, 아래의 논의에서는 이러한 자세한 분류의 문제는 우선 무시해도 무방합니다.

2 신용창조와 통화공급

본원통화란?

화폐를 현금과 예금의 합으로 정의했을 때 경제에 유통하는 화폐량(=통화량)은 어떻게 결정될까요? 이 문제에 관해 생각하기 위해서, 그리고 나중의 장에서 논의할 금융정책의 메커니즘에 관해 체계적으로 이해하기 위해서도 본원통화의 창출메커니즘과 예금창조(신용창조) 과정으로 나누어 설명할 필요가 있습니다.

중앙은행이 시중의 민간경제주체에 대해 지고 있는 부채총액을 본원통화(High-Powered Money)라 부릅니다. 중앙은행의 채무는 통상 두 가지 형태로 생길 수 있습니다. 하나는, 우리들이 매일 사용하고 있는 현금(지폐와 경화)입니다. 이것은 우리들이 중앙은행에 대해 갖고 있는 채권(중앙은행의 부채)입니다. 또 하나는, 민간은행이 중앙은행에 대해 갖고 있는 예금으로 이것은 중앙은행의 민간은행에 대한 채무입니다. 시중은행이 중앙은행에 맡기는 예금의 역할에 관해서는 나중에 좀더 자세하게 설명하겠습니다. 따라서, 본원통화는 다음 두 가지 형태를 취합니다. 하나는, 가계, 기업, 금융기관이 보유하는 현금(지폐 및 경화)이고, 또 하나는 금융기관이 중앙은행에 맡긴 예금입니다.

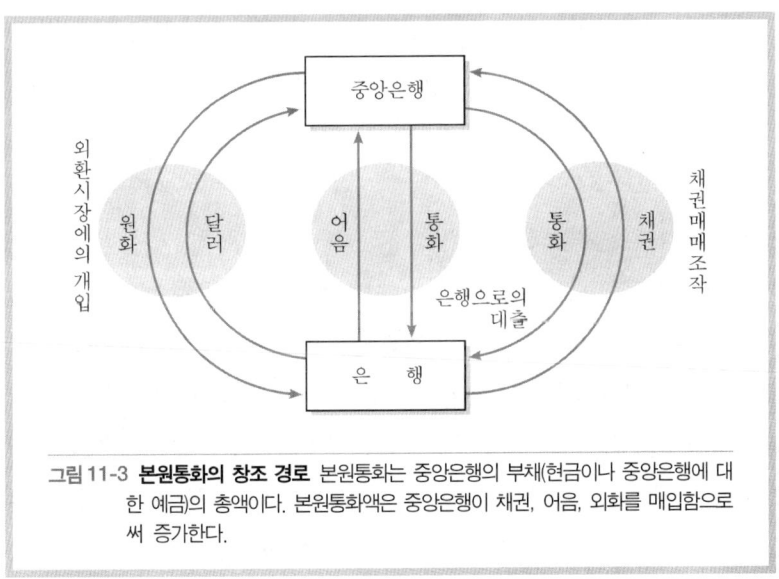

그림 11-3 **본원통화의 창조 경로** 본원통화는 중앙은행의 부채(현금이나 중앙은행에 대한 예금)의 총액이다. 본원통화액은 중앙은행이 채권, 어음, 외화를 매입함으로써 증가한다.

나중에 설명하는 것처럼, 본원통화는 경제전체에 유통되는 화폐의 핵이 되어 통화량 결정에 있어서 중요한 역할을 합니다. 본원 통화의 규모는 중앙은행이 시중과 행하는 세 가지 형태의 거래에 따라 늘어나거나 줄어듭니다. 첫째는 시중은행에 대한 대출, 둘째는 공개시장 조작 등을 통한 시중과의 채권의 매매, 그리고 셋째는 외환시장에 대한 개입입니다. 이 세 가지에 관해 간단히 설명하겠습니다(그림 11-3은 아래에서 설명하는 것을 그림으로 나타낸 것입니다).

본원통화의 증감

시중은행은 현금부족이 생길 경우 가지고 있는 어음(민간경제 주체가 발행한 부채)을 할인 받는 방법으로 중앙은행으로부터 자금을 조달할 수 있습니다. 어음을 할인하는 것은 지불기일전의 어음을 적당한 금리를 뺀 금액으로 중앙은행이 구입하는 것입니다. 「재할인율」은 이 어음의 할인율을 말합니다. 중앙은행이 시중은행의 어음을 할인함에 따라 어음과 교환으로 중앙은행에 있는 시중은행의 구좌에 계좌이체가 이루어집니다. 만약 시중은행이 그 것을 인출하면 시중은행의 보유현금이 증가합니다. 어느 경우에도 본원통화는 증가합니다.

채권매매조작이란 중앙은행이 시중에 채권을 팔거나(매출조작), 사거나(매입조작)하는 것입니다. 예를 들어, 매출조작에서 중앙은행이 보유하고 있는 채권을 팔려고 할 때, 공개된 장소에서 경매 방식으로 팔 수도 있고(공개시장조작), 개별금융기관과 개별적으로 거래할 수도 있습니다. 어느 형태를 취하던지 매출조작이 이루어지면 그 액수만큼의 어음, 채권이 중앙은행에서 시중으로 나가고, 동일한 액수만큼 본원통화의 축소(현금의 회수 또는 시중은행의 중앙은행에 대한 예금의 감소)가 일어납니다. 매입조작은 정반대의 조작으로, 그에 따라 본원통화는 증가합니다.

외환시장에 중앙은행이 개입하는 것도 본원통화의 증감을 일으킵니다. 외환시장이란, 각종 통화가 거래되고 있는 시장입니다. 예를 들어, 달러와 원화 라는 두 가지 통화에만 논의를 한정해 보면, 외환시장에는 달러를 원화로 바꾸려는(달러 판매) 경제주체와, 원화를 달러로 바꾸려는(달러 매입) 경제주체가 있습니다. 이 두 가지 통화의 교환비율이 환율이라 불려지는 것입니다. 예를 들어, 1달러 800원이라는 환율은 1달러가 800원과 교환된다는 것입니다.

환율은 달러판매와 달러매입의 대소관계에서 움직입니다. 예를 들어, 한국의 수입이 대폭적으로 늘어나 외국으로 대량의 달러가 유출되면, 원화를 달러로 바꾸려는 달러매입이 달러판매보다 커져, 환율은 '원저'('달러고') 방향으로 움직이게 됩니다.

중앙은행은 거액의 외화(주로 달러)를 갖고 있어(「외환 준비」) 이것을 사용해서 시중에서 달러매매를 함으로써 환율을 안정화시키려고 노력하는 일이 있습니다. 예를 들어, 시중에서 달러매입 압력이 세어서, 환율이 '원저'('달러고') 방향으로 움직이려 할 때, 중앙은행이 보유하고 있는 달러를 시중에 팔면, 그에 따라 환율이 '원저' 방향으로 이행되는 것이 저지되는 일이 있습니다. 이것은 중앙은행이 만들어 낸 달러판매 압력이 시중의 달러매입 압력을 상쇄시키기 때문입니다. 이 때, 중앙은행의 달러가 시중에 흘러들어가고, 그것과 동일한 액수만큼의 본원통화가 감소하게 됩니다. 즉, 중앙은행과 시중은 원화(본원통화)와 달러의 교환을 하고 있는 것입니다.

이상과 같이, 본원통화는 시중의 어음, 채권, 외화를 중앙은행이 흡수하는 형태로 창조됩니다. 따라서, 각 시점에 있어서의 본원통화의 규모는,

그때의 중앙은행이 보유하는 어음, 채권, 외환준비액과 대응하고 있습니다.

본원통화는 모두 화폐로서 기능하고 있는 것은 아닙니다. 가계나 기업이 보유하는 현금은 거래의 매개수단으로서 기능하고 있습니다만, 금융기관이 보유하고 있는 현금이나 중앙은행에 맡긴 예금은 이것과 다른 것이라고 생각하는 편이 좋겠습니다.

마지막으로, 한가지 더 추가적으로 언급해 두겠습니다. 본원통화를 증감 시키는 수단은 위에서 언급한 이외의 것도 생각할 수 있습니다. 하나는 속된 말로 '헬리콥터 머니'(helicopter money)라 일컬어지는 것으로, 중앙 은행이 헬리콥터로 하늘에서 뿌리는 것처럼 시중에 현금을 뿌리는 방법입니다. 이것은 통화량 증가의 영향을 분석하기 위해 경제학의 문헌에 자주 사용되는 설정입니다만, 어디까지나 우화에 지나지 않습니다.

또 하나의 방법은 정부의 적자를 화폐발행으로 충당하는 방법입니다. 제10장에서 설명한 것처럼 정부의 적자(정부지출-정부수입)는 보통 공채 를 시중에 발행하는 방법으로 충당됩니다. 그러나 이론적으로는 이 공채를 중앙은행이 살수도 있습니다. 즉, 정부가 적자분만큼 공채를 발행하여 중앙 은행에 가져가 화폐와 바꾸어 적자를 보전하는 방법입니다.

이 방법을 취하면, 정부지출에 제약을 가하지 않는 한 본원통화가 급격히 증가하여 인플레이션이 발생할 위험이 생깁니다. 실제로, 이 방법에 의해 정부지출을 충당하는 나라가 많이 있고 우리나라도 어느 정도 실시하고 있는 현실입니다.

신용창조: 예금의 자기증식작용

현금에 관해서는 위에서 설명한 것과 같은 본원통화의 창출메커니즘을 통해 경제에 공급됩니다. 그러면 예금은 어떻게 생겨날까요? 예금 창출메커니즘을 이해하려고 할 때의 열쇠는 예금이 새로운 예금을 만들어 낸다는 「예금의 자기증식작용」에 있습니다. 일단 은행에 맡겨진 예금을 그대로 두면 은행은 이익을 얻을 수 없습니다. 예금으로 맡은 자금을 다른 경제주체에게 빌려주어야 합니다. 이와 같이 대출된 자금은 새로운 예금을 탄생시킵니다. 왜냐하면, 새롭게 대출된 자금은 현금으로 보유되지 않는 한 예금으로 은행에 되돌아오기 때문입니다. 이 점에 관해 그림 11-4를 사용해서 좀 더 자세하게 설명해 보겠습니다.

지금, A은행에서 a기업이 일정한 금액을 대출 받았다고 합시다. 대출은 통상, a기업이 A은행에 가지고 있는 예금구좌에 입금되는 형태를 취하기 때문에 이것만으로도 대출액 만큼 새롭게 예금이 생겨나게 되는 것입니다.

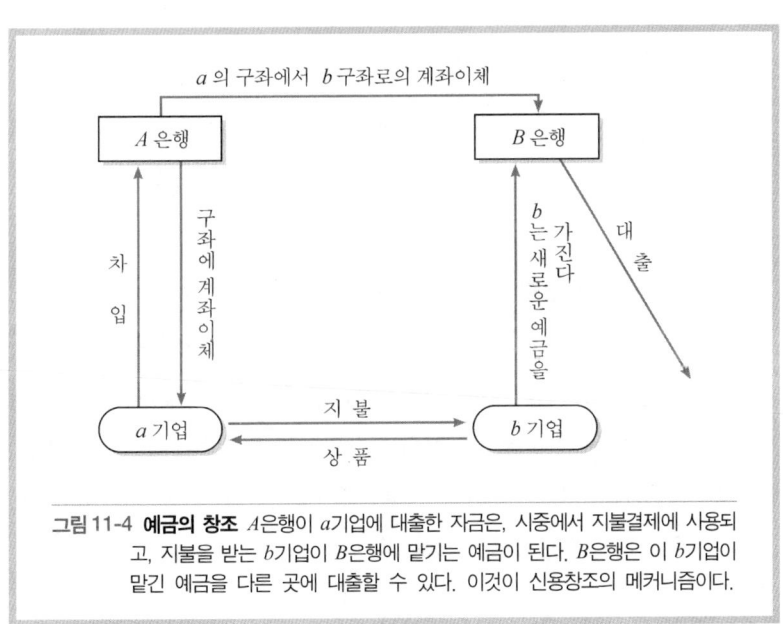

그림 11-4 **예금의 창조** A은행이 a기업에 대출한 자금은, 시중에서 지불결제에 사용되고, 지불을 받는 b기업이 B은행에 맡기는 예금이 된다. B은행은 이 b기업이 맡긴 예금을 다른 곳에 대출할 수 있다. 이것이 신용창조의 메커니즘이다.

그러나 a기업은 이 자금을 사용하기 위해 A은행에서 자금을 빌렸기 때문에 자금을 사용한다면 a기업의 예금은 줄어들겠지요.

만약, a기업이 예금의 일부를 현금으로 바꾸어 수중에 가지게 되면, 그 현금이 수중에 있는 한 그 부분에 관해서는 새로운 예금이 소멸됩니다. 만약, a기업이 은행에서 빌린 자금으로 다른 기업(b기업)에 대한 지불을 행하면, a기업의 예금에서 b기업의 예금으로 계좌이체가 이루어지기 때문에 경제로서의 예금총량은 변하지 않습니다.

b기업은 A은행 이외의 은행에 구좌를 가지고 있을지도 모릅니다만, 그때는 A은행의 예금량이 줄어드는 액수만큼 다른 은행의 예금이 늘어나기 때문에 경제전체의 예금량은 변하지 않습니다. b기업은 a기업에서 이체된 자금을 재화나 증권의 구입 또는 임금지불 등에 사용할 지도 모릅니다. 이 경우에도 지불이 구좌간의 청산이나 계좌이체로 이루어지는 한 경제전체의 예금량은 변하지 않습니다.

「돈은 돌고 도는 것」이기 때문에 a기업이 은행에서 빌린 자금은 재화나 증권 등의 거래를 통해서 다수의 경제주체간을 이동하겠지요. 그러나, 그 도중에 누군가의 손에 현금으로 머물지 않는 한 반드시 예금으로 남게 됩니다.

이렇게 해서, A은행에서 a기업에 대출된 자금은 현금으로서 누군가의 손에 머무르는 부분 이외는 모두 새로운 예금으로서 은행에 되돌아옵니다. 그리고, 은행은 이 예금을 바탕으로 새로운 대출을 행하고 그것이 전과 마찬가지로 새로운 예금을 만들어 냅니다. 이것이 예금의 자기증식작용이라고 부르는 현상입니다. 이 작용에 관해 좀 더 엄밀히 살펴봄으로써 통화량 결정 메커니즘을 밝힐 수가 있습니다.

은행은 예금을 모두 대출할 수 없습니다. 일부를 지불준비금(Reserve)으로 가질 필요가 있기 때문입니다. 지불준비금이란 은행이 보유하는 현금과 시중은행이 중앙은행에 맡긴 예금의 합입니다. 지불준비금은 은행간의 결제수단이라는 역할을 합니다. A은행의 고객 a기업이 B은행의 고객인 b기업에 계좌이체를 한 경우, A은행은 중앙은행에 개설하고 있는 구좌를 통해서 B은행간에 청산을 해야합니다. 구체적으로는, 중앙은행의 구좌상에서 A은행에서 B은행으로 계좌이체가 이루어지게 됩니다. 각 은행은 지불준비금을 어느 정도 보유하지 않으면 안됩니다. 그렇지 않으면, 예금이 인출되어 은행간의 결제를 해야할 필요가 생겼을 때, 거기에 대응할 수 없기 때문입니다. 중앙은행이 「은행의 은행」이라 불려지는 것도 이러한 은행간의 결제기능에 의해서입니다.

지불준비금은 은행이 받아들이는 예금의 총액에 비해 상당히 작은 금액으로 때울 수 있을 것입니다. 은행에 예금을 하는 고객은 다양하며 각종 거래를 할 것입니다. 예금을 인출하여 대금을 지불하는 사람도 있는가 하면, 상품을 팔아 대금지불을 받는 사람도 있겠지요. 또한, 같은 은행에 구좌를 가진 두 사람의 고객간에 거래가 이루어지는 것도 있겠지요.(이때에는 은행간 결제가 필요 없습니다) 이런 것들을 모두 상쇄하면 최종적으로 남는 은행간의 결제금액은 대단히 작게 될 것입니다. 따라서, 은행이 유지할 필요가 있는 지불준비율(예금총액에 대한 지불준비금의 비율)은 작아도 됩니다.

현실적으로, 가 은행은 의무적으로 예금의 일정비율을 지불준비금으로서 중앙은행에 맡기도록 되어 있습니다. 이 강제적인 지불준비율(「법정지불준비율」)은 금융정책수단의 하나로서 가끔 변경됩니다. 법정지불준비율을 인상하면 그에 따라 은행이 실제로 선택하는 지불준비율도 높아집니다.

한편, 예금으로 맡겨진 것 가운데 지불준비금을 뺀 나머지는 새로운 대출로서 은행 밖으로 나가는 자금이 됩니다. 이것도 조금 전에 설명한 것과 같이, 현금으로 보유되는 부분을 제외하고는 예금으로서 은행에 되돌아옵니다. 또한 이 예금에서 지불준비금을 뺀 나머지가 다음의 새로운 대출로서 은행 밖으로 나갑니다.

이와 같이, 현금의 형태 또는 지불준비금의 형태로 빠져나가는 금액만큼 점차 감소되어 갑니다만, 예금은 대출을 통해 예금을 창출(파생예금이라고도 합니다)하는 형태로 많은 증식을 반복합니다. 그러나 이러한 증식작용에 의해 생겨나는 예금의 총액은 무한히 발산하는 것이 아니라, 어떤 유한적인 값에 머무릅니다. 그리고, 증식의 결과 생겨나는 파생예금의 크기는 사람들이 어느 정도 현금보유를 선호하는가, 또한 지불준비율이 어느 정도인가에 의해 결정됩니다. 사람들이 현금을 선호할수록, 또한 지불준비율이 높을수록, 위에서 설명한 과정에서 「유출」이 커지기 때문에 파생예금액도 작아집니다.

통화승수의 이론

다음으로, 위에서 설명한 본원통화와 예금의 창조과정을 근거로 해서, 통화공급 메커니즘에 관해 설명하겠습니다. 이미 언급한 것처럼, 「화폐공급량=통화량」은 「은행 이외의 민간경제주체가 보유하는 현금과 예금의 총합」로 정의하겠습니다.

이것을 식의 형태로 쓰면,

$$M = C + D \tag{11-1}$$

로 정의됩니다. 단, M은 통화량, C는(금융기관을 제외한) 민간, 즉 가계와 기업이 보유하는 현금, D는 민간이 은행에 맡긴 예금입니다.

중앙은행이 조절하는 본원통화(이것을 H라 표시합시다)는 은행이 갖는 현금과 은행이 중앙은행에 맡긴 예금의 합인 지불준비금 R과 위에서 언급한 (비금융) 민간경제주체가 갖는 현금 C의 합이 됩니다. 즉,

$$H = R + C \tag{11-2}$$

가 됩니다.

이 지불준비금 R과 예금 D의 비율(즉, 지불준비율)을

$$\lambda = R/D \tag{11-3}$$

로 정의합시다. 앞에서도 말한 것처럼, 만약 은행이 여분의 지불 준비금을 거의 갖고 있지 않다면, 이 λ값은 정책적으로 결정되는 법정지불준비율 값에 가까워집니다.

마지막으로, 민간 경제주체들의 현금과 예금의 보유비율을 α로 표시하도록 하겠습니다. 즉,

$$\alpha = C/D \tag{11-4}$$

로 정의합니다. 기업이나 가계가 현금과 예금을 어떠한 비율로 가지려고 하는가는, 신용카드나 수표가 사용하기 쉬운가, 아니면 현금을 우선하는 관행이 있는가 등과 같은 요인에 의해 결정됩니다. α값은 계절에 의해서도 변화합니다. 예를 들어, 추석 전에 현금수요가 늘어나면 α값은 커지겠지요.

(11-1)에서 (11-4)식을 결합하면,

$$M/H = \alpha + 1 / \alpha + \lambda \tag{11-5}$$

라는 관계를 구할 수 있습니다. 이 우변은 「통화승수」라 부르는 것으로써,

통화가 본원통화의 몇 배인가를 나타내고 있습니다. 예금의 증식작용에 의해 통화는 본원통화를 핵으로 해서 불어납니다만, 통화가 본원통화의 몇 배까지 불어나는가를 나타낸 것이 이식입니다. 사람들의 현금선호성향이 약할수록 (즉, α가 작을수록) 그리고 지불준비율이 작을수록, 통화승수 값은 커집니다.

통화량은, (11-5)식을 바꾸어 쓴,

$$M = \alpha + 1 / \alpha + \lambda \cdot H \tag{11-6}$$

으로 나타낼 수 있습니다. 즉, 본원통화 H에 통화승수 $\alpha + 1/\alpha + \lambda$를 곱한 것이 됩니다. 이 식에서 다음과 같은 것을 알 수 있습니다.

첫째, 이 본원통화 금액이 클 수록 통화량도 커집니다. 둘째, 지불준비율이 클수록 통화량이 작아진다는 것도 알 수 있습니다. 지불준비율이 크면, 그만큼 예금이 증식과정에서 「유출」되는 부분이 커지기 때문에, 예금의 총액도 작아집니다. 셋째, 본원통화의 내용인 현금과 지불준비금의 내역도 통화량에 큰 영향을 미칩니다. 현금은 자기증식작용을 갖지 않습니다만, 예금은 그것을 갖고 있기 때문에, 본원통화 가운데 지불준비금의 비율이 클 수록 통화량은 커집니다.

중앙은행은 본원통화의 총량은 통제를 할 수 있습니다만, 이 현금과 예금의 내역은 통제할 수 없습니다. 거래에 있어서 각종 카드를 통한 결제방식이 진행될 수록 현금보유는 감소하고, 본원통화 가운데 현금의 비율은 내려갈 것입니다. 또한, 매물이나 거래가 늘어나는 추석전이나 구정전에는 사람들이 평소보다 많은 현금을 가지려 합니다. 이를 위해 예금을 인출합니다만, 은행은 거기에 대처하기 위해 중앙은행에 맡긴 예금을 인출해 현금으로 바꾸려고 합니다. 그 과정에서 본원통화의 내역은 지불준비금(중앙은행에 대한 예금)에서 현금으로 기울게 됩니다. 이러한 추석전이나 구정전의 현금에로의 이행은, 만약 중앙은행이 아무 것도 하지 않으면 통화량을 감소시킵니다. 예금의 인출에 대처하기 위해 지불준비금을 줄인 각 은행은 법정지불준비율을 충족하기 위해 대출을 줄여 지불준비금을 확보하지 않으면 안되기 때문입니다. 이러한 대출의 축소과정에서 파생예금도 감소하고 통화량도 변화합니다. 이러한 통화량의 감소를 피하기 위해서, 중앙은행은 본원통화를 증가시켜야 합니다.

지금까지 살펴본 것처럼, 본원통화의 총액, 지불준비율, 사람들의 현금선호도가 통화량을 결정합니다. 이 가운데 처음의 두 가지는 정부(중앙은행)의 통제하에 있기 때문에 금융정책의 중요한 수단이 됩니다. 법정지불준비율의 변경, 공개시장조작에 의한 본원통화의 조작 등은 그 대표적인 예입니다.

여기에 대해, 제3의 요인도 통화량 변동의 원인이 됩니다. 중앙은행(정부)이 본원통화나 지불준비율을 통제하고 있다고 해도, 만약 사람들의 현금에 대한 선호가 변하면 화폐공급량은 변동합니다. 앞에 든 추석전이나 구정전의 현금화의 예는 이점을 분명히 하고 있습니다. 따라서 추석전이나 구정전의 거래가 원활해지도록 통화량을 일정하게 유지하기 위해서, 중앙은행(정부)은 공개시장 조작 등의 방법으로 본원통화를 늘일 필요가 있습니다.

제12장
자산선택과 화폐수요

앞장에서는, 어떠한 형태로 화폐가 공급되고 화폐공급량(＝통화량)이 어떠한 메커니즘에서 결정되는가를 검토했습니다. 이 장에서는 사람들의 화폐나 그 밖의 자산에 대한 수요가 어떠한 요인에 의해 결정되는가를 살펴보겠습니다. 개별경제주체가 얼마만큼의 화폐를 보유하려고 하는가 라는 점에 대해 밝히기 위해서는, 화폐와 다른 자산(채권, 주식, 저축성 예금 등)간의 대체관계를 생각해야 합니다. 화폐 이외의 자산이 높은 수익(이자)을 낳을 때에는 사람들은 가능한 한 그 자산을 보유하려고 하기 때문에 그 액수만큼 화폐 보유량은 감소합니다.

아래 논의의 중심과제는, 이러한 이자의 변동이 일으키는 화폐와 다른 자산간의 대체, 그리고 그것이 경제전체에서 화폐가 하는 역할에 미치는 영향을 밝히는 것에 있습니다. 또한 이 장의 마지막에는 금융시장의 대표적인 자산의 형태에 관해 간단히 설명하겠습니다.

1 화폐의 유통속도와 화폐수요

스포츠신문과 화폐의 유통속도

화폐의 이야기를 시작하기 전에 다음과 같은 문제에 관해 생각해 보십시오. 지금, 어떤 스포츠신문의 발행 부수가 50만 부라고 해봅시다. 이때, 그 스포츠신문의 독자수도 50만이라고 생각해도 좋을까요? 대답은 '아니요' 라는 것입니다. 신문은 돌려 읽기가 가능하기 때문입니다. 기업이나 가정에서 한 부를 구입해서 일정한 인원이 읽을 수 있고, 도서관이나 다방과 같은 곳에서는 불특정 다수가 읽을 수 있으며, 전철 속에서 혼자 읽을 수 있으며, 또한 남이 읽고 버린 것을 주워서 읽을 수도 있습니다. 만약 이러한 여러 독자들이 행동을 평균한 결과, 스포츠신문 한 부를 평균 두 사람이 읽는다면 실제 독자 수는 100만 명이 됩니다.

책이나 신문처럼 하나의 재화를 복수의 사람들이 즐길 수 있는 상품(대표적인 것으로 공공재)은 시장에서 판매되는 양이라는 외형적인 수요와 공급 이외에, 판매량이 재화 1단위당 이용자 수를 곱한 실제수요에 관해서도 생각하지 않으면 안됩니다. 화폐수요에 관해 생각하는 경우에 이점이 결정적으로 중요하게 됩니다.

2002년 말에 한국에는 약 284조원의 통화(현금＋예금통화: 소위 M1)가 유통되었습니다. 그러나, 이것은 실제로 거래에 사용된 통화량이 아닙니다. 만약, 화폐가 평균적으로 1년에 한번만 하나의 경제주체에서 다른 경제주체로 이동했다면 거래에 사용된 통화량은 284조원이 됩니다. 그러나, 예를 들어 어떤 만원짜리 지폐 한 장이 동일한 사람의 손에 1년간이나 머물러 있다는 것은 드문 경우라고 생각됩니다. 화폐는 보다 빈번하게 사람들간에 유통됩니다. 예를 들어, 화폐가 1년에 평균 4회 다른 경제주체간에 이동한다면 1년간 거래에 사용된 화폐 총액은 284조원의 4배인 1,136조원이 됩니다.

화폐가 평균적으로 1년간에 몇 사람 사이를 이동하는가 라는 것을 「화폐의 유통속도」라 부릅니다. 좀더 엄밀히 정의한다면, 「화폐 1단위(1원)가 몇 번의 거래에 사용되었는가」입니다. 이 화폐의 유통속도를 V로 표시하면, 다음과 같은 관계가 성립하는 것을 알 수 있습니다.

$$MV = 거래총액(년간) \tag{12-1}$$

단, M은 통화량이고, 이것에 유통속도를 곱한 MV는 1년간에 거래에 사용된 통화량이 됩니다. 만약 모든 경제거래가 화폐를 사용해서 이루어진

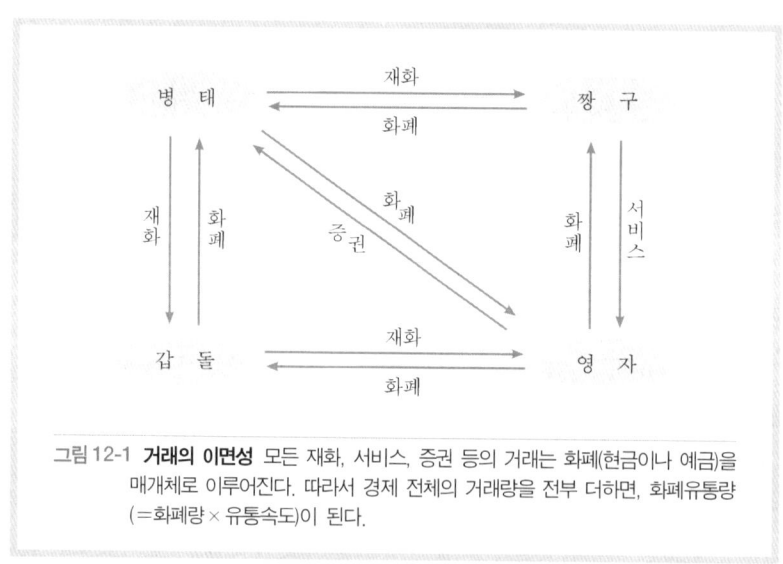

그림 12-1 **거래의 이면성** 모든 재화, 서비스, 증권 등의 거래는 화폐(현금이나 예금)을 매개체로 이루어진다. 따라서 경제 전체의 거래량을 전부 더하면, 화폐유통량 (＝화폐량 × 유통속도)이 된다.

다면(물물교환이나, 증여 등이 없는 상황), 모든 거래에 있어서 거래액과 같은 만큼의 화폐가 한쪽에서 다른 쪽으로 지불됩니다. 따라서, MV는 1년간의 거래총액과 같아질 것입니다. 만약, 일부에 물물교환이 이루어진다면 MV는 거래총액보다 작아집니다. 현대사회에서는 물물교환이 거의 무시할 수 있을 정도로 작기 때문에, (12-1)식은 근사적으로 성립한다고 생각해도 좋겠지요. 그림 12-1은 이점을 나타낸 것입니다.

(12-1)식은, 화폐수요(사람들이 보유하고 싶어하는 화폐량)에 관해 생각할 때 중요한 근거가 됩니다. 경제전체의 거래액이 증가하면 거기에 대응해서 MV값도 커질 필요가 있습니다. 이 MV의 증가는 통화량 M이 증가하던가, 화폐의 유통속도 V가 높아지던가, 아니면 양쪽이 모두 증가하던가 이 셋 중의 하나로 실현됩니다.

(12-1)식에서, 우변의 경제전체의 거래액은 두 가지 이유로 증가합니다. 하나는, 경제가 호경기가 되어 생산·소비·고용이 확대되고, 그 결과 재화·서비스·자산 등의 거래량이나 거래회수가 증가한 경우입니다. 또 하나는, 생산 및 소비활동수준은 변화가 없어도 물가가 상승했기 때문에 1회당 거래금액이 커진 경우입니다. 따라서 경제활동 수준이 높아지던가, 물가가 상승한 때에는, 거래총액도 증가하고, 그 결과, 통화량 M이 증가하던가, 또는 M의 변화가 없을 때에는 유통속도 V가 높아집니다. 화폐의 유통속도가 어떠한 수준이 되는가, 또는 그것이 어떠한 요인에 의해 변동하는가는 화폐량과 경제활동 수준이나 물가간의 관계를 생각할 때 중요한 점이 됩니다만, 여기서 물가는 변하지 않는 것으로 가정하여 논의의 대상에서 제외하겠습니다.

손수건 돌리기와 화폐의 유통속도

화폐의 유통속도는 개별경제주체가 자기 수중에 얼마만큼의 화폐를 가지려고 하는가에 따라 결정됩니다. 사람들이 가능하면 화폐 이외의 수익을 얻는 자산(주식, 증권 등)을 가지려 한다면 화폐의 유통속도는 높아집니다. 사람들이 될 수 있으면 화폐를 가지려 하지 않는다면 사람들의 수중에 화폐가 머무는 기간은 짧아지겠지요. 왜냐하면, 화폐가 필요가 없으면 사람들은 수중에 있는 화폐를 가능한 한 다른 수익을 가져오는 자산으로 바꾸려고 하기 때문입니다.

그러나 일단 경제에 생겨난 화폐(현금＋예금통화)는 현금이 한국은행에 회수되던가 예금이 소멸되지 않는 한 경제의 어딘가에 존재하고 있습니다. 이 의미에서 화폐는 '손수건 돌리기 놀이'의 손수건과 같습니다. 누구나 손수건을 될 수 있는 한 빨리 자기 손에서 버리려고 합니다. 그러나, 게임이 끝날 때까지는 손수건이 누군가의 손에 있습니다. 화폐의 경우도 마찬가지로, 사람들이 화폐를 수중에 놓아두려고 하지 않는다면 그만큼 빠른 속도로 화폐는 경제내를 유통하는 것입니다.

그러면 사람들은 어느 정도의 화폐를 얼마동안 보유하려고 할까요. 이것은 화폐와 대체자산인 주식, 증권, 저축성 예금 등의 수익률에 크게 의존합니다. 아래에서는 화폐와 대체자산의 수익률을 「이자율」로 부르겠습니다.

대학의 자금운용과 이자율

하나의 예로서, 단순화한 형태로 사립대학의 화폐보유 행동에 관해서 생각해 보려고 합니다. 1월부터 4월까지 대학에는 수험료, 입학금, 수업료 등의 형태로 상당한 액수가 들어온다고 합시다. 실제로 한국에서는 8~9월에도 수업료가 들어옵니다만 단순화를 위해 수업료를 한꺼번에 징수한다고 합시다. 그리고, 이 수입을 1년간에 걸쳐 급여, 시설유지, 도서비 등등으로 지출한다고 합시다. 또한, 단순화를 위해 학년도 초에 수입이 240억원이고, 이것을 매달 20억씩 1년간에 걸쳐 사용한다고 해 봅시다. 이 경우, 이 대학은 어떠한 자산보유 패턴을 생각할 수 있을까요?

하나의 극단적인 케이스는 240억원의 수입을 전부 현금인 당좌예금이라는 화폐의 형태로 해두고 그것을 매달 20억씩 사용해 나가는 방법입니다. 이 방법이라면 대학의 수중에는 평균 반년간 화폐가 잔류합니다. 이것은 다음과 같이 생각하면 좋겠습니다. 수입이 들어오고 나서 1개월 뒤에 사용한 부분에 관해서는 잔류기간이 1개월, 10개월 후에 사용한 부분에 관해서는 10개월이 됩니다. 이 대학은 균등액을 매달 사용하고 있기 때문에, 평균 잔류기간은 반년이 되는 셈입니다. 그림 12-2의 케이스 A는 이것을 나타낸 것입니다.

만약, 이 나라의 모든 경제주체가 이 대학과 거의 같은 행동을 취한다면 화폐는 평균적으로 1년간에 두 경제주체간을 이동합니다. 즉, 화폐의 유통속도는 2가 됩니다.

이러한 형태의 자산보유를 할 경우, 최대의 결점은 이자를 전혀 벌 수 없다는 것입니다. 만약 240억원의 수입의 절반을 이자가 생기는 자산(채권, 주식, 토지 등)에 투자해서 실제로 지출할 필요가 생겼을 때 그 자산을 화폐(현금이나 당좌예금)로 바꾸면 이자를 벌 수가 있습니다. 예를 들어 다음과 같은 방법을 생각해 보십시오.

지금, 이 대학은 240억원 수입의 절반인 120억원을 증권에 투자하고, 나머지 120억원을 화폐로 보유하여 반년간 사용한다고 합시다(증권투자

케이스 A : 다른 자산을 가지지 않고, 수입 모두를 화례로 수중에 두는 경우, 이 경우에는 240억원이 매달 20억원씩 감소되고, 이자를 벌 수 없다.

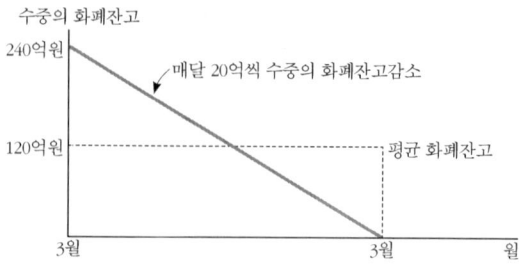

케이스 B : 3월에 수입의 반액 120억원만큼 증권으로 바꾼 경우. 이 경우에는 120억원분의 증권을 반년 가지게 되므로, (120억원 × 반년분의 이자율)만큼 이자소득을 번다.

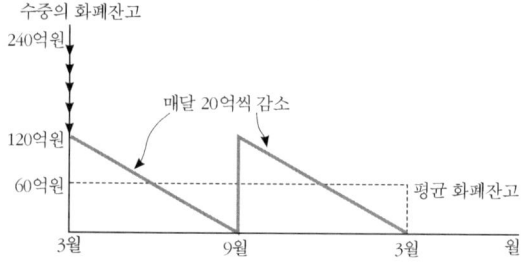

케이스 C : 매달 증권을 20억씩 화폐로 바꾸어 사용하는 경우, 이 경우에는 5.5개월분의 이자를 벌 수 있다.

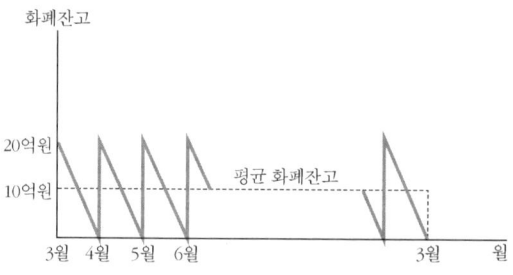

그림 12-2 화폐와 증권의 대체

에 의해 얻은 이자수입의 사용처에 관해서는 생각하지 않는 것으로 하겠습니다).

이 방법에 따르면 120억원에 관해서는 이자를 벌어들일 수가 있는 것은 분명할 것입니다. 반년분의 이자율을 년간 이자율의 약 절반이라고 한다면, 수입 240억원의 1/4에 해당하는 60억원에 년간 이자율을 곱한 값만큼의 이자수입(이자율이 6%라면 3억6000만원)을 벌수가 있습니다. 또한, 이 대학에 대한 화폐의 평균잔류기간은 거의 3개월이 됩니다. 그림 12-2의 케이스 B는 이 상황을 나타낸 것입니다.

만약, 이 대학이 보다 세분된 자금운용을 하면 이자수입은 보다 커지게 되고 화폐의 잔류기간은 보다 짧아집니다. 예를 들어, 자금의 20억원씩 현금화시켜 간다고 합시다(케이스 C). 이 방법에 따르면, 240억원의 5.5/12인 110억원에 년간 이자율을 곱한 액만큼의 이자수입을 얻을 수 있는 것을 알 수 있습니다. 또한, 이때의 화폐의 평균잔류기간은 보름까지 단축됩니다.

이와 같이, 보다 세분화된 증권운용을 해서 화폐의 잔류기간을 단축해 가면 그만큼 보다 많은 이자수입을 획득할 수 있습니다. 이점은 「화폐보유의 기회비용」이라는 개념을 사용하여 해석하는 것도 가능합니다. 화폐를 수중에 갖고 있다는 것은 이자를 낳는 자산을 보유할 기회를 포기하고 있는 것이 됩니다. 예를 들어, 100억원의 자금을 이자를 발생하지 않는 화폐의 형태로 보유하고 있으면 그 기회비용은 100억원에 이자율(화폐와 대체적인 자산의 수익률)을 곱한 것이 됩니다. 즉, 이자율은 1단위의 화폐를 1기간(예를 들어, 년간)수중에 두는 것의 기회비용이 되는 셈입니다.

이자율이 높아질수록 사람들은 수중에 두는 화폐를 적게 하려고 하겠지요. 그 결과 화폐가 각 경제주체에 머무르는 기간도 짧아집니다. 화폐의 잔류기간이 짧아지면 그만큼 화폐의 유통속도는 높아집니다. 즉, 일반적으로 이자율이 높을수록 화폐의 유통속도가 높아집니다.

기회비용

기회비용(opportunity cost)라는 개념은 경제학에서 자주 사용되기 때문에 이 기회에 간단히 설명해 두겠습니다. 먼저, 하나의 구체적인 예에서 생각해보려고 합니다.

지금, 어떤 한국여행자가 파리에 와서 귀국전의 마지막 저녁식사를 A라는 식당에서 먹을까 B라는 식당에서 먹을까를 결정해야 할 상태에 있다고 합시다. 만약 A식당에서 먹는다면 그것을 위한 비용은 얼마일까요. 물론, 식당에 지불하는 요금이 비용이라는 것을 말할 필요는 없습니다. 그러나, 그것 이외에 A식당에서 먹기 위해 「B식당에 갈 수 없었다」라는 의미에서의 비용도 생각하지 않으면 안됩니다. 이것이 기회비용입니다.

어떤 행위를 선택하기 위한 기회비용이란, 그것을 위해 획득할 기회를 놓친 이익을 가리킵니다. 위의 예의 경우에는, B식당에서 식사함으로써 얻는 즐거움에서 B의 요금을 뺀 것이, A식당에 가는 것의 기회비용이 됩니다. 말하자면, 기회비용이란, 눈에 보이는 형태로 지불되는 비용이 아니라 얻을 수 없었던 이익이라는 의미에서 눈에 보이지 않는 형태의 비용입니다.

위의 설명을 바탕으로 화폐보유의 기회비용에 관해 생각해 봅시다. 어떤 시기에 화폐를 보유한다는 것은 바로 그 기간동안에 다른 자산(예를 들어, 증권)을 보유하는 것을 포기하는 것입니다. 따라서, 화폐를 보유함으로써 다른 자산을 보유하고 있었다면 얻을 수 있었을 이익(이자)을 포기한 것이 됩니다. 이것은 위에 언급한 기회비용 그 자체라는 것은 쉽게 이해할 수 있으리라 생각합니다.

2 화폐수요함수

거래적 동기와 예비적 동기

위에서 설명한 것과 같은 화폐보유의 동기는 화폐수요의 「거래동기」라 불려집니다. 그것의 핵심은 (가까운)장래의 어느 시점에서 확실히 이루어질 것이라고 알고 있는 구매활동에 대비해 그 지불에 필요한 화폐를 보유한다는 행동입니다.

기회비용이 드는 것에도 불구하고 화폐를 보유하는 것은, 화폐를 일단 이자를 낳는 다른 자산(증권 등)으로 바꾸어 재화의 구입직전에 그 자산을 팔아 다시 화폐로 바꾸는 데에는 각종 비용이 들기 때문입니다. 구체적으로 이 비용은 증권회사 등에 가는 수고, 증권 등의 매매에 수반되는 수수료나 세금 등입니다.

예정하고 있는 지출의 시기가 상당히 남아 있을 때, 그리고 화폐와 대체적인 자산의 이자율이 높을 때에는 그만큼 화폐보유의 기회비용이 커집니다. 그리고, 이 기회비용이 자산을 매매하는데 수반되는 각종 비용보다 클 때 화폐보유를 하지 않는 편이 유리합니다. 반대로 매매비용이 상대적으로 크면 화폐형태 그대로 지출시점까지 보유하려고 하겠지요.

화폐는 장래에 확실히 예상되는 지출을 위해서만 보유되는 것은 아닙니다. 우리는 외출할 때 현금을 지갑에 넣고 갑니다만, 그 금액은 보통 그날에 예정되어 있는 지출액보다 많다고 생각합니다. 이것은 예상치 못한 일에 지출할 필요가 생길 것에 대비하기 위해서입니다. 기업이라 해도 모든 것이 예정대로 움직이는 것이 아니기 때문에, 예기치 않은 지출에 대비해서 어느 정도의 화폐를 가지고 있을 필요가 있습니다. 이러한 목적에서 화폐를 수중에 두려고 하는 행동을 화폐수요의 「예비적 동기」라 부릅니다.

투기적 동기

거래적 동기와 예비적 동기는 모두 재화 및 서비스 등에 대한 지출을 목적으로 한 보유동기입니다만, 거래와는 전혀 관계없이 화폐가 보유되는 일도 있습니다. 자산으로서 보유되는 것입니다. 화폐는 이자를 낳지 않기 때문에 그런 의미에서 화폐는 다른 자산만큼 매력이 없습니다. 그러나, 인플레이션이 그다지 심하지 않는 나라에서 화폐는 토지나 주식 등보다 훨씬 안전한 자산입니다. 따라서, 손해를 보는 위험을 싫어하는 사람은 화폐를 자산으로 보유하려고 할지도 모릅니다. 소위, '장농예금' (장농속에 현금을 보관하는 것)등은 이 분류에 넣어도 좋겠지요.

주식이나 채권의 가격동향 및 그 예상도 자산으로서의 화폐에 대한 수요에 영향을 미칩니다. 경제상태가 나쁘고 가까운 장래에 주식시장 상황이 대폭적인 하락으로 예상될 때, 주식을 갖고 있어서는 주가가 내려가 손실을 입을 위험이 있습니다. 이러한 경우에는 일단 다른 자산으로 바꿀 필요가 있습니다. 화폐는 이러한 피난처로서의 역할을 해줍니다. 이러한 형태의 화폐수요를 화폐수요의 「투기적 동기」라 부릅니다.

화폐수요함수

위에서 설명한 것처럼 화폐수요는 이자율에 큰 영향을 받습니다. 이자율이 높아지면 사람들은 가능한 한 화폐보유기간을 짧게 하려고 해, 화폐의 유통속도가 높아지기 때문에 경제전체로서의 화폐수요는 감소합니다. 이것은 앞서 사용한 스포츠신문의 예로 말하면, 많은 사람들간에 신문의 돌려읽기가 일어나게 되면 그만큼 신문의 판매 부수가 떨어지는 것과 같은 원리입니다.

국민소득(GNP)도 화폐수요량의 중요한 결정요인입니다. 이미 설명한 것처럼, 국민소득이 증가하면 거기에 수반되어 거래총액도 증가합니다. 따라서, 이자율이 상승해 유통속도가 증가하지 않는 한 국민소득의 증가는 화폐수요를 증가시킵니다.

이상의 논의는, 다음과 같은 화폐수요함수라는 개념으로 표현할 수 있습니다.

$$M_d = L(Y, r) \qquad\qquad (12\text{-}4)$$
$$(+)\,(-)$$

단, Y는 국민소득, r은 이자율, M_d는 화폐수요량(사람들이 보유하려고 원하는 화폐량의 합계)을 나타냅니다. 식 (12-4)는, 화폐수요량 M_d가 국민소득 Y와 이자율 r에 의해 결정된다는 것을 표현한 것입니다. L(Y, r)은 화폐수요함수라 불려지는 것으로서, Y 아래의 (+)표시는 화폐수요가 국민소득 Y의 증가함수(=비례함수)라는 것, r 아래의 (−)표시는 화폐수요가 r의 감소함수(=반비례함수)라는 것을 나타내고 있습니다.

그림 12-3의 우하향하는 곡선 LL은 국민소득 Y가 고정되어 있을 때의 이자율 r과 화폐수요량 M_d의 관계를 나타내고 있습니다. 국민소득수준을 고정하고 있는 것은 어디까지나 그래프를 그리기 위해 편의상 그렇게 한 것입니다. 곡선 LL이 우하향하는 것은 이자율 r이 낮은 수준에 있을수록 사람들의 화폐에 대한 수요가 높아지는 것을 나타내고 있습니다. 즉, 이자율

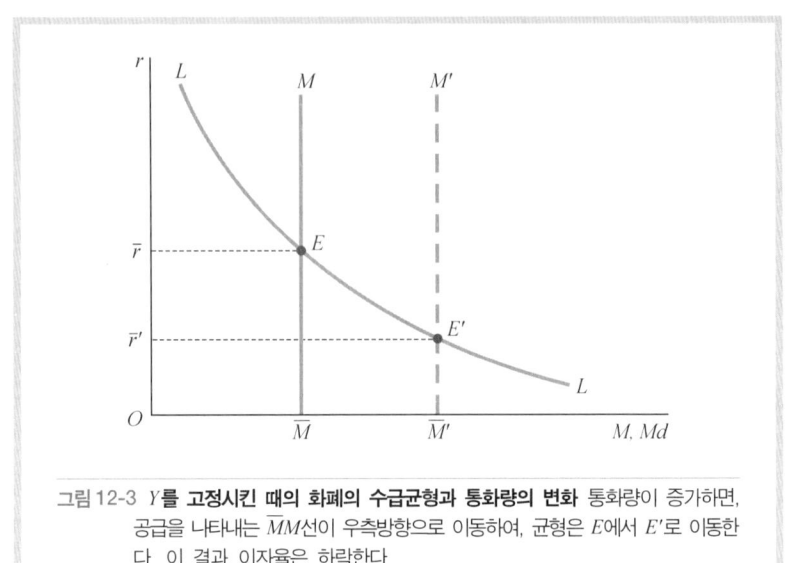

그림 12-3 *Y*를 고정시킨 때의 화폐의 **수급균형과 통화량의 변화** 통화량이 증가하면, 공급을 나타내는 $\overline{M}M$선이 우측방향으로 이동하여, 균형은 *E*에서 *E′*로 이동한다. 이 결과 이자율은 하락한다.

이 낮을수록 사람들은 자기수중에 보다 많은 화폐를 보다 장기간 보유하려고 하기 때문에 그만큼 경제전체로서의 화폐수요도 증가하는 것입니다.

통화량의 변화와 이자율 변화

그림 12-3의 E점은 통화량(=화폐공급량)이 가로축상에 표시한 $\overline{M}$수준일때의 화폐시장의 균형을 표시한 것입니다. M선은 이때의 화폐공급곡선이라 불러야 할 것입니다. 이것이 수직이 되어 있는 것은 화폐공급량이 이자율과는 독립적이라는 것에 기인합니다. $\overline{M}$이라는 통화량(=화폐공급량)하에서는 이자율 수준이 그림의 $\overline{r}$수준과 같을 때 화폐시장은 균형됩니다. 만약 이자율 r이 $\overline{r}$보다 높으면 화폐수요량은 공급량 $\overline{M}$보다 작아지고, 이자율이

$\bar{r}$보다 낮으면 화폐수요량은 화폐공급량보다 커집니다.

그러면, 화폐공급량이 변하면 이자율은 어떻게 변화할까요? 단, 편의상, 국민소득수준 Y는 변하지 않는 것으로 하겠습니다. 그림 12-3에서는, 화폐공급량이 가로축상에 표시한 $\bar{M}$에서 M′로 증가하면, 거기에 따라 균형점은 E에서 E′로 변하고, 이자율은 $\bar{r}$에서 r′로 하락할 것입니다.

이러한 통화량 증가에 수반되는 이자율하락의 배경에는 다음과 같은 메커니즘이 작용합니다. 통화량증가가 한국은행의 매입조작(한국은행이 시중의 증권을 구입한다)에 따른 본원통화에 의해 일어났다고 합시다. 그리하면 매입조작과정에서 한국은행의 증권구입액만큼 시중에서의 증권수요가 증가하기 때문에, 그만큼 증권가격이 인상됩니다. 3절에서 설명하는 것처럼, 이러한 증권가격의 상승에 따라 시중의 이자율은 떨어집니다.

통화량의 증가가 본원통화의 증가가 아니라, 통화승수의 증가에 의한 것이라도 같은 논의를 전개할 수 있습니다. 예를 들어, 한국은행이 법정지불준비율을 내렸다고 합시다. 이에 따라, 은행은 보다 적은 지불준비금만 있으면 되기 때문에, 이전보다 많이 대출하려고 합니다. 이에 따라, 은행의 대출액은 승수적으로 증가합니다. 이 결과, 다른 금리도 떨어지고 시중전체의 이자율하락이 발생합니다.

다음으로, 국민소득(GNP)이 증가했을 때, 화폐시장의 균형은 어떻게 되는가를 그림 12-4를 사용해서 생각해 봅시다. 국민소득의 증가가 화폐수요를 증가시킵니다(12-4식을 참조). 이것은 그림에서 수요곡선이 우측으로 이동한 것으로 표시됩니다. 그림의 곡선 LL은 국민소득 증가전의 화폐수요, 곡선 L′L′는 국민소득 증가후의 화폐수요를 나타내고 있습니다(왜 우측 이동하는가를 생각해 보십시오).

수직선 M으로 표시된 화폐공급량 하에서 균형점은 F에서 F′로 이동합니

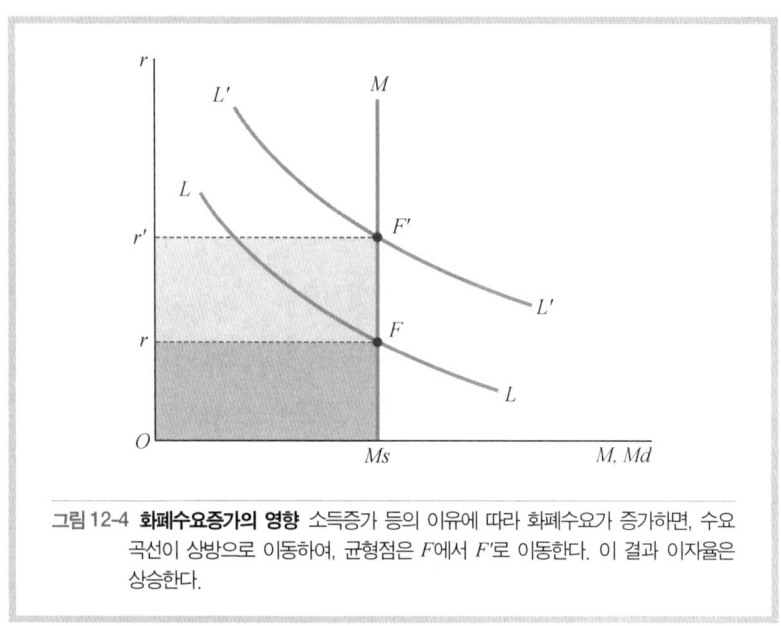

다. 그 결과 이자율은 상승합니다. 이것은 다음과 같이 이해할 수 있습니다. 국민소득의 증가는 화폐수요의 증가를 가져옵니다만, 화폐공급은 일정하기 때문에, 화폐수요 증가를 억누를 힘이 작용하지 않는 한 화폐시장은 균형되지 못합니다. 여기에서의 이자율 상승은 이러한 화폐수요를 억제하는 힘의 역할을 합니다.

국민소득의 증가에 따라 사람들의 재화 및 서비스 거래액은 확대되고, 이것이 화폐수요 증가의 원인이 됩니다. 사람들은 다른 자산(예를 들어 증권)의 일부를 화폐로 바꾸려고 하겠지요. 이에 따라 채권의 수요는 감소하고 채권가격은 하락합니다. 다음에 설명하는 것처럼, 채권가격의 하락은 이자율의 상승을 의미하기 때문에, 이자율은 상승하게 됩니다.

3 자산가격과 이자율

앞에서는 화폐와 대체적인 자산의 구체적인 내용에는 언급하지 않고 논의를 진행해 왔습니다만, 여기서는 몇 가지 자산형태에 관해 좀 더 자세하게 살펴보려고 합니다. 아래에서 다루는 것은 채권, 주식, 외화 등의 자산운용 방법입니다. 앞에서 언급한 것처럼, 채권의 가격과 이자율은 역함수(반비례)관계에 있습니다. 이 점은 자산시장의 기능을 이해하는데 중요하기 때문에 자세히 설명해 보겠습니다.

채권가격과 이자율

국공채나 회사채는 매일 시중에서 거래되고 있고, 그 가격은 수요·공급에 의해 결정됩니다(그림 12-5는 아래의 논의를 그림으로 나타낸 것입니다). 예를 들어, 다음과 같은 표준적인 국채를 생각해 보십시오. 만기 10년, 매년 이자 610원, 액면가 1만원이라는 국채가 정부가 발행한 시점에서

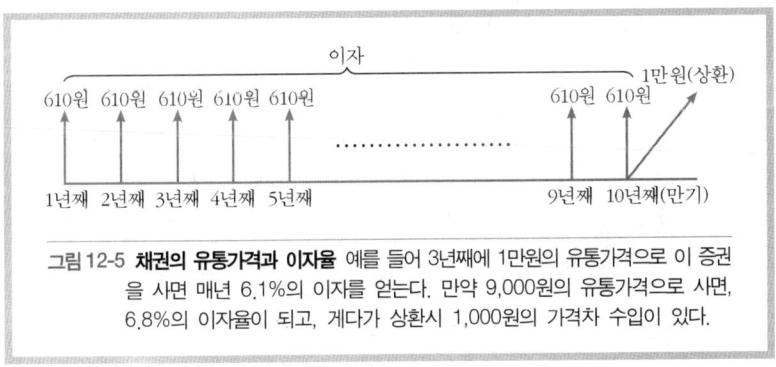

그림 12-5 **채권의 유통가격과 이자율** 예를 들어 3년째에 1만원의 유통가격으로 이 증권을 사면 매년 6.1%의 이자를 얻는다. 만약 9,000원의 유통가격으로 사면, 6.8%의 이자율이 되고, 게다가 상환시 1,000원의 가격차 수입이 있다.

매년 610원씩 그 소유자에게 지불되고, 10년후에 만기가 된 시점에서 1만원에 정부가 사는(이것을 상환이라 한다) 형태를 취합니다. 단, 이러한 국채의 중요한 점은, 일단 시중에 나온 국채가 상환될 때까지 시중에서 자유롭게 매매되고, 그 매매 가격은 그때의 수요·공급이 일치하도록 하는 가격으로 결정된다는 것입니다. 국채(채권)의 가격이라 불려지는 것은 이 시장가격을 말합니다. 시장가격은 액면가격보다 높아질 수도 있고 낮아질 수도 있습니다.

위와 같은 국채의 시중가격이 액면가격과 같은 1만원이라면, 이 국채를 구입했을 때의 수익률(이자율)은 6.1%가 되는 것은 명백할 것입니다(단, 여기서는 국채를 만기까지 보유하는 것으로 전제하고 있습니다. 국채를 만기 전에 팔아버리는 경우에 관해서는 아래에서 다루겠습니다).

만약, 국채의 시중가격이 액면가격보다 낮을 때, 예를 들어 9,000원이라면 이 국채를 구입해서 만기까지 가지고 있을 때의 수익률(이자율)은 어떻게 될까요? 발행되고 나서 3년이 지난 국채, 즉 만기까지 앞으로 7년이 남은 국채를 생각해 봅시다. 이러한 국채를 9,000원에 샀을 때의 수입은, 매년 610원의 수입과 7년 후에 실현하는 액면가격 1만원과 구입가격 9,000원과의 차액이 1,000원의 합으로 됩니다. 따라서 수익률(이자율)을 계산하면, 먼저 610원쪽부터 보면 9,000원에 대해 610원의 수익을 가져옴으로, 수익률은 약 6.8%(610 ÷ 9,000 × 100)가 되고 있습니다. 또한 1,000원분의 수익을 7년으로 나눈 약 143원(차액의 연간수입)은 9,000원에 대해 약 1.6(143 ÷ 9,000 × 100)%가 되고 있습니다. 따라서, 두가지 수익률을 합한 전체수익률(이자율)은 약 8.4%가 됩니다.

이와 같이 공채나 회사채의 수익률은 그 시중가격과 역함수관계에 있습니다. 시중에서의 유통가격이 낮을수록 그 채권에 투자할 때의 수익률은 높아집니다.

주식과 자본이득(capital gain)

위에 설명한 것과 같은 자산거래는 거의 위험(리스크)을 동반하지 않습니다. 그러나, 주식이나 외화표시자산, 또는 채권이라도 만기까지 기다리지 않고 파는 경우에는 가격변화에 따른 자본이득(capital gain)이나 자본손실(capital loss)이 발생합니다. 이점에 관해서 주식투자의 경우를 중심으로 생각해 봅시다.

주식은 앞에서 설명한 것과 같은 채권과는 달리, 두 가지 의미에서 위험을 수반합니다. 하나는, 주식에는 만기라는 것이 없기 때문에 아무리 오래 보유해도 확실한 가격으로 팔린다는 보장이 없다는 것입니다. 또 하나는, 「배당」이라는 형태로 매기간마다 주식 보유자에게 지불되는 이윤도 그 기간의 기업의 업적에 따라 변동한다는 것입니다. 기업의 업적이 나빠지면 주주에게 지불되는 배당도 적어집니다(여기에 대해, 채권의 경우는 매기간 지불되는 금액이 확정되어 있습니다).

그러면, 100만원으로 구입한 주식을 2년간 보유해서 120만원에 팔고, 그사이 배당을 2만원 받았다면, 그 수익률(연율)은 다음과 같이 계산할 수 있습니다. 120만원과 100만원의 차액 20만원은 주식매매에서 생긴 자본이득(capital gain)이라 불려집니다(여기에 대해, 매매의 가격차로 손실이 생기면 자본손실(capital loss)이라 부릅니다). 이 경우, 자본이득(20만원)의 투자액(100만원)에 대한 수익률 20%, 배당의 투자액에 대한 수익률은 2%가 됩니다만, 이것은 2년에 걸쳐 얻은 것이기 때문에 양자를 합한 수익률은 년율로는 11%가 됩니다.

이렇게 계산된 사후적인 수익률은 주식을 구입하는 단계에서는 확정되어 있지 않습니다. 주식을 구입할 때에는 장래에 그것을 팔 때 어느 정도의 가격이 될 것이라는 기대(예상)가 중요한 결정 요소가 됩니다. 장래가격이 오를 것이 예상되면 그만큼 예상수익률도 높아집니다. 어찌되었든, 주식에 대한 투자는 가격변동이라는 위험(리스크)을 수반하기 때문에 주식의 예상 수익률은 위험이 없는 채권의 수익률과 다릅니다. 예를 들어, 사람들이 위험을 좋아하지 않는다면 그만큼 수익률이 높아지지 않으면 주식을 보유하려고 하지 않겠지요. 위험(리스크)이 수반하는 만큼 기대수익률이 높아질 때 그 것을 「리스크·프레이엄」이라 부릅니다.

외환표시 자산의 수익과 외환리스크

외화표시자산에 대한 투자의 경우에도 주식과 같은 가격변동의 리스크 (위험)가 수반됩니다. 단, 여기서 문제가 되는 리스크는 자국통화(원화)와 외국통화(달러)간의 교환비율(환율)의 변동에 따른 리스크입니다. 예를 들어, 현재의 환율이 1달러 800원(1$＝800₩)이라고 해 봅시다. 만약, 한국인이 1만달러분(800만원)의 미국재무부 증권(TB)을 구입했다고 한다면 달러단위로 보는 한 일반적인 증권투자와 변함없습니다. 그러나, 외화표시자산의 투자에서 문제가 되는 것은, 언젠가는 이것을 원화로 바꾸지 않으면 안된다는 점에 있습니다.

예를 들어, 위에 든 예에 있어서 3개월 사이에 3%의 수익을 얻어 1만 300달러를 손에 쥐었다고 해 봅시다. 만약, 3개월 후에도 환율이 1달러 800원이라면 3%의 수익은 확정됩니다. 그러나, 환율이 1달러 800원에 머무른다는 보장이 없습니다.

예를 들어, 이 3개월 동안 100원만큼 '달러 저'(=원 고)가 되어 1달러 700원이 되면, 1만 300달러를 700원의 환율로 원화로 바꾼가치는 721만원으로, 이 투자가는 결국 손해를 보고 마는 것입니다. 반대로, '원 저'(=달러 고)가 되면, 3% 이상의 수익률을 얻을 수 있습니다. 달러표시자산에 대한 투자수익률을 계산하는 방법을 제시하겠으니 여기에 관해 검토해 보십시오.

> 달러표시 자산의 수익률(한국투자가의 수익률)
> = 달러표시의 수익률(미국투자가의 수익률)
> +환율(달러가격)의 상승률

단,

> 환율의 상승률(마이너스이면 하락율)
> $$= \frac{\text{자산매각시의 환율} - \text{자산구입시의 환율}}{\text{자산구입시의 환율}}$$

입니다(단, 위의 관계는 어디까지나 근사적으로 밖에 성립하지 않는 식입니다).

환투기는 나쁜가?

앞에서 설명하는 것처럼, 환율이 크게 변동하여 그 때문에 생각지 않는 자본이득(capital gain)을 얻을 수 있습니다. 자본이득(여기서는, 환차익)이란, 싼 때에 외화를 사서 비쌀 때 처분함으로써 얻어지는 이익을 말합니다. 이러한 자본이득을 노려서 외화를 매매하는 행위를 「투기」라 부르고, 이러한 행위를 하는 사람들을 「투기꾼」이라 부릅니다.

「투기꾼」이라는 용어 속에는 「투기는 사회적으로 나쁜 행위이다」라는 통념이 포함되어 있습니다. 환투기(부동산, 상품에 대한 투기도 동일한 성격을 가집니다) 때문에 환율변동이 심해지고 다른 사람들이 피해를 입는다는 것입니다. 이러한 통념은 올바른 것일까요?

투기로 돈을 벌기 위해서는 쌀 때에 사서 비쌀 때 팔지 않으면 안됩니다. 그러나, 만약 투기꾼이 쌀 때 매입량을 늘인다면 가격은 오르고, 비쌀 때 판매량을 늘리면 가격은 내려갑니다.(토지·농산물과 같이 단기적으로 공급량이 제한되어 있을 경우는 별도의 분석이 필요합니다) 즉, 이익을 내는 투기행위라면 환율을 안정화시키는 방향으로 작용할 것입니다. 그런 의미에서, 이익을 내는 투기꾼은 가격(환율)을 안정화시킴으로써 사회에 공헌을 하고 있는 것입니다.

물론, 투기꾼은 항상 이익을 낸다고는 할 수 없습니다. 비쌀 때 사서 쌀 때에 파는 투기꾼도 있을지 모릅니다. 그러나, 그러한 투기꾼은 손해를 볼 것이기 때문에, 언젠가는 시장에서 밀려나겠지요. 이익을 내는 투기꾼만이 살아남는다면, 투기는 환율을 안정화시키는 것이라 생각됩니다.

하지만, 이러한 자연도태적인 생각에는 의문점도 있습니다. 예를 들어, 자동차운전의 경우, 안전운전을 하는 사람일수록 사고를 낼 가능성이 작다고 생각됩니다. 그렇다면, 시간이 지나면 안전운전을 하려는 사람밖에 남지 않기 때문에 사고건수는 감소할 것입니다. 그러나 사고가 전혀 줄지 않는 것은 어떻게 된 것일까요?

제13장
재정·금융정책의 구조

    앞장까지, 재화시장(＝상품시장＝생산물시장)과 자산시장(＝화폐·금융시장)을 각각 독립적인 것으로 취급해 왔습니다. 이 두 시장은 서로 밀접한 관계를 갖고 있고, 이 두 시장의 상호작용을 이해하는 것이 많은 거시경제 현상을 생각할 때 하나의 열쇠가 됩니다. 예를 들어, 금융정책은 정책당국이 자산시장(＝화폐·금융시장)에 개입함으로써 재화 및 서비스의 생산·지출수준에 영향을 미치려고 하는 정책이기 때문에, 자산시장과 재화시장간에 관련이 있고 나서야 처음으로 효과를 발휘하는 것입니다.

    이 장의 목적은, 재화시장과 금융시장(자산시장)의 상호작용에 관해 살펴보고, 재성정책과 금융정책의 기본적인 구조에 관해 알아보는 데 있습니다.

1 재화시장과 금융시장의 상호의존성

두 시장의 접점: 이자율과 국민소득

　재화시장과 금융시장은 여러 가지 경제변수로 연결되어 있습니다만, 그 가운데에서도 특히 중요하다고 생각되는 것이 이자율과 국민소득입니다. 이 두 가지 변수가 금융시장에서 행하는 역할에 관해서는 앞장에서 설명한 화폐수요함수를 떠올리면 충분하겠지요.

　이자율이 높아지면 사람들은 될 수 있는 한 화폐보유량을 줄여서 다른 자산으로 전환하려고 합니다. 또한 국민소득이 높아지면 거기에 대응해서 경제내의 거래도 활발해지기 때문에 화폐에 대한 수요는 증가합니다. 따라서, 두 변수가 변하면 그에 따라 사람들의 자산수요패턴도 변할 것입니다. 게다가, 자산의 공급이 변하면 이들 두 변수는 큰 영향을 받게 됩니다.

　그러면, 이자율과 국민소득이 재화시장에서 어떠한 역할을 할까요? 먼저, 국민소득입니다만, 여기에 관해서는 새롭게 설명을 추가할 필요가 없겠지요. 국민소득 자체가 재화시장의 활동수준을 나타내는 중요한 지표이고 소비나 수입 등은 국민소득수준과 강한 상관관계를 갖고 있습니다. 즉, 국민소득이 증가하면 소비나 수입도 늘어납니다.

　이자율이 재화시장에서 하는 역할은 다소 설명할 필요가 있습니다. 제9장에서 승수과정에 관해 설명했을 때, 경제전체의 투자액이 어떠한 메커니즘에서 결정되고 있는가 라는 점에 관해서는 설명하지 않았습니다만, 사실은 이자율수준이 투자액의 중요한 결정요인이라고 생각됩니다. 왜냐하면, 자금을 빌리는 입장에 있는 경제주체에게는 자금조달 비용이 되기 때문입니

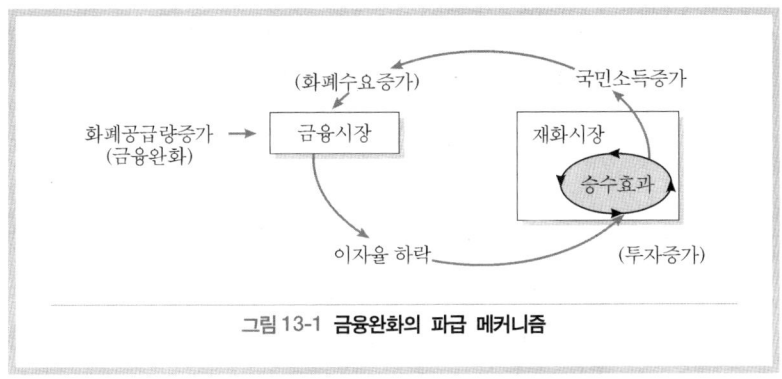

그림 13-1 **금융완화의 파급 메커니즘**

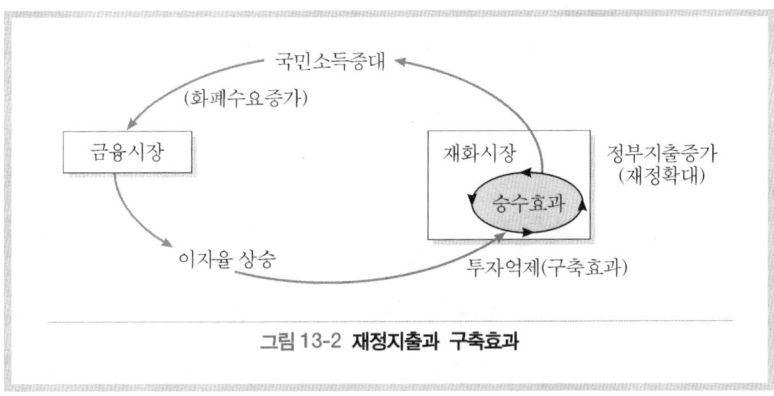

그림 13-2 **재정지출과 구축효과**

다. 기업부문은 투자자금의 많은 부분을 은행에서 빌리거나 채권이나 주식의 발행이라는 형태로 충당하고 있습니다. 이자율이 상승하면 거기에 수반되어 자금조달의 이자비용도 증가해 기업의 투자의욕은 시들어지게 됩니다. 어떤 기업은 이자율이 낮아질 때까지 투자계획의 일부를 연기할지도 모르고, 다른 기업은 투자계획을 단념할지도 모릅니다. 이러한 이유에 의해 이자율이 높아질수록 투자수준은 낮아진다고 생각됩니다.

투자수준은 승수과정의 방아쇠를 당김으로써 경제전체의 생산수준 및 소득수준에 중대한 영향을 미칩니다. 따라서, 이자율도 투자의 변화를 통해서 재화시장의 활동수준 특히 국민소득에 큰 영향을 줍니다. 다른 사정이 일정하다면, 이자율이 낮아질수록 투자가 자극되어 국민소득수준도 높아집니다.

그림 13-1과 그림 13-2는, 재화시장과 금융시장의 상호관련을 예시한 것입니다. 그림 13-1은, 금융정책당국이 금융을 완화했을 때 정책효과의 파급경로를 나타낸 것입니다. 또한, 그림 13-2는 재정지출이 확대되었을 때의 파급경로를 나타낸 것입니다. 어느 경우에도, 이자율과 국민소득이 두 시장 사이를 연결하는 역할을 하고 있다는 것을 알 수 있습니다. 이 두 정책의 효과에 관해서는 아래에서 자세히 논의하겠습니다.

금융정책과 국민소득

그림 13-1에 나타낸 것처럼, 통화량의 증감은 이자율의 변화와 그것이 투자액에 미치는 영향을 통해서 유효수요나 국민소득수준에 큰 영향을 미칩니다. 경기가 악화되어 있을 때 금융정책당국이 금융을 완화해서 경기회복을 달성하려는 것은 바로 이 메커니즘을 이용하려는 것입니다. 이때의 금융정책의 본질은 이자율을 「지렛대」로 해서 투자를 자극하거나 억제하는 것에 있습니다. 아래에서는 금융완화 케이스를 중심으로 해서 금융정책의 메커니즘에 관해 검토하겠습니다(금융긴축에 관해서도 같은 분석을 할 수 있습니다).

그림 13-3은, 그림 13-1을 다소 바꾸어 쓴 것으로 금융완화의 파급과정을 나타내고 있습니다. 이 정책의 파급경로는 그림에 있어서 A,B,C,D의 4단계로 되어 있습니다. 즉, 매입조작이나 법정지불준비율의 인하는 시중

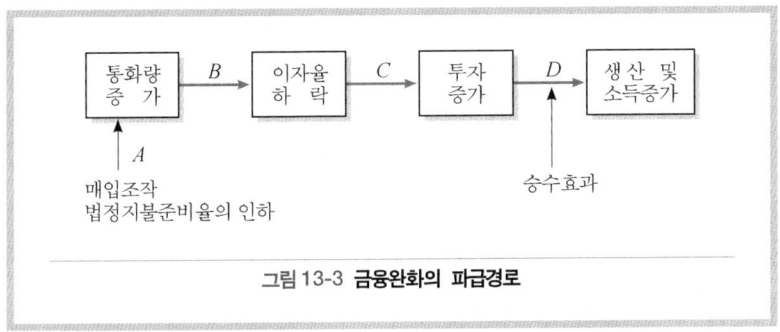

그림 13-3 금융완화의 파급경로

에 유통하고 있는 통화량을 증가시켜(A단계), 그에 따라 이자율은 하락합니다(B). 이자율 하락에 의해 투자는 자극되고(C단계), 그에 따라 일어나는 승수 메커니즘이 경제전체의 생산이나 소득을 증가시킨다(D단계)라는 파급경로입니다. 다음에는 이 경로의 각 단계에 관해 좀더 자세하게 검토하겠습니다.

A단계에 관해서는 제11장에서 설명했습니다. 매입조작이나 법정지준율 인하 등의 정책은 시중에 유통하는 통화량을 증가시킵니다. D단계는 제9장의 중심과제였습니다. 투자가 증가하면, 그에 따라 승수적 수요확대과정이 일어나 투자증가의 승수배에 해당하는 소득·생산·지출이 생겨난다는 것이 논의의 골자였습니다. A와 D단계에 관해서는 더 이상 언급하지 않고, 아래에서는 B와 C단계에 논의를 집중하겠습니다.

B와 C단계로부터, 다음과 같은 것을 알 수 있으리라 생각합니다. 즉, ① 통화량의 증가가 이자율을 대폭으로 하락시킬수록(B단계의 문제), 그리고 ② 투자가 이자율 하락에 민감하게 반응할수록(C단계의 문제) 금융정책의 효과는 커집니다. 따라서 현실의 금융정책이 효과가 있을지 없을지는, 이 두 가지 조건이 어느 정도 충족되고 있는가 라는 것에 크게 의존합니다.

그러면, 어떠한 상황일 때 이자율은 통화량 증가에 대해 민감하게 반응해서 하락할까요? B단계의 문제는 제12장의 화폐수요함수에 관한 논의를 떠올리면 쉽게 해답을 발견할 수 있습니다. C단계의 문제는 나중에 생각하겠습니다.

금융정책이 효과를 발휘하지 못하는 경우

화폐수요곡선의 기울기가 수평에 가까울수록 화폐공급량 증가가 이자율을 떨어뜨리는 힘이 보다 약합니다. 화폐수요곡선이 수평에 가깝다는 것은 조그마한 이자율 하락에 대해 화폐수요량이 큰 폭으로 증가한다는 것을 의미합니다. 이러한 경우에는, 화폐공급량(=통화량)이 증가했다고 해도 약간 이자율이 떨어지는 것으로 화폐수요가 큰 폭으로 증가하여 늘어난 통화공급량을 흡수해 버립니다. 이자율이 그다지 내려가지 않기 때문에 금융정책의 효과도 약한 것이 됩니다.

그런데, 화폐수요곡선이 극단적으로 수평에 가깝게 되어 있을 때에는 통화량이 변화해도 이자율은 전혀 변하지 않습니다. 케인즈(Keynes)는 이러한 상황을 「유동성 함정(liquidity trap)」이라 불렀습니다만, 이러한 상황 하에서는 금융정책이 전혀 효과를 갖지 못하게 됩니다.

이와 같이, 이자율이 내려간다는 것이 금융정책이 경기자극효과를 갖기 위한 필수조건이라고 한다면, 위의 케이스 이외에도 금융정책이 경기자극효과를 갖지 못하게 되는 상황을 몇 가지 생각할 수 있습니다. 그 가운데 하나가 국내의 이자율수준이 외국의 이자율수준에 큰 영향을 받는 경우입니다.

국제 간의 자본이동이 활발할 때에는 각국의 경제주체는 여러국가의 자산수익률(이자율)을 보아가면서 가장 유리하다고 생각되는 자산에 자금을 투입하려고 합니다. 만약, 어떤 나라의 이자율이 외국에 비해 극단적으로 낮으면 그 나라 사람들은 외국의 자산에 자금을 투입하게 됩니다. 그 결과, 그 나라의 국내는 자금부족상태가 되어 이자율은 상승합니다. 반대로, 이 나라의 이자율이 외국에 비해 높아지면 외국의 자금이 이 나라의 자산(주식이나 증권)에 주입되기 때문에 이 나라의 이자율수준은 내려가게 됩니다. 물이 높은 곳에서 낮은 곳으로 흐르듯이 자금은 이자율이 낮은 곳에서 높은 곳으로 흐릅니다. 이러한 메커니즘에 의해 국제적인 자금이동(자본이동)이 활발한 때, 각국의 금리수준은 균등화하는 경향을 갖습니다.

그러면, 이와 같이 국제간 자본이동이 활발한 상황하에서 금융정책당국이 금융을 완화하여 화폐공급을 증가시킨다면 어떻게 될까요? 아무리 통화량을 증가시킨다고 해도, 이자율은 투자를 자극하는데 충분한 만큼으로는 내려가지 않겠지요. 왜냐하면, 국내이자율이 내려가려고 하면 그에 따라 자금의 국외유출이 가속되어 이자율 하락이 멈추어 버리기 때문입니다.

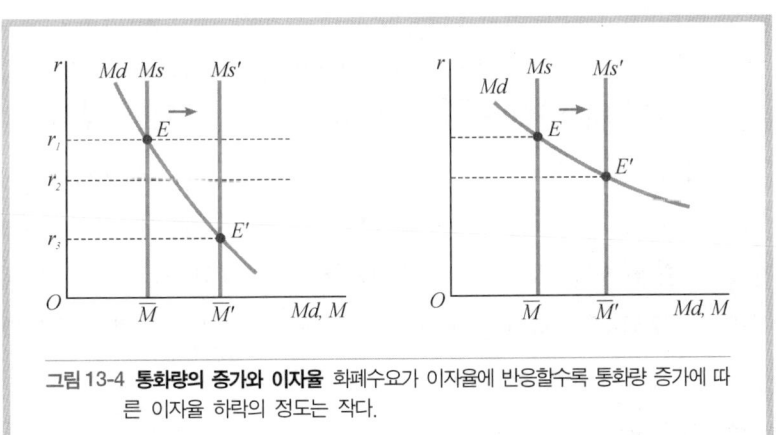

그림 13-4 **통화량의 증가와 이자율** 화폐수요가 이자율에 반응할수록 통화량 증가에 따른 이자율 하락의 정도는 작다.

다음으로, 투자의 이자에 대한 반응에 관해 좀 더 언급해 두겠습니다(C 단계). 그림 13-4에도 나타나 있는 것처럼, 이자율이 내려갔다고 해도 그에 따라 투자가 자극되지 않으면 금융정책의 효과는 잃어버립니다. 이미 설명한 것처럼, 이자율이 낮아지면 자금을 빌리는 이자비용이 내려가기 때문에 투자는 증가할 것입니다만, 그러나 아무리 이자율이 낮아도 기업에 투자의욕이 없으면 투자는 증가하지 않습니다. 불황이 심각해져 많은 기업이 보수적으로 되어 투자를 삼가려고 한다면 이자율이 떨어졌다고 해도 투자는 증가하지 않을 것입니다. 이 경우에는 금융정책의 효과가 대단히 약해집니다.

재정정책과 구축효과

재정정책은 금융정책과 함께 유효수요를 자극 또는 억제하기 위한 거시경제정책의 중요한 기둥입니다. 금융정책의 경우와 마찬가지로 그 효과를 정확히 평가하기 위해서는 금융시장과 재화시장의 상호연관을 고려해야 할 필요가 있습니다. 제9장의 승수분석에서는 정부에 의한 재정지출의 증가가 그 승수배의 생산이나 소득의 증가를 가져온다고 설명했습니다. 그러나, 이것은 재화시장에만 한정된 논의에 근거해서 나온 결론이고, 금융시장과 재화시장의 연관을 고려하면 그 결과는 상당히 수정되게 됩니다.

그림 13-2를 보십시오. 9장에서 분석한 것은 우측의 재화시장의 활동(즉, 정부지출증가에서 국민소득증가까지)부분만이 여기에 대응합니다. 그러나, 실제로는 금융시장을 통한 이자율상승 효과가 수반됩니다. 이것은, 금융시장도 고려대상에 포함시키고 나서 처음으로 분석이 가능하게 됩니다.

정부지출의 증가에 수반되는 이자율의 상승은 아래에서 설명하는「구축

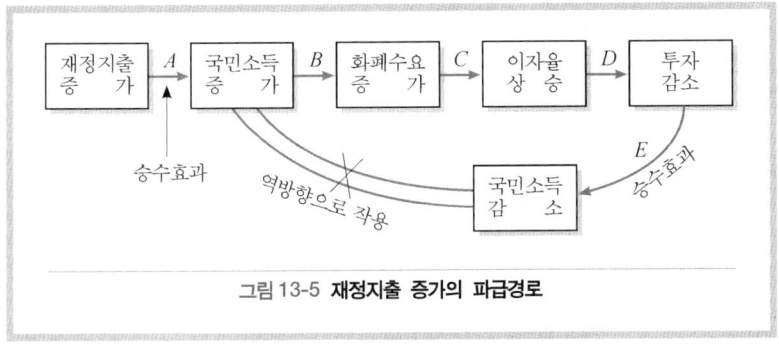

그림 13-5 **재정지출 증가의 파급경로**

효과」라는 것을 일으키고 이것은 재정정책의 효과에 관해 논의할 때 상당히 중요한 논점이 됩니다. 그림 13-5는, 그림 13-2를 달리 쓴 것으로 재정지출 증가의 파급과정을 몇 개의 단계를 나누어 표시한 것입니다. 한편, 아래에서는 재정지출의 증가는 모두 공채발행으로 충당하고 있다고 가정하겠습니다.

즉, 정부지출의 증가는 승수과정을 통해 국민소득을 증가시킵니다(A단계)만, 동시에 화폐수요도 증가시킵니다(B단계). 화폐수요는 국민소득의 증가함수이기 때문에 국민소득이 증가하면 화폐수요도 증가하는 것입니다. 그런데, 재정지출의 증가는 화폐공급(=통화량)에는 영향을 주지 않기 때문에 화폐수요증가의 결과 이자율은 상승합니다(C단계). 그 결과, 투자가 억제되고(D단계), 그것이 승수효과를 통해 국민소득수준을 감소시키는 방향으로 유도합니다(E단계). 아래에서는 각 단계에 관해 좀 더 자세하게 검토해 보겠습니다.

A단계는 이미 제9장에서 설명한 바로 그 승수메커니즘입니다. 정부지출 증가는 그 승수배의 소득과 생산의 증가를 가져옵니다. 여기에 대해, B단계에서 E단계까지의 경로는 국민소득을 감소시키는 방향으로 작용합니다. 이자율의 상승에 의해 투자가 억제되고 이것이 승수효과를 통해 국민소득수

준을 떨어뜨리는 것입니다. 이 효과는 「구축효과(crowding-out effect」라 불려집니다. 이렇게 부르는 것은 정부지출의 증가가 이자율을 인상시켜 민간 투자의 일부를 「구축하는＝밀어내는 (crowd-out)」결과가 되기 때문입니다.

구축효과가 강하게 작용할 때에는 그것이 재정정책 본래의 경기자극효과를 상쇄시켜 버리기 때문에 재정정책의 효과는 대단히 작은 것이 되어 버립니다. 그것도, 구축효과는 정부의 활동확대가 민간활동을 저해하는 것이기 때문에 재정정책의 시비를 논할 때에는 중요한 논점이 됩니다. 따라서 이 효과가 강하게 일어나는 것은 어떠한 상황에서인가를 검토하는 것이 재정정책을 논할 때 중요합니다.

그림 13-5로부터도 명백한 것처럼, ① 소득증가가 화폐수요에 미치는 영향(B단계)이 클수록, ② 화폐수요증가가 이자율을 인상시키는 효과(C단계)가 클수록, 그리고 ③ 이자율의 변화에 대해 투자가 민감할수록(D단계), 구축효과는 강하게 작용합니다.

한편, 재정정책과 금융정책의 효과의 크기를 비교해 보면 다음과 같은 반대결과가 얻어지고 있다는 것을 알아차렸으리라 생각합니다 즉, 금융정책이 강하게 작용하는 것은 화폐수요가 이자율에 그다지 반응하지 않고, 투자가 이자율에 민감하게 반응하는 경우입니다만, 이러한 경우에는 재정정책의 효과는 매우 약해집니다. 이 점은 다음과 같이 이해할 수 있겠지요. 금융정책이 유효하기 위해서는 이자율이 움직여 투자가 자극되어야 합니다만, 재정정책에 있어서는 이자율이나 투자의 변화는 정책의 저해 요인일 뿐입니다.

제14장
조세체계와 재정정책의 거시분석

우리는 제4장, 제7장에서 세제의 미시경제학적 분석과 제13장에서 재정정책의 거시경제에 미치는 영향에 관해 살펴보았습니다. 이 장에서는 거기에서 다루지 않았던 재정정책의 두 가지 문제에 관해 검토하겠습니다. 하나는, 조세체계가 거시경제의 변동에 미치는 영향 문제입니다. 조세체계는 승수과정에 영향을 미치고 거시경제변동을 생각할 때 무시할 수 없는 큰 요인입니다. 또 하나는 정부재정수지의 장기적인 움직임에 관한 문제입니다. 정부의 재정적자는 공채라는 부채의 누적을 낳습니다. 이러한 정부부채의 누적은 경제에 어떠한 영향을 미칠 것인가라는 점은 중요한 정책문제가 됩니다.

1 조세체계와 재정정책

정부의 과세활동과 승수효과

앞장에서 재정정책의 효과에 관해 논의할 때 정부의 과세활동이나 그것이 유효수요에 미치는 영향에 관해 생각하지 않았습니다. 이점에 대해 아래에서 논의하겠습니다.

승수효과는 일반적으로 조세체계에 의해 영향을 받습니다. 이것은 다음과 같이 생각하면 이해하기 쉬울 것입니다. 승수과정(효과)란, 투자나 정부지출의 증가에 의해 생산이 확대되었을 때, 그것이 추가적인 소득증가를 가져오고, 그것이 새롭게 소비를 확대시켜 생산을 자극한다는 것이었습니다. 만약, 소득증가분의 일부를 세금으로서 정부가 가져간다면 투자나 정부지출의 증가에 의해 생겨난 소득증가의 일부는 정부에 빼앗겨 그 결과 추가적인 소비의 증가액도 작아집니다.

누진과세제도와 자동안정화 장치

많은 나라의 소득세는 대부분의 경우 누진적 구조를 갖고 있습니다. 그림 14-1은 누진세의 형태를 그림으로 나타낸 것입니다(한국의 누진세도 대강 이러한 형태를 취합니다) 세로축에는 소득세, 가로축에는 과세대상이 되는 소득액이 표시되어 있습니다. 이 그림에서 한계세율(소득증가에 따른 세금 증가분)은 굴절된 선의 각 선분의 기울기로 표현됩니다. 이 기울기가 점차 커지고 있기 때문에 소득이 높아질수록 한계세율도 높아지고 있습니다.

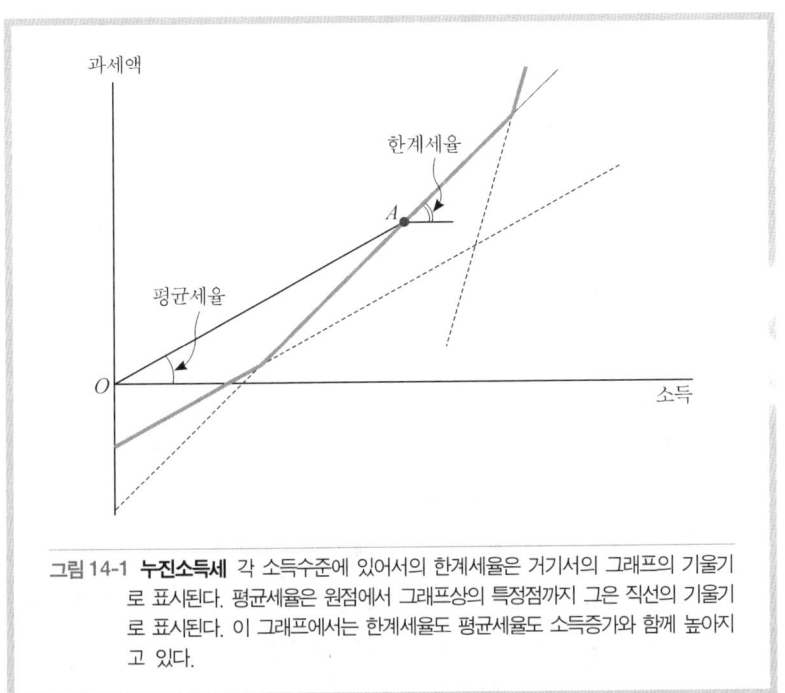

그림 14-1 **누진소득세** 각 소득수준에 있어서의 한계세율은 거기서의 그래프의 기울기
로 표시된다. 평균세율은 원점에서 그래프상의 특정점까지 그은 직선의 기울기
로 표시된다. 이 그래프에서는 한계세율도 평균세율도 소득증가와 함께 높아지
고 있다.

이 그림에 나타난 것과 같은 조세체계에서는 평균세율도 소득과 함께
체증적으로 되어 있습니다. 「평균세율」이란 총조세액을 소득액으로 나눈
것으로서 총소득 가운데 어느 정도의 비율이 세금으로 징수되는가를 나타내
고 있습니다. 그림상에서, 평균세율이 소득과 함께 높아지고 있는 것을 확인
해 주십시오.

누진적인 소득세는 과세후의 가처분소득을 평등하게 하는 작용이 있기
때문에 소득분배의 평등화라는 관점에서 많은 나라에서 지지를 받고 있습
니다. 그러나, 누진과세는 거시적인 관점에서 중요한 역할을 하고 있고 그
것이 아래에서 설명하는 「자동안정화장치(built-in stabilizer)」로서의 역

할입니다.

누진과세 제도하에서는 경기가 좋아져 사람들의 소득이 높아지면 그만큼 한계세율도 높아집니다. 반대로, 경기가 나빠져 사람들의 소득이 내려가면 그에 따라 한계세율도 떨어집니다. 이미 설명한 것처럼, 한계세율이 높을수록 승수 값이 작아지기 때문에, 경기가 좋아질수록 승수 값은 낮아집니다. 여기에 대해, 경기가 나빠지면 승수 값은 커집니다. 이러한 경기파동상에서의 승수 값의 변화는, 정확히 경기의 움직임과 반대의 움직임을 보입니다. 즉, 경기가 좋아지면 승수 값이 떨어져 경기의 발목을 잡아당기고, 반대로 경기가 악화되면 승수 값이 올라가 경기를 자극하게 됩니다. 이와 같이, 누진세제도 하에서는 그 과세체계가 자동적으로 경기의 파동을 억제하는 작용을 하기 때문에 이 메커니즘을 「자동안정화장치」라 부릅니다.

자동안정화장치의 예는 누진세 이외에도 볼 수 있습니다. 예를 들어, 우리나라에서도 실시된지 얼마 되지 않은 실업보험제도입니다. 경기가 나빠지면 실업자가 늘어납니다만 그에 따라 정부에 의한 실업보험의 지불건수도 증가합니다. 실업보험은 민간의 가처분소득을 증가시키기 때문에 경기를 자극하는 효과를 갖습니다. 경기가 좋아지면 실업자수도 감소해 실업보험의 지불금액도 감소하기 때문에 경기자극효과도 약해집니다.

위의 두 가지 예에서 알 수 있는 것처럼, 경기의 자동안정화장치의 골자는 경기가 나쁠 때에는 정부로부터 민간으로 소득이전이 이루어지고, 경기가 좋을 때에는 민간으로부터 정부로 소득이전이 이루어지는 것에 있습니다. 이러한 메커니즘을 갖고 있는 제도는 크든 작든 자동안정화장치로서의 역할을 합니다.

이와 같이 생각하면, 정부의 재정수지가 항상 균형되어 있는 것이 반드시 바람직한 것이 아니라는 생각도 할 수 있습니다. 재정정책이 경기에 대해 안정적인 역할을 하기 위해서는 호경기 때에는 재정흑자, 경기가 나쁠때에는 재정적자가 되는 것이 필요하게 됩니다. 재정정책에 의해 경기를 자극하기 위해서는 재정지출이 확대되던가 감세가 이루어질 필요가 있습니다만, 어느 경우에도 재정수지는 적자방향으로 움직입니다. 여기에 대해, 경기를 억제하기 위해서는 재정지출의 삭감 내지 증세가 필요하게 됩니다만, 이것은 재정수지를 흑자방향으로 움직이게 합니다.

경제의 안정화를 위해 재정정책을 적극적으로 사용하려는 케인즈학파의 입장에서는 재정수지가 항상 균형되고 있을 필요는 없고, 경기가 좋을 때에는 흑자, 경기가 나쁠 때에는 적자인 것이 좋다고 합니다. 그와 같이 재정정책이 운용되고 있으면 경기에 대해 안정적으로 작용하기 때문입니다. 재정수지는 어디까지나 장기적인 의미에서 균등화되면 좋다는 것이 이들의 사고입니다.

2 재정수지의 장기적인 문제

재정수지의 장기적 의미

다음으로, 장기적인 관점에서 본 재정수지의 문제에 관해 살펴보겠습니다. 이 문제는 높은 성장률을 기록하고 있는 국가에서는 심각한 문제가 아니나, 경제성장이 둔화되고 있거나 저성장국가에서는 심각한 문제를 야기할 수 있습니다.

정부 재정정책은 항상 다음과 같은 예산제약하에서 이루어지고 있습니다.

정부지출 + 정부부채에 대한 이자 = 세입 + 정부재정수입

정부의 수입은 조세수입이 근간이 되고 이것이 정부지출과 부채에 대한 이자를 충당하고 있습니다. 만약, 조세수입만으로 이것들을 충당하는데 충분하지 않으면 나머지는 공채발행이라는 형태로 보충할 수밖에 없습니다. 공채가 발행되면 그만큼 정부의 재정수지는 적자가 됩니다. 정부부채란 정부의 재정적자의 누적액으로서 그 시점에서의 공채의 잔고와 같습니다.

일반적으로, 정부부채가 증가하는 것은 경기침체로 조세수입은 대폭 감소하였는데, 정부지출은 계속 늘어나, 그것을 보충하기 위해 발행된 공채의 잔고가 확대된 경우입니다. 정부적자에 의한 공채발행의 일부는 과거에 발행된 공채의 이자를 갚기 위한 것도 있습니다(공채의 만기 연장).

그러면, 정부의 지출(단, 공채에 대한 이자는 포함하지 않음)과 조세수입이 거의 균형하고 있다면 어떻게 될까요? 한 나라의 정부의 채무상태를 나타내는 지표로서, GNP에 대한 정부부채비율(정부부채액을 GNP로 나눈 값)을 사용하는 경우가 많습니다만, 이것이 확대되어 가는가 축소되어 가는가는 경제성장률과 금리의 대소관계가 중요한 요소가 됩니다.

재정지출(단, 공채에 대한 이자는 제외함)과 조세수입이 거의 균형하고

부채액 ······ 이자율과 같은 비율로 자연증가
GNP ······ 경제성장률과 같은 비율로 증가

그림 14-2 **GNP에 대한 정부부채비율의 변화** 새로운 적자가 생기지 않는 한 정부채무는 이자율의 비율로 증가한다. 여기에 대해 GNP는 경제성장률의 비율로 증가한다. 이자율과 경제성장률 가운데 어느 쪽이 큰가가 장기적인 GNP에 대한 채무비율의 움직임을 생각하는 데 중요하다.

있을 때에 정부부채에 대한 이자는 새로운 공채발행으로 충당해야 합니다. 이것은 부채의 증가요인입니다. 이에 반해, 경제성장은 GNP를 증가시켜 GNP에 대한 정부부채비율을 낮추는 요인으로 작용합니다. 이점은 그림 14-2에 예시되어 있습니다만, 경제성장률이 금리(이자율)보다 높을 때에는 분모의 증가율이 분자의 증가율보다 높아져 GNP에 대한 정부부채비율이 점차 낮아집니다. 즉, 경제성장률이 금리에 비해 높을 때에는 채무액(채무액 × 이자)이 확대되는 것보다 빠른 속도로 GNP가 증가해가기 때문에 GNP에 대한 정부부채비율이 점차 감소한다는 것입니다.

우리 나라는 97년 외환위기 이전까지 대단히 높은 경제성장률을 기록해 왔습니다(80년대 초에는 저성장시기도 있었습니다)만, 이것이 적극적인 재정정책을 실시해 왔음에도 불구하고 정부부채의 문제를 가볍게 해주었습니다. 정부부채의 실질금리보다 실질 GNP성장율이 높았기 때문입니다. 이러한 상황하에서, 정부가 다소 적자를 낸다하더라도 GNP에 대한 정부부채비율은 높아지지 않습니다. 즉 재정적자는 누적되지 않습니다.

그러나 우리나라도 소위 'IMF사태' 이후 경제구조가 선진국과 닮아가고 경제성장률도 낮아지고 있으며, 금융구조정과정에서 공채 발행을 통해 금융기간에 공적자금이 투입된 결과 막대한 정부부채가 발생했고, 경기 악화에 따라 적극적인 경기 부양정책을 실시한다면, 적자재정정책에 따른 정부부채의 누적문제가 큰 경제문제가 되는 시기가 도래할 것입니다.

공채부담의 문제: 미래세대의 부담

만약, 정부채무가 확대되어 간다면 장래의 어떤 시점에서 증세를 해서 공채를 상환할 필요가 생깁니다. 이론적으론, 정부는 장래에 걸쳐 계속 채무를 부담해 나가는 것도 생각할 수 있습니다만, 성장률보다 금리가 높은 상태에서는 그러한 상황을 계속 유지하는 것은 불가능하고 어느 시점에서는 증세에 의한 상환의 문제가 발생합니다.

증세로 공채를 상환하는 것은 미래세대입니다. 그러면, 현재의 정부가 적자재정을 취해 공채를 발행하는 것은 미래세대에게는 부담이 될까요? 얼핏 보기에는 미래세대의 부담이 되는 것처럼 생각됩니다만, 이 문제는 그리 단순한 것이 아닙니다.

지금, 공채의 대부분이 국민에 의해 보유되고 있다고 해봅시다. 그러한 나라가 채무를 상환하기 위해 증세를 행한다고 하면, 그때의 돈의 흐름은 증세를 통해 국민으로부터 빨아들여 공채의 상환을 통해 국민에게 되돌아가는 형태를 취합니다. 즉, 증세에 의한 정부채무의 상환이라 하더라도 그 채무는 국민에 대한 것이기 때문에, 돈은 공채를 갖고 있지 않는 사람으로부터 공채를 보유하고 있는 사람에게 흐르는 것입니다.

이러한 정부채무상환에 따른 돈의 흐름은 미래세대간의 분배상의 변화는 가져오지만 미래세대 전체에 대한 부담이 되는지 어떤지는 분명하지 않습니다. 분명히, 공채를 보유하고 있는 사람은 당연한 권리로서 그것을 상환받고 있고 공채를 보유하고 있지 않는 사람은 공채상환을 위한 증세에 직면하고 있기 때문에 전체로서 미래세대는 부담을 강요받고 있는 것처럼 보입니다. 그러나, 그러한 개별경제주체의 의식을 떠나 경제전체로 보면 돈은 경제내부를 환류하고 있을 뿐이기 때문에 정부채무의 미래세대에 대한 영향은 없는 것이라고도 할 수 있습니다.

현재의 재정적자에 따른 정부채무의 누적이 미래세대의 부담이 되는지 어떤지는 이상과 같은 정부부채라는 장부상의 문제가 아니라, 그러한 재정적자가 자본축적 등에 어떠한 영향을 주었는가를 보아야 합니다. 예를 들어,

재정적자가 공무원의 급여나 사회보장 등의 정부소비에 의한 것이라고 해 봅시다. 제13장에서 논의한 것처럼, 이러한 정부소비의 증가는 금리의 상승을 통해 민간의 투자를 억제하는 효과(구축효과)를 갖습니다. 투자의 억제에 따라 자본축적이 억제된다면 그만큼 미래의 생산능력은 저하하고 미래의 GNP도 낮아지겠지요. 이러한 형태의 재정적자는 분명히 미래세대에 대해 부담이 됩니다.

여기에 대해, 재정적자의 원인이 공공투자 목적이었다면 어떨까요? 도로나 항만 등의 공공투자는 미래세대의 소득을 증가시키거나 생활을 풍요롭게 하는 효과를 갖습니다. 물론, 공공투자의 경우에도 구축효과는 작용하기 때문에 민간투자는 억제되겠지요. 그렇다면 중요한 것은 공공투자와 그에 따라 저해되는 민간투자 중에 어느 것이 미래세대에 크게 공헌하는가 라는 것입니다.

만약, 전자가 미래세대에 대한 공헌도가 크다면 공공투자에 의한 재정적자는 미래세대에게 부담이라고 말할 수 없습니다.

이상의 점은, 다음과 같은 비유를 사용해서 설명할 수도 있습니다. 아버지가 술을 마시기 위해 빌린 돈의 이자보다 토지가격 상승률이 높으면 그러한 채무는 자식의 부담이 되지 않습니다.

감세정책의 유효성에 관해 의문

지금까지 설명해 온 재정정책에 의한 경기안정화는 케인즈학파의 거시경제정책의 근간입니다. 이러한 케인즈학파의 사고방법은 경기가 나쁠 때에는 감세를 실시하면 소비가 자극되어 승수과정을 타고 생산이나 고용도 확대된다는 것입니다. 통화주의자는 소비자가 합리적인 한 감세정책으로는 소비가 자극되지 않는다고 합니다.

통화주의자의 논점은 아래와 같이 요약할 수 있습니다. 감세를 하는 경우 공채발행에 따른 누적채무는 미래의 어느 시점에서 증세를 하여 매각하지 않으면 안됩니다. 즉, 현재의 감세는 반드시 미래의 증세를 의미합니다. 정부라 하더라도 예산제약에 바탕을 두고 행동하고 있습니다. 현재의 적자는 어느 시점에서 메우지 않으면 안됩니다.

그러면, 만약 소비자가 합리적이라면, 현시점에 있어서의 소비를 현시점의 소득에만 의존해서 결정하지는 않겠지요. 생애설계를 생각한다면, 현시점의 소득뿐만 아니라, 예상되는 미래시점의 소득까지 고려해서 현시점의 소비를 결정할 것입니다. 그러한 합리적인 소비자는 감세를 어떻게 볼까요? 분명히 현재의 세금은 적어집니다만, 그것은 미래의 증세와 바꾸어서 이루어진 것입니다. 따라서, 진정으로 합리적이라면 감세되었다고 해서 소비를 늘여야 하는 것이 아닙니다.

만약, 대부분의 소비자가 이와 같이 합리적인 사람들뿐이라면, 정부에 의한 감세정책은 전혀 효과를 갖지 못하게 됩니다. 케인츠학파적 재정정책이 전혀 효과를 갖지 못한다 라는 통화주의자의 비판의 근거는 이러한 점에 바탕을 두고 있습니다, 하지만, 현실의 많은 사람들이 위에서 언급한 것과 같이 합리적으로 행동할지 어떨지는 분명하지 않습니다. 그러나, 감세정책이 유효하다고 해서, 그것은 사람들의 착각에서 생길 것일지 모른다는 지적은 중요한 것입니다.

광구야 놀자 경제야 놀자

제3부_ 국 제 경 제 학

제15장
국제무역과 해외직접투자

　한국경제의 성장은 외국과의 무역 없이는 생각할 수 없습니다. 자원이나 토지가 적은 한국에서는 그러한 생산요소를 그다지 사용하지 않는 산업에 특화 함으로써 매우 큰 경제적 이익을 올릴 수 있었습니다. 이 장에서는, 무역활동이 한 나라 경제에 어떠한 영향을 미치는가, 무역패턴은 어떠한 메커니즘에서 결정되는가 라는 문제에 관해서 「비교우위이론」을 사용해서 설명하겠습니다. 또한 무역마찰이나 보호무역논의에 관해서도 간단히 언급 하려고 합니다. 마지막으로, 직접투자나 다국적기업의 활동에 관해서도 간 단한 설명을 하겠습니다.

1 교환과 무역

아인슈타인의 비교우위

본론에 들어가기 전에, 다음과 같은 예에 관해 생각해 봅시다. 지금 아인슈타인이 그의 제자와 함께 연구를 하고 있다고 합시다. 연구는 두 종류의 작업으로 나눌 수 있고, 하나는 이론적인 구조에 관해 생각하는 창조적인 작업, 또 하나는 논문을 타이핑하거나 자료를 정리하거나 하는 보조적인 작업이라 합시다. 이 두 가지 중 어느 작업도 연구활동을 하는 데 불가결한 것이라 합시다.

지금, 아인슈타인은 어느 작업에 관해서도 제자보다 유능하다고 합시다. 예를 들어, 능력을 작업의 속도로 측정한다고 하면, 아인슈타인은 창조적인 작업에 관해서는 제자의 5배, 보조적인 작업에 관해서는 제자의 2배의 속도로 작업을 완료할 수 있다고 합니다. 이 경우, 아인슈타인은 전부 자기가 해 버리고, 제자에게는 아무 것도 맡기지 않는 것이 좋을까요? 또한, 제자는 이렇게 우수한 아인슈타인과 함께 작업해서는 아인슈타인에게 혹사만 당할 뿐이기 때문에 혼자서 따로 연구를 하는 것이 좋을까요?

물론, 대답은 '아닙니다'입니다. 아인슈타인도 제자도 하루 24시간이라는 시간적 제약에 속박되고 있습니다. 따라서, 이 시간적 제약하에서 최대한의 성과를 올리려고 생각한다면 두 사람은 협력하여 분업하는 것이 좋습니다. 이 경우, 아인슈타인이 창조적인 작업을 하면 보조적인 작업의 2.5배를 할 수 있기 때문에 아인슈타인은 창조적인 작업에 특화하고, 그것을 보완하기 위해 제자가 보조적인 작업을 행하면 됩니다.

이와 같은 상황일 때, 아인슈타인은 창조적 작업에 「비교우위」가 있고, 제자는 보조적인 작업에 비교우위가 있다고 합니다. 국제무역에 있어서의 비교우위란, 두 사람의 인물을 국가로 바꾸고 두 가지 작업을 산업으로 바꾸면 그대로 적용됩니다.

비교우위와 국제무역

〈표15-1〉**한국과 미국의 기술에 관한 가상예** 표의 숫자는 각국에 있어서 기계와 농산물을 1단위 생산하기 위해 각각 몇 단위의 노동이 필요한가를 나타내고 있다. 이 표에서 한국은 기계에 비교우위를 갖고, 미국은 농산물에 비교우위를 갖는다는 것을 알 수 있습니다.

	필요한 노동계수	
	기계	농산물
한 국	2	4
미 국	6	6

표 15-1에 나타난 것과 같은 상황을 생각해 보십시오. 국가는 한국과 미국 두 나라, 재화는 기계와 농산물 두 종류 밖에 없고, 두 재화 모두 노동만을 사용해서 생산되는 것으로 합시다. 표에 쓰여진 숫자는, 양국에서 각각 재화를 1단위 생산하기 위해 몇 단위의 노동이 필요한가를 나타낸 것입니다. 예를 들어, 한국에서 기계를 1대 생산하기 위해서는 노동이 2단위 필요하다는 것입니다.

이 표에 나타난 것과 같은 기술상황하에서 한국과 미국간에 무역은 성립할까요? 이 표를 보는 한에 있어서는, 어느 재화에 관해서도 미국의 노동생산성은 한국보다 낮게 되어 있습니다만, 이것은 위의 질문에 대한 대답에 영향을 미칠까요?

먼저 양국간에 무역이 이루어지고 있지 않는 경우를 상정해 보십시오. 두 재화 모두 소비에 필요한 재화이기 때문에 무역이 이루어지지 않고 있으면 어느나라에서도 두 재화가 생산되게 되겠지요. 이 상태에서 출발해서, 한국에서 기계생산을 1단위 늘이고 미국에서 기계생산 1단위를 줄여 보십시오.

한국에서는 기계를 1단위 추가생산하기 위해서는 농산물을 생산하고 있는 곳에서 2단위의 노동을 이동시키지 않으면 안됩니다. 그 결과, 한국의 농산물 생산은 1/2단위 감소합니다. 미국에서는 기계생산을 1단위 줄임으로써 6단위의 노동을 절약할 수 있기 때문에, 이것을 농산물 생산에 돌리면 농산물의 생산량을 1단위 증가시킬 수 있습니다.

이러한 생산의 변경에 의해, 양국을 합친 기계의 생산대수는 변하지 않는데도 불구하고, 농산물의 생산량은 1/2단위 증가합니다. 따라서, 만약 무역에 의해 이 농산물을 양국간에 잘 분배할 수 있으면, 양국은 이전에 비해 경제적으로 보다 윤택해집니다.

위에서 언급한 것처럼 양국의 생산을 변경하면 왜 농산물의 총생산량이 증가할까요? 이 점에 대해 이해하기 위해서는, 각국에 있어서 생산을 통한 두 재화간의 대체관계에 관해 설명할 필요가 있습니다.

한국에서는 1단위의 기계를 생산하는 노동으로 1/2단위의 농산물을 생산할 수 있습니다. 즉, 두 산업간에 노동을 움직임으로써, 1단위의 기계를 1/2단위의 농산물로 바꿀(대체 또는 변형)수 있습니다. 이때 한국에 있어서 기계와 농산물의 「한계변형률(marginal rate of transformation, MRT」은 1/2이라고 말합니다. 마찬가지로 해서, 미국에 있어서는 1단위의 기계가 1단위의 농산물로 전환 할 수 있기 때문에, 한계변형률은 1이 됩니다.

두 나라의 한계변형률이 서로 다를 때, 각 국에서 두 재화가 생산되고 있다는 것은 분명히 비효율적인 것입니다. 위의 예에서는, 한국에서 보다 많은 기계를 생산하고, 미국에서 보다 많은 농산물을 생산함으로써, 양국을 합친 두 재화의 총생산량을 증가시킬 수 있습니다. 따라서, 한국이 기계의 생산에 특화하고, 미국이 농산물에 특화함으로써 보다 효율적인 생산이 이루어지게 됩니다. 이때, 각국은 자기나라가 생산하지 않는 것을 다른 나라로부터 수입해야 하기 때문에 거기서 무역의 역할이 생깁니다.

위의 예와 같은 경우, 한국은 기계에 비교우위를 가지고 미국은 농산물에 비교우위를 갖는다고 합니다. 이 경우의「비교」란, 한국과 미국을 비교한다는 것보다 기계와 농산물을 비교한다는 의미입니다. 기계생산에 관해서 어느 나라가 보다 적합한가를 평가하기 위해「기계생산을 1단위 추가하기 위해 농산물의 생산을 얼마만큼 희생해야 하는가」라는 점에 관해 양국을 비교하는 것입니다. 표 15-1에서, 한국에서는 1/2, 그리고 미국에서는 1이기 때문에, 한국이(농산물을 기준해서 볼 때)기계생산에 관해 비교우위를 갖고 있습니다. 마찬가지 방법으로, 미국이 농산물에 관해 비교우위를 갖고 있는 것을 쉽게 확인할 수 있습니다.

한편, 대단히 흥미 깊은 것은 만약 양국이 자유무역을 행하면 그것만으로 양국은 자동적으로 각국이 비교우위를 갖는 재화의 생산에 특화합니다. 그 결과, 자유무역하에서 실현되는 자원배분은 최적인 것이 됩니다. 이 점은 중요하기 때문에 간단히 설명해 보겠습니다.

표 15-2는, 농산물 가격을 1로 했을 때, 기계가격과 양국의 생산패턴간에 성립하는 관계를 나타낸 것입니다. 농산물 가격을 1로 한 것은 다음과 같은 이유에 따릅니다. 시장거래나 자원배분을 결정하는데 중요한 것은 각 재화의 절대가격이 아니라, 두 재화의 가격비율(=상대가격)입니다. 예를 들어, 기계가 2,000원이고 농산물이 1,000원인 상태와, 기계가 2만원이고 농산물

이 1만원의 상태에서 문제가 되는 것은, 두 재화의 상대가격이 2(즉, 기계가격이 농산물가격의 두배)라는 것이지, 각 재화의 절대가격은 그다지 중요한 의미를 갖지 않습니다. 이러한 이유 때문에 아래에서는 농산물 가격을 기준으로 잡고 그것을 1로 하였습니다.

〈표 15-2〉 **기계가격과 양국의 생산패턴** 이 표는 농산물 가격을 1로 했을 때의 기계가격과 양국의 생산패턴 관계를 나타내고 있다. 한국의 생산패턴은 1/2에서 변화하고, 미국에서는 1에서 변화한다. 양국간에 무역이 생기는 것은 가격이 1/2에서 1 사이에 있을 때로서, 한국에서 기계가 수출되고 미국에서 농산물이 수출된다.

	생산패턴		
	1/2 이하	1/2 ~ 1	1 이상
한 국	농산물	기 계	기 계
미 국	농산물	농산물	기 계

한국에서 두 재화가 모두 생산되기 위해서는 기계가격이 1이 되어야 합니다. 표 15-1에 나타난 것처럼, 기계를 1대 생산하기 위해서는 농산물을 1단위 생산하기 위한 노동력의 절반이 필요하기 때문입니다. 만약, 기계가격이 1/2이하라면 모든 생산자는 농산물을 생산하려 하겠지요. 그 편이 이익이 크기 때문입니다. 반대로, 만약 기계가격이 1/2이상이라면 모든 생산자는 기계만을 생산하려 하겠지요. 미국에 있어서 생산 패턴은 기계가격이 1에서 전환됩니다. 이상 설명한 것은 표 15-2로부터 쉽게 알 수 있을것입니다.

그런데, 만약 한국과 미국 이외에 무역을 하고 있는 나라가 없다고 하면, 자유무역하에서의 가격은 어떠한 수준이 될까요? (농산물가격이 1이라고 하면)기계의 가격이 1/2이하일 때에는 한국에서도 미국에서도 모두 농산물밖에 생산되지 않습니다(표 15-2 참조) 사람들의 기계에 대한 수요가 있으면, 이러한 상태는 균형이 될 수 없습니다. 기계부족(이 경우에 기계는 전혀 없음)을 반영해서 기계가격은 상승하겠지요.

반대로, 기계가격이 1이상이 되어버리면, 양국의 생산자는 기계만을 생산하려하겠지요. 이때는 농산물이 부족해, 기계의 농산물에 대한 상대가격은 떨어집니다. 여기에서는 농산물의 가격을 1로 고정시키고 있기 때문에 기계가격이 하락하게 됩니다.

결국, 기계가격이 1/2과 1사이에 있을때만 두 재화가 생산됩니다. 한국은 기계생산에 특화하고, 미국은 농산물생산에 특화합니다. 이때의 양국의 특화패턴은 비교우위에 근거한 올바른 것이 되고, 효율적인 자원배분이 이루어질 것입니다.

즉, 자유무역하에서는 자동적으로 최적인 자원배분이 성립되는 것입니다. 만약 관세 등의 무역제한적인 조치가 정부에 의해 취해진다면 그에 따라 지원배분은 왜곡됩니다. 자유무역을 하는 것의 의미는 바로 여기에 있습니다.

비교우위의 결정: 헥셔-오린 정리

위에서 설명한 것과 같은 비교우위의 차이는 어떠한 요인에 의해 결정될까요? 하나의 큰 요인은 기후차이입니다. 예를 들어, 더운 기후를 가진 나라는 한랭한 기후를 가진 나라보다 열대과일 생산에 비교우위를 갖겠지요. 그러나, 세계의 비교우위패턴을 모두 기후차이로 설명하는 것은 도저히 무리라고 생각됩니다.

북유럽의 경제학자인 헥셔(E. Hecksher)와 오린(B. Ohlin)은, 비교우위의 결정요인으로서 다음과 같은 이론을 제기했습니다. 개별재화를 생산하는 데에는 복수의 생산요소를 필요로 합니다. 이러한 생산요소의 예로서는, 토지, 노동, 자본, 에너지 등을 들 수 있습니다. 재화에 따라 어느 생산요소를 많이 사용하는가에 차이가 있는 것이 비교우위의 차이를 가져온다는 것입니다.

예를 들어, 농업제품과 기계제품을 비교하면, 농업은 토지를 상대적으로 많이 사용하는데 비해, 기계제품은 노동이나 자본을 보다 많이 사용한다고 생각할 수 있습니다. 이 결과, 토지가 풍부한 나라는 농업에 비교우위를 갖고, 노동이나 자본이 상대적으로 풍부한 나라는 공업제품에 비교우위를 갖게 됩니다. 헥셔-오린 정리의 핵심은 「각국은 그 나라가 상대적으로 풍부하게 갖고 있는 생산요소를 많이 사용해서 생산되는 재화에 비교우위를 갖는다.」라는 것입니다.

무역이 가져다주는 경제적 이익

위에서 설명한 메커니즘은 생산측면에서 본 무역이론입니다. 그러나, 무역의 장점은 수요측면에서도 생깁니다. 다음은 이 점에 관해 설명하겠습니다.

무역이란 국가간에 재화를 교환하는 것이기 때문에 이 장에서 무역으로서 논의하는 것은 국내의 교환이라는 행위에 관해서도 그대로 적용됩니다. 아래에서는 무역의 수요측면에서의 이익을 국내에서 병태와 영자의 교환이라는 형태로 논의하겠습니다. 이것을 한국과 미국의 교환으로 바꾸면 그대로 무역의 논의가 되겠습니다.

지금, 사과를 10개 가진 사람(병태)과 귤을 20개 가진 사람(영자)이 길에서 만났다고 합시다. 이 때, 두 사람 간에 물물교환이 성립하는 것은 어떤 경우일까요? 직관적으로 생각하면, 병태에게서의 사과(귤)의 가치가, 영자에게서의 사과(귤)가치보다 낮을(높을) 때, 두 사람간에 교환이 성립합니다.

이 점을 좀 더 정확히 이해하기 위해서는 소비에 있어서의 한계대체율(MRS)개념을 도입할 필요가 있습니다. 예를 들어, 병태의 한계대체율이 1이고, 영자의 한계대체율이 3이라고 해봅시다.

병태가 영자에게 사과를 1개 넘겨주었을 때, 영자는 병태에게 귤을 몇개 주면 좋을까요? 한계대체율이 1인 병태의 입장에서 보면, 귤을 1개이상 받으면 좋은 것이 됩니다. 한편, 한계대체율이 3인 영자는 사과 1개에 대해 귤을 3개까지 줄 수 있습니다. 따라서, 병태가 영자에게 사과를 1개 넘겨주고, 영자가 병태에게 귤을 1개에서 3개 사이의 어떤 수량을 넘겨주면 두 사람 모두 이익을 얻게 됩니다.

교환 전에 병태의 한계대체율이 영자의 그것보다 작다는 것은 병태보다 영자가(귤을 기준으로 보았을때)사과를 높이 평가하고 있는 것이 됩니다. 따라서, 물물교환의 이익도 생기는 셈입니다. 그러면, 병태의 한계대체율은 영자의 그것보다 왜 작을까요? 이 점에 관해서 일반적인 것은 아무 것도 말 할 수 없습니다. 그러나, 사과를 많이 갖고 있으나 귤을 전혀 갖고 있지 않는 병태가 무엇보다 귤을 원한다는 것을 생각하면, 병태의 한계대체율이 작은 것은 자연스런 일이라 생각됩니다. 이 점도 제2장에서 설명했습니다.

이러한 교환의 이익은, 현대의 무역을 이해하는데 큰 의미를 갖고 있습니다. 우리 주위를 둘러보면, 실로 많은 재화를 해외에서 수입하고 있다는 것을 알 수 있습니다. 다소 과장되게 말하면 다음과 같이 됩니다.

「프랑스제 잠옷을 입고 이탈리아 가구 의자에 앉아, 독일산 포도주를 마시면서, 미국의 째즈 레코드를 듣는다. 마루에는 인도산 양탄자가 깔려있다.」 이러한 생활은 중세시대라면 왕족이나 귀족밖에 바랄 수 없는 것이었습니다. 이런 의미에서 무역을 통해 각종 재화를 교환할 수 있게 된 이익은 대단히 크다고 말할 수 있습니다.

2 무역마찰과 보호무역

요즘 한국의 대외관계를 보면, 위에서 서술한 자유무역의 세계와는 어느 정도 거리가 있는 것처럼 생각됩니다. 세계의 몇몇 나라로부터 한국의 무역정책이 보호주의적이라는 지적이 있는가 하면, 그들도 많은 보호주의적 조치를 취하고 있어서, 한국의 대외 경제정책은 무역마찰문제 해결에 많은 노력을 하고 있는 것 같습니다. 자유무역에는 이익이 있는데, 왜 각국은 보호주의적인 행동을 취할까요?

또한, 무역제한적인 조치는 어떠한 영향을 가져올까요? 아래에서는 이러한 점에 관해서 생각해 보겠습니다.

무역과 분배의 변화

제4장에서 설명한 것처럼, 무역은 사회전체의 총잉여(소비자잉여＋생산자잉여)를 증가시킵니다만. 이에 따라 모든 사람의 잉여가 증가하는 것은 아닙니다. 무역에 의해 이익을 얻는 사람도 있는가 하면 피해를 보는 사람도 있습니다. 총잉여가 증가하기 때문에 이익을 얻는 사람들의 잉여증가의 합계액이 피해를 보는 사람들의 손실액보다 큽니다. 그러나, 문제는 이익을 얻는 사람으로부터 손해를 보는 사람에게로의 소득이전이 어렵다는 것에

있습니다.

예를 들어, 무역자유화의 결과, 어떤 상품이 외국에서 싸게 수입할 수 있게 되었다고 해 봅시다. 이에 따라 이익을 얻는 것은 소비자입니다. 이전보다 싸게 상품을 구입할 수 있기 때문에 소비자잉여는 증가합니다. 그러나, 수입되는 것과 같은 종류의 재화를 국내에서 생산하고 있는 생산자는 큰 손해를 봅니다. 때로는, 도산이나 실업으로 결말이 나는 일도 있겠습니다. 여기에서 골치 아픈 것은, 소비자의 이익은 많은 사람들 사이에 엷게 분산됩니다만, 손실은 비교적 소수의 사람들에게 집중되는 것에 있습니다. 따라서, 이익을 보았다는 인식은 작은 것에 대해 손실감은 대단히 커지게 됩니다. 정치적으로는 손실을 입은 사람들의 목소리다 커져 무역제한조치가 발동되지 않을 수 없습니다.

선진국에 있어서 각종 보호무역조치는 많게든 적게든 이러한 측면을 가지고 있습니다. 이론적으로는, 무역자유화에 따라 이익을 얻는 소비자가 손해를 보는 생산자에게 원조를 하면 문제가 해결됩니다만, 현실적으로 그러한 조치는 실행하기 곤란한 것처럼 생각됩니다.

그런데, 이러한 수입품과의 경쟁에서 국내생산자가 지는 것은 단순한 분배문제 이상의 의미를 갖는 일이 있습니다. 해외에서 싼 상품이 대량으로 국내에 들어옴에 따라 때로는 심각한 실업문제가 발생하는 일이 있기 때문입니다. 이와 같이, 외국과의 경쟁에서 살아남지 못해 쇠퇴해 가는 산업을 「사양산업」이라 부르고, 이러한 산업이 안고 있는 문제를 「사양산업문제」 또는 「산업조정문제」라 부릅니다.

산업조정문제는 환율의 급격한 변화에 의해서도 일어납니다. 원화가 급격히 높아지면('원고'가 급속히 진행되면), 무역관련산업(수출산업이나 수입대체산업)은 심각한 문제에 직면하게 됩니다. 무역제한정책은 이러한 급격한 변화에 따른 실업문제에 대처하는 하나의 유력한 수단이 됩니다. 수입제한이 행해지면 그에 따라 수입품과의 경쟁압력이 약해지기 때문에, 국내산업도 한숨을 돌릴 수 있습니다.

그러나, 그러한 사양산업을 보호하는 무역제한정책은 마약과 마찬가지 효과를 갖고 있습니다. 사회전체의 최적성에서 보면, 그 나라는 사양산업에 비교우위가 없기 때문에 될 수 있으면 빨리 비교우위를 갖는 다른 산업으로 자원을 이동시켜야 합니다. 그러나, 사양산업을 지키려는 보호무역조치는 그러한 바람직한 산업조정(산업간의 자원이동)을 저해합니다.

유치산업보호

보호무역조치가 취해지는 또 하나의 이유는 「유치산업보호」라는 목적을 위해서입니다. 1960~70년대의 한국도 그랬습니다만, 많은 산업에서는 어느 정도의 생산이나 판매의 경험을 쌓지 않으면, 기술축적이 이루어지지 않습니다. 이러한 단계에 있는 산업을 유치산업이라 부릅니다.

만약, 이러한 유치산업이 갑작스럽게 외국기업과 경쟁하게 되면 기술이나 경험을 축적할 기회를 얻지 못한 체 망해버립니다. 그 산업을 육성하기 위해서는 어느 정도의 기간동안 무역제한 등으로 그 산업을 보호할 필요가 있습니다.

이러한 형태로서의 유치산업보호정책은 많은 나라에서 이루어지고 있습니다. 공업화 초기단계에서 한국은 위치산업보호를 이유로 많은 재화에 대해 수입제한을 행하여 왔습니다. 현재에도 발전도상국에서는 이러한 정책이 널리 관찰되고 있으며, WTO(세계무역기구)가 성립하기 이전의 GATT(관세 및 무역에 관한 일반협정)체제에서는 이것이 발전도상국에 한해 어느 정도 인정되었습니다. 또한 유럽과 일본 같은 선진국에서도 자국의 항공기나 컴퓨터산업을 육성하기 위해 보조조치가 취해지고 있습니다.

유치산업보호가 성공하면, 장래에 그 산업에서 값싸고 품질 좋은 제품이 공급되기 때문에 사회적으로는 의미가 있는 경우도 많다고 생각됩니다. 실제 한국의 철강, 조선, 자동차, 전기, 기계 등의 산업의 육성정책은, 그 후의 한국이나 해외각국의 경제적 후생증대에 큰 공헌을 했다고 생각됩니다. 그러나, 그 보호과정에서 국내의 소비자가 값싼 수입재를 소비할 기회를 빼앗겨 왔다는 것도 지적할 필요가 있습니다. 그 가운데 어느 정도가 사회적으로 의미가 있는 보호인가는 반드시 명백하지 않습니다. 또한 이 정책시행과정에서 한국에서는, 정경유착, 특혜시비, 경제력 집중(재벌화), 본업과는 관계없는 부동산투기가 발생했다고 할 수 있겠습니다.

수입제한과 생산보조금

위의 논의로부터 명백하다고 생각합니다만, 관세 등의 수입제한 정책의 목적은 수입을 억제하는 데 있는 것이 아니라, 그것을 통해 국내생산자를 보호하는 데 있습니다. 그러나, 국내생산자를 보호할 목적이라면 수입을 제한하는 대신에 생산자에게 보조금을 주어도 좋습니다. 어느 쪽이든 생산자를 보호하는 효과에 관해서는 차이가 없습니다.

두 방법의 차이는 소비자에게 미치는 영향에 있습니다. 관세 등의 수입제한 정책이 사용되면 국내소비자는 값싼 외국제품을 구입할 기회를 빼앗깁니다. 그러나, 국내생산자에게 보조금이 지불되는 경우에는 이러한 것이 없습니다. 총잉여라는 관점에서 수입제한정책보다는 보조금이 바람직하게 됩니다.

그럼에도 불구하고 수입제한정책이 사용되는 것에는 이유가 있습니다. 정부가 재정난에 빠져 있는 상황하에서는 보조금의 재원을 확보하는 것이 어렵겠지요. 보조금을 위한 증세는 국민의 합의를 얻기 힘들어 정치적으로 곤란한 것입니다. 보조금을 위한 증세라는 문제가 되면, 납세자에게 그 부담을 명백히 밝히는 것이 됩니다.

무역제한은 수출기업에 이익을 가져올 수 있다?

관세나 수입할당 등의 정책효과에 관해 논할 때 이러한 정책이 「하늘에서 떨어진 것」처럼 다루는 경우가 많은 것 같습니다.(국제무역에 관한 표준적인 교과서)

예를 들어, 관세의 경우 몇 %의 관세를 부과하면 수입은 얼마만큼 감소하는가 라는 것같이 다루어지는 것이 보통입니다.

그러나, 정책에 대한 이러한 시각은 현실을 이해하는데 반드시 적절하지는 않습니다. 특히, 시장이 과점적인 산업에 있어서 무역제한적 정책의 효과는 보다 복잡합니다. 결과적으로 동일한 %의 관세가 부과된다고 해도, 그 관세가 정부의 어떤 의도에서 나온 것인가, 또는 어떤 정책결정과정에 의해 정해진가에 따라 그 효과는 크게 다릅니다.

무역정책의 배경에는 반드시 그것을 결정하는 메커니즘이 존재합니다. 많은 경우, 각종 이해단체의 의도나 거기에 따라 움직여지는 정치적 과정이 중요한 역할을 합니다. 무역제한정책은 갑자기 하늘에서 떨어지는 것이 아니라, 현실경제의 움직임에 따라, 또는 어떤 목적을 가지고 결정됩니다.

이러한 무역제한정책의 결정방식을 가장 단순하면서도 현실적으로 자주 볼 수 있는 것은 수입이 급증하면 수입제한적인 조치가 취해지는 것입니다.

과거의 한·미 무역의 예를 보아도 섬유, 철강, 칼라T.V 등의 무역마찰이 심각하게 된 것은 이들 상품의 수출이(미국입장에서 수입) 급증했을 때였습니다.

만약, 수출이 증가할수록 상대국의 수입제한적인 정책이 실시될 가능성이 커진다면, 수출국의 기업은 어떻게 대응할까요? 예를 들어 수출물량을 늘리는 경쟁력을 충분히 갖고 있다 하더라도 상대국의 수입제한적 조치를 유발해서는 곤란합니다. 그것보다는 가격을 인상해서 수출물량이나 상대국에서의 시장점유율은 높이지 않고 이익을 늘리는 편이 낫다고 생각하겠지요.

이러한 수출기업의 예방적 대응은 수입국측의 경쟁관계에 있는 기업의 행동에도 영향을 미칩니다. 무역제한적 정책이 도입될 가능성이 전혀 없는 경우에 수입국측의 기업이 가격을 올리면 해외로부터의 수입이 촉진되어 버립니다. 즉, 경쟁메커니즘이 작용해서 가격인상을 단행하기 어려운 상황에 있는 것입니다. 그러나, 수출기업(외국기업)이 무역제한적 조치를 두려워하여 수출을 늘릴 수 없는 사정에 있을 때에는 수입국측의 기업은 자기가 가격을 올리면 수출기업도 가격을 올리지 않을 수 없다고 판단하는 것입니다. 왜냐하면 수출기업이 가격을 올리지 않으면 수출량(=수입량)이 늘어나 무역제한적 정책이 실시될 가능성이 높아지기 때문입니다.

이상과 같은 기업간의 조정은 과점시장에 있어서 특히 강하게 작용하겠지요.

그 결과, 제품의 가격은 점차 인상되어 갑니다. 수출국측의 기업이 무역제한을 두려워하여 수출을 늘일 수 없기 때문에 가격경쟁메커니즘은 작용하지 않습니다.

3 직접투자와 다국적 기업

  기업이 자기의 상품을 판매하기 위해서는 반드시 수출이라는 수단에 의
존할 필요는 없습니다. 해외에 공장을 짓거나, 해외의 공장이나 기업을 인수
해서 생산을 해도 되기 때문입니다. 또한 해외에서 생산을 하지 않아도,
판매나 애프터서비스 등을 위해 해외에 자회사를 설치하여 국내의 직원을
파견하는 것도 필요하게 됩니다. 이와 같이 해외에 공장 등을 지어서 생산하
기 위해, 또는 판매회사를 설치하기 위해 해외에 투자하는 것을 「직접투자」
라 부릅니다. 또한, 그러한 직접투자의 결과, 여러나라에 생산이나 판매망이
깔려 있는 기업을 일컬어 「다국적 기업」이라 합니다.

  현재의 국제무역에 관해 생각할 때, 직접투자나 다국적기업의 활동을
무시할 수는 없습니다. 국제무역의 상당부분은 동일한 다국적기업에 속해
있는 모기업과 자회사, 또는 자회사간(예를들어, IBM미국본사와 한국IBM,
한국IBM과 일본IBM)에 이루어지고 있습니다. 또한 어떤 산업에서는 수출
이 현지생산으로 전환되어 가는 경향이 있습니다. 게다가, 금융이나 통신
등의 서비스산업에 있어서, 소위 '서비스무역'의 확대경향이 나타나고 있습
니다만, 서비스는 상품의 무역과는 달리 직접투자 등으로 설립한 현지자회
사의 활동이 중요한 의미를 갖습니다.

  무역과 직접투자의 관계는 제6장에서 설명한 시장적 자원배분과 기업내
조직적 자원배분이라는 개념으로 이해할 수도 있습니다. 무역이란 국경을
넘나드는 시장거래 이외에 아무 것도 아닙니다. 여기에 대해, 직접투자란
기업의 조직이 국경을 넘어서 확대되어 가는 것이고, 그 결과인 다국적기
업의 활동은 기업내의 조직적 자원배분이 국경을 넘나들며 행해지는 것입

니다.

다국적기업의 활동이 세계경제에 미치는 영향은 대단히 크고, 또한 복잡하기 때문에 그 평가는 곤란합니다. 다국적기업의 활동은 긍정적인 측면과 부정적인 측면, 양쪽을 모두 갖고 있습니다. 또한, 다국적기업의 본부가 있는 나라[모국(home country)]와 현지자회사가 있는 나라[현지국(host country)]에 따라, 그 영향은 대단히 다릅니다. 아래에서 설명하는 것은 어디까지나 다국적 기업이 가져다주는 영향에 관한 예에 불과한 것이지 포괄적인 것은 아닙니다.

다국적기업의 활동은, 제일 먼저 모국과 현지국 모두의 고용에 큰 영향을 미칩니다. 만약 현지국에서의 생산이 확대되면 거기에서의 고용흡수효과는 확대됩니다만, 모국에서의 생산이 감소하여 고용을 줄이게 될지도 모릅니다.

다국적기업의 활동은 국경을 넘어서 기술이나 노하우의 파급도 일으킵니다. 생산을 위한 미묘한 노하우나 기술은 책이나 학교 등에서 배울 수가 없습니다. 실제로 생산현장에서의 생산경험을 통해서 밖에 배울 수 없습니다. 이런 의미에서, 발전도상국에서 다국적기업이 생산을 행하면 거기에서의 경험을 통해서 노동자의 능력이 육성되고 기술이나 노하우가 전파됩니다.

다국적기업의 활동은 각국 정부에 의한 규제나 정책과도 종종 알력을 일으킵니다. 예를 들어, 각국 정부의 조세체계 차이를 이용해서 다국적기업은 세금을 어느 정도 회피할 수 있습니다. 국가에 따라서는 외국으로부터 기업을 유치하기 위해 법인세를 대단히 낮게 정하고 있는 나라가 있습니다 (이러한 나라는 세금도피처가 됩니다.) 이러한 나라에 자회사를 설립하고, 그 자회사에 대단히 싼 가격으로 수출하고, 그 자회사가 이번에는 대단히 높은 가격으로 제3국에 수출하는 형태를 취하면, 이 다국적기업의 이윤은 세금도피처에 집중되어 법인세를 피할 수 있습니다. 이와 같이, 다국적기업이 모회사와 자회사간, 또는 자회사간의 거래가격을 조작함으로써 세금을 피하는 행위를 「이전가격조작(trasfer pricing)」이라 부릅니다.

위에 든 세금의 문제에 국한되지 않고, 다국적 기업은 여러 가지 형태로 각국의 규제나 정책의 그물을 빠져나갈 수 있습니다. 이것은, 다국적기업이 각국간을 넘나들며 활동하는데 비해, 각국의 정책이나 규제는 국경내에 한정되기 때문입니다.

아래에서는 직접투자의 몇가지 패턴에 관해 간단히 정리해 보겠습니다.

값싼 생산요소를 찾아서 생산거점의 이동

1980년대 중반이후 한국의 섬유산업이나 신발산업 등 경공업이 동남아시아와 중국지역으로 공장이전을 본격적으로 시작하였습니다(한국의 해외직접투자는 1968년 남방개발의 인도네시아 산림개발이 최초). 이것은 동남아시아 각국 및 중국의 값싼 노동력을 이용하는 것이 주요한 목적이라고 생각됩니다. 단순한 노동작업의 경우에는 본사와 떨어진 지역에서 작업을 해도 기술적으로는 문제가 적기 때문에, 임금이 싼 노동력을 찾아서 해외생산이 이루어지게 됩니다.

국제적 운송비의 하락 등도 이러한 경향에 박차를 가하고 있습니다. 싼 임금을 찾아 행해지는 직접투자는 현재 많은 나라에서 볼 수 있습니다. 발전도상국측도 선진국으로부터의 그러한 직접투자를 발판으로 해서 경제발전을 달성하려고 하고 있기 때문에 세제 등에서 각종 우대조치를 취하고 있습니다.

직접 무역할 수 없는 재화 및 서비스의 국제거래를 위한 직접투자

금융업이나 종합상사 등에서는 그들의 서비스를 해외각국에 팔려고 해도 일반적인 상품처럼 수출의 형태로 출하할 수 없습니다. 따라서 해외에 현지 법인을 설립하여 그 활동을 통해서 거래하는 것이 많습니다.

이러한 서비스업에 의한 직접투자는 외국계 은행처럼 단독출자형태를 취하는 것이 있습니다만, 현지기업과의 합작이라는 형태를 취하는 것도 있습니다. '켄터키 후라이드치킨'이나 '세븐일레븐'과 같이 한국에 진출하고 있는 체인점 가운데에는 미국의 모회사와 한국기업과의 합작(공동사업)이 많습니다. 이러한 경우에도, 모회사가 어느 정도의 비율이상을 출자하고 있으면 직접투자라 생각합니다.

보호무역을 피하기 위한 직접투자

1990년대에 들어와 NAFTA(북미자유무역지역) 발족을 전후로 해서 많은 한국기업과 일본기업이 멕시코를 중심으로 한 중미지역에 직접투자를 하여 현지회사를 설립했습니다. 이것은 북미자유무역지역(NAFTA)의 설립에 의해 북미시장에서 쫓겨나지 않기 위해, 미리 북미시장에 진출하는 것을 목적으로 한 것입니다. 북미시장내에 관세가 철폐되고 회원국 이외에는 관세가 부과되면 북미시장 바깥에서 수출하는 것이 불리하게 되기 때문입니다.

이러한 관세장벽을 넘기 위한 직접투자나 현지생산은 그 외에도 많은 예가 있습니다. 발전도상국 가운데에는 자기나라에 선진공업국의 기업을 유치하기 위해 일부러 높은 관세를 부과하는 나라도 있습니다. 이러한 관세하에서 선진공업국의 기업이 그 시장에서 물건을 파는 유일한 방법은 현지생산밖에 없기 때문입니다.

무역마찰을 피하기 위한 한국기업의 선진국시장에서의 현지생산도 보호무역을 회피하기 위한 직접투자라 생각됩니다. 이 경우에는 실제로 보호무역조치가 취해지기 이전에 예방적 조치로서 직접투자가 이루어지는 것도 있습니다.

원자재를 확보하기 위한 투자

70년대 오일쇼크이전에 '메이저'라 불리는 국제적인 석유회사들은 해외의 유전개발에 거액의 투자를 하였습니다. 이것은, 자신이 유전개발을 하여 그 권리를 획득함으로써 원유의 공급을 확보할 목적으로 행해졌습니다. 한국 최초의 해외직접투자는 1968년 남방개발이 인도네시아에서 산림개발을 위해 행한 것으로써 이 범주에 드는 전형적인 직접투자라 할 수 있습니다.

철강회사에 있어 철강석이나 석탄, 석유회사에 있어 원유, 목재가공회사에 있어 원목 등은 안정공급이 요구됩니다. 현물시장(spot시장)에서 원자재를 구입하는 것이 불안한 경우에는 직접 원자재 생산지에 투자해 원재료 등을 확보하는 것이 나을 수 있습니다.

제조기업에 의한 유통망 확보를 위한 직접투자

자동차나 가전제품, 컴퓨터 등의 상품은 팔기만 하면 되는 것이 아닙니다. 유통망의 정비 정도, 애프터서비스의 질, 광고활동 등이 상품의 판매량에 큰 영향을 미칩니다. 자동차와 같이 기술적으로 전문성이 강한 상품에 관해서는 이러한 유통활동을 제3자인 종합상사에 맡길 수는 없을지도 모릅니다. 그러한 때에는 제조기업이 스스로 직접투자를 해, 유통시스템이나 서비스망을 만들려고 합니다.

한국에서 미국 및 유럽으로의 직접투자에는 이러한 제조업체에 의한 유통관련 직접투자가 대단히 많은 것 같습니다.

제16장
국제금융과 개방경제하의 경제정책

  지금의 한국경제는 세계각국과의 무역과 자본거래를 빼고서는 말할 수 없습니다. 정부 및 통화당국이 재정, 금융정책을 결정해 운용함에 있어서 환율변동을 중시합니다. 그것은, 환율변동이 한국이나 해외 여러나라의 기업 및 가계의 경제활동에 큰 영향을 미치기 때문입니다. 무역구조나 국제간의 자본이동에 생긴 변화는 환율수준에 영향을 미치기 때문에, 정책방침의 결정에 있어서는, 환율에 대한 영향과 환율변화가 경제활동에 미치는 영향을 고려해야 합니다.

  이 장에서는 국제간의 무역이나 자본이동이 환율과 어떠한 관계를 갖고 있는가? 또한 환율변화를 고려했을 때, 거시경제정책은 어떠한 영향을 받는가 라는 문제를 중심으로, 국제금융이나 국제거시경제학의 여러 문제에 관해 고찰하겠습니다.

1 환율의 기능과 그 결정 메커니즘

환율과 외환시장

 한국은 '원', 미국은 '달러'와 같이 각국은 각기 서로 다른 통화를 사용하고 있어, 국제거래에는 이 통화간의 교환이라는 문제가 발생합니다. 예를 들어, 한국에서 미국으로 자동차를 수출했을 때, 그 대금이 달러로 지불된다면, 그것을 받은 한국의 자동차업체는 한국의 국내은행을 통해서 달러를

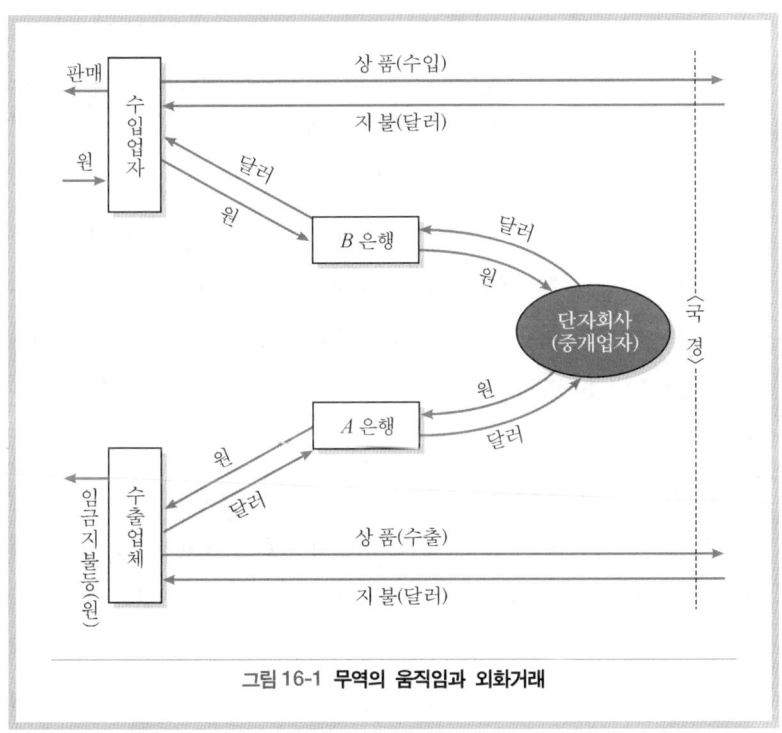

그림 16-1 **무역의 움직임과 외화거래**

원화로 바꾸지 않으면 안됩니다. 만약 원화로 지불된다면, 그 대금을 내는 사람은 미국의 국내은행을 통해서 달러를 원화로 바꿀 필요가 생깁니다. 이와 같이, 은행을 통해서 원화를 달러로, 또는 달러를 원화로와 같이 서로 다른 통화의 교환이 이루어집니다. 이때, 통화간의 교환비율을 「환율」이라 부릅니다.

한국에서는 통상 '외화 1단위가 몇 원과 교환되는가'라는 방법으로 환율을 나타냅니다. 원과 달러로 말하면, '1달러 800원' 이라는 형태로 나타냅니다. 그러면, 환율수준은 어떻게 해서 결정될까요? 그림 16-1을 사용해서 설명하겠습니다.

이 그림은 원화와 달러의 움직임을 나타낸 것입니다. 외국과의 거래에 따라 원화를 달러로 바꾸거나, 달러를 원화로 바꿀 필요가 생깁니다. 예를 들어, 그림의 A은행쪽에는 수출업자가 외국에 수출한 상품의 대금으로 들어온 달러를 원화로 바꾸려 하고 있습니다. 또한, B은행쪽에서는 수입업자가 해외에 지불할 달러를 조달하기 위해 원화를 달러로 바꾸고 있습니다.

이와 같이, 각 은행에는 각종 기업이나 개인이 원화와 달러의 교환을 위해 출입합니다. 고객에 대해 원화와 달러의 교환에 응해서 수수료를 받은 것은 은행입장에서는 중요한 영업행위입니다, 이런 의미에서, 은행은 원화와 달러 교환의 소매상 역할을 하고 있고, 은행 카운터에 제시된 통화의 교환비율은 소매가격으로서의 환율이 됩니다.

만약, 각 은행에 교환을 위해 들어오는 원화와 달러의 금액이 정확히 일치한다면, 각 은행은 사전에 적당한 액수의 달러를 보유함으로써 고객의 수요에 대응할 수 있습니다, 그러나, 달러를 원화로 바꾸려는 고객과 원화를 달러로 바꾸려는 고객이 정확히 일치하는 것은 드물어서, 고객의 요구에 응함에 따라, 은행내의 달러가 점차 감소하던가, 아니면 달러가 과도하게 늘어나겠지요. 따라서, 각 은행은 모자라는 달러를 보충하거나 남는 달러를 처분하기 위해 도매시장에서 거래하게 됩니다.

외환의 도매시장은, 그림 16-1에도 예시되어 있는 것처럼, [단자회새라 부르는 중개업자(브로커)를 통한 은행간 거래라는 형태를 취합니다. 은행은 단자회사에 자기가 팔고 싶은(원화로 바꾸고 싶은) 달러의 금액이나 사고 싶은(원화를 바꾸고 싶은) 달러의 금액을 전화 등으로 연락하여 원화와 달러의 교환을 합니다. 단자회사의 역할은 정확히 부동산중개인이 토지거래에서 하는 것처럼 매매를 연결시켜 주는 것에 있습니다. 그림 16-1에서 단자회사는 A은행의 달러 판매(원화 매입)와 B은행의 달러 매입(원화 판매)을 중개하고 있습니다.

그러면 이러한 도매시장이나 소매시장에서의 환율, 즉 원화와 달러의 교환비율은 어떻게 결정될까요? 먼저 분명한 것은 단자회사쪽에서의 환율과, 각 은행이 고객에게 제시하는 환율은 거의 같은 수준이 됩니다. 각 은행은 도매시장에서의 환율에 대단히 작은 마진을 붙여서 고객과 거래를 합니다. 은행간의 경쟁이 치열하기 때문에 이 마진은 각 은행간에 거의 일치하고 게다가 대단히 작아집니다. 이것은 채소나 생선의 도매가격과 소매가격의 관계와 기본적으로 같은 것입니다.

도매시장에서의 환율수준은 도매시장에서의 달러의 판매와 매입이 일치하는 것에서 결정됩니다. 아래에서 서술하는 것처럼, 환율수준이 변화하면 고객이 은행에 가지고 오는 달러판매액이나 달러매입액도 변화합니다. 은행은 환율이 변화하면 그에 따라 일어날 것이라 예상되는 달러판매액·달러매입액의 변화를 예상해서 단자회사에 대한 주문액수를 바꿉니다.

외환시장에서는 환율변동에 따른 자본이득(capital gain)이나 자본손실(capital loss)이 있어 그것이 투기적 행동을 낳기 때문에, 환율의 상승이나

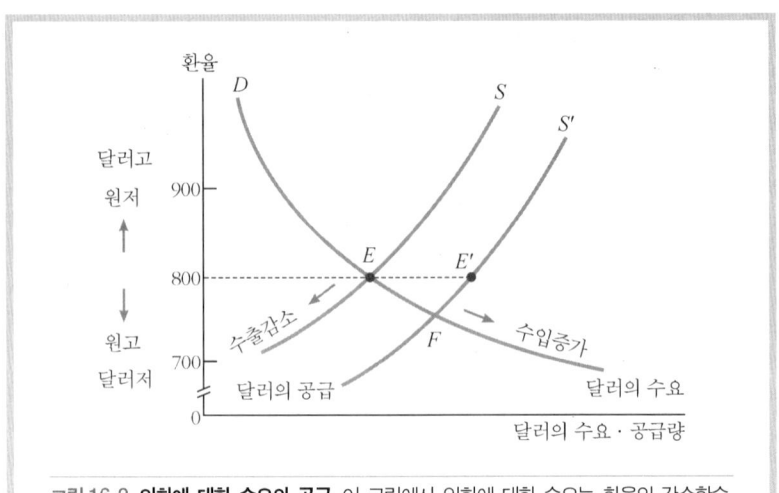

그림 16-2 **외화에 대한 수요와 공급** 이 그림에서 외화에 대한 수요는 환율의 감소함수,
공급은 환율의 증가함수로서 그려져 있다. 일반적인 수요·공급곡선과 같은
형태이다.

하락이 달러판매나 매입의 양(액수)에 어떠한 영향을 미치는가는 단순하게
말할 수 없습니다. 그러나 우선 그림 16-2에 나타나 있는 것처럼 달러판매와
달러매입의 양(금액)은 각각 달러가격의 증가함수와 감소함수가 된다고 생
각하면 좋겠습니다. 달러의 수요 및 공급에 관해서는 다음에 자세히 설명하
겠습니다.

　그림 16-2는 다음과 같이 읽습니다. 이 그림의 세로축에는 환율이 표시되
어 있고, 가로축에는 달러의 수요와 공급이 표시되어 있습니다. 달러의 공급
이란 원화와 교환되기 위해 나온 달러의 금액이고, 달러의 수요란 원화를
달러로 바꾸려고 하는 수요를 달러금액으로 나타낸 것입니다. 그림의 우하
향하는 곡선 D는 달러의 수요곡선을 나타내고 있고 이것이 우하향하는
것은, '달러 저'('원' 고)가 될수록 달러의 수요가 증가한다는 것입니다. 곡선

S는 달러의 공급곡선이고 이것이 우상향하는 것은, '달러 고'(원 저)가 될수록 달러의 공급이 늘어나는 것을 나타내고 있습니다.

'원 고'(달러 저)란 원화의 교환가치가 높아진다는 의미로서 1달러와 교환되는 원화금액이 작아지는 것입니다. 다시 말하면 원화의 가치(구매력)가 높아진다는 의미가 됩니다. '원 저'(달러 고)란 원화의 교환가치가 떨어진다는 의미로 원화가 달러와 교환되는 금액이 많아진다는 것입니다.

'원 고'가 되면 한국 제품은 해외에서 비싸져 수출이 감소하기 때문에 달러의 공급도 감소합니다. 여기에 대해, 외국제품은 한국에서는 싸지기 때문에 한국의 수입은 증가하여 달러의 수요는 증가합니다.

외환시장에서 달러의 수요·공급을 일치시키는 환율은 그림의 교차점 E에서 결정됩니다. 그림에서는 1달러 800원이 균형환율이 됩니다.

아래에서 설명하는 것처럼 무역구조나 각국의 거시경제정책의 변화는 달러의 수요곡선·공급곡선에 영향을 미쳐 환율을 변화시킵니다. 그림으로부터도 분명한 것처럼, 달러의 수요(원화의 공급)를 증가시키는 여건의 변화는 수요곡선 D를 우측으로 이동시켜 '달러 고'(원 저)를 초래합니다. 여기에 대해 달러의 공급(원화의 수요)을 증가시키는 움직임은 '달러 저'(원 고)를 초래합니다.

환율과 무역

환율의 변화는 수출이나 수입에 영향을 미치고, 반대로 무역구조의 변화는 외환시장에서의 수급변화를 통해서 환율에 영향을 미칩니다. 이 점에 관해, 그림 16-3의 예를 사용해서 생각해 봅시다. 미국에서 1,000달러에 팔리고 있는 기계를 생각해 봅시다. 만약, 환율이 1달러 800원이라면 이

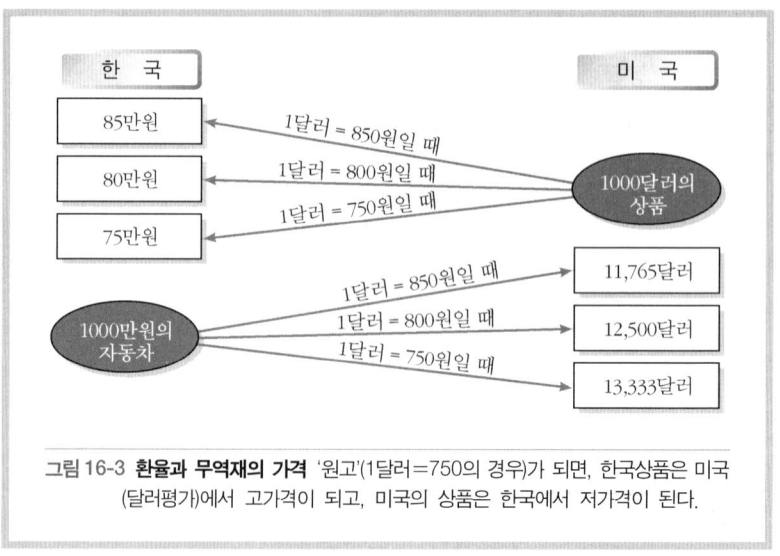

그림 16-3 **환율과 무역재의 가격** '원고'(1달러=750의 경우)가 되면, 한국상품은 미국 (달러평가)에서 고가격이 되고, 미국의 상품은 한국에서 저가격이 된다.

기계는 한국에서는 80만원으로 팔립니다(단, 단순화를 위해, 수송비나 무역 마-진은 무시합니다). 이에 반해, 만약 환율이 1달러 750원이라면 같은 제품이 75만원으로 수입됩니다. 다른 조건이 일정하다면 분명히 후자의 경우에 한국의 수입이 늘어날 것입니다. 반대로 1달러 850원이라면 수입은 감소할 것입니다.

이와 같이, '원 저'가 되면 미국상품은 한국에서 높은 가격으로 팔리므로 수입이 감소하고, '원 고'가 되면 미국상품은 한국에서 낮은 가격으로 팔리기 때문에 수입이 증가합니다.

다음으로 수출품의 경우입니다만, 한국에서 1,000만원에 팔리고 있는 자동차를 생각해 봅시다. 만약 환율이 1달러 800원이라면, 이 자동차는 미국에서 12,500달러로 팔립니다만, 환율이 1달러 750원이라면 13,333달러가 됩니다. 분명히 '원 고'가 되면, 한국상품은 미국에서 비싸게 팔리고 그 결과 수출은 감소합니다. 반대로, 1달러 850원(원)이라면 한국상품은 미국에서 11,765달러로 싸게 팔리고 그 결과 수출은 증가합니다.

이와 같이, 환율이 변화하면, 외국에서의 수출품 가격이나 국내에서의 수입품 가격이 영향을 받아 수출량이나 수입량이 영향을 받습니다. 일반적으로, '원 저'가 되면 1원과 교환되는 달러의 금액이 작아지기 때문에, 달러로 가격이 표시되는 미국 등으로부터의 수입품은 비싸지게 됩니다. 반대로 한국상품의 가격은 해외에서 싸져서 수출은 늘어납니다. '원 고'가 되는 경우에는 위와는 반대의 결과가 나타나는 것이 일반적입니다.

수출은 국내에 달러를 가져오기 때문에 외환시장에서 달러의 공급증가요인으로 작용합니다. 따라서, '달러 고'(원 저)가 되면 수출이 증가하여 달러의 공급량도 증가할 것입니다. 그림 16-2에서, 달러의 공급곡선(곡선S)이 우상향하는 것은 이러한 이유 때문입니다.

한편, 수입하기 위해서는 국내수입업자가 달러를 조달하지 않으면 안되기 때문에, 수입의 증가는 달러수요의 증가요인이 됩니다. '달러 저'(원 고)가 될수록 수입이 증가하기 때문에 '달러 저'일수록 달러의 수요는 증가합니다. 그림 16-2에서, 달러의 수요곡선(곡선D)이 우하향하는 것으로 그려진 것은 이러한 이유에서입니다.

위에서 설명한 것은, 환율변화에 따른 수출입의 변화였습니다만, 수출이나 수입은 환율 이외의 요인에 의해서도 증감합니다. 그리고 환율 이외의 요인에 의해 발생한 수출입의 변화는 환율에 영향을 미칩니다.

하나의 예로서, 미국정부가 경기확대정책을 실시했다고 해 봅시다. 경기확대에 따른 미국의 지출증가는 그 일부가 미국의 수입증가로 나타납니다. 한국과 미국은 서로 밀접한 무역상대국이기 때문에 미국의 수입증가는 한국의 수출증가를 가져다줍니다. 이러한 미국의 경기확대에 따른 한국의 수출증가는 환율변동과는 관계없는 곳에서 일어났습니다. 따라서, 최초의 균형이 그림 16-2의 E점이라면, 수출증가에 따라 달러의 공급은 E'지점까지 증가하겠지요(즉, 달러의 공급곡선이 S에서 S'로 이동합니다).

이러한 수출증가는 환율을 '원 고'(달러 저)방향으로 떨어뜨립니다(이것을 '환율인하'라고도 합니다). 그림 16-2에서 말하면, 새로운 균형은 F가 되고 여기서의 환율은 800원보다 '원 고'가 됩니다. 마찬가지로, 환율변화 이외의 요인으로 생긴 한국의 수입증가는 달러의 수요증가를 가져옵니다. 이것은 그림 16-2의 수요곡선 D를 우측으로 이동시키기 때문에, '달러 고'(원 저)요인이 됩니다.

환율과 국제투자

자본에 국경은 없습니다. 한국기업은 유럽이나 미국 등에서 자금조달이나 자금운용을 하고 있고, 한국 국내에서도 외국의 금융기관이나 기업은 활발한 자금운용을 하고 있습니다. 이러한 국제적인 투자는 외환시장에 있어서 달러 수급의 중요한 결정요인이고 환율의 동향에 큰 영향을 미칩니다.

한국에서 자금이 나가는 방향의 국제자금이동을 [자금(자본)유출]이라 부릅니다(반대의 경우, [자금(자본)유입]이라 합니다). 한국 기업이 외국의 주식이나 공채를 취득하거나, 외국의 기업이 보유하고 있던 한국기업의 주식이나 한국의 공채를 매각하는 행위는 자금유출이 됩니다. 이것은 외환시장에서 달러 매입요인이 되고, 환율을 '달러 고'(원 저)방향으로 가져갑니다.

예를 들어, 미국 자금이 한국의 주식구입에 대량으로 투입되었다고 해봅시다. 자금은 원래 달러 형태이기 때문에, 한국의 주식을 구입하기 위해서는 일단 외환시장에서 달러를 원화로 바꾸어야 합니다. 그림 16-2상에서는 이것은 달러의 공급곡선 S를 우측으로 이동시키는 (S')요인으로 작용합니다. 이때, 수요와 공급곡선의 교차점인 균형점은 아래쪽으로 이동해 (E→F), 환율이 '원 고'(달러 저)가 되는 것을 쉽게 알 수 있을 것입니다. 마찬가지로, 한국에서의 자금유출은 달러 매입(원화 판매)요인으로서 달러의 수요곡선을 우측으로 이동시켜, 환율을 '원 저'(달러 고)방향으로 가져가는 것도 알 수 있으리라 생각합니다.

그러면, 이러한 국제간의 자금이동에 큰 영향을 미치는 요인은 무엇일까요? 국제간의 자금이동은 그 동기에 따라 직접투자와 간접투자로 나눌 수 있습니다. 한국 기업이 외국기업의 주식을 구입하는 동일한 행위라도, 그 목적이 외국기업의 경영권을 장악하여 현지활동에 참가하려는 것이라면 그것을 「직접투자」라 부릅니다. 여기에 대해, 배당ㆍ자본이득(capital gain) 등의 자산수익을 목적으로 외국의 주식을 취득하는 것은 「간접투자」라 부릅니다.

직접투자의 경우 현지에서의 생산이나 판매활동과 같은 어려운 문제가 걸려있습니다. 여기에 관해서는 이미 제15장에서 논의했습니다. 따라서, 아래에서 국제투자라 부르는 것은 오직 간접투자라는 것을 생각하십시오.

실제로, 단기적인 환율변동을 일으키는 것은 간접투자이기 때문에 여기에서의 논의를 간접투자에 한정해도 그렇게 잘못된 것은 아닐 것입니다.

국제자금이동에 가장 큰 영향을 미치는 것은 각국의 이자율입니다. 제12장에서 설명한 것처럼 개별자산의 수익률은 각각 조금씩 다르지만, 이자율은 대개 그 나라의 각종 증권의 수익률의 평균을 나타내고 있는 것으로 생각할 수 있습니다.

만약, 한국보다 미국의 이자율이 높다면 한국의 증권을 사는 것보다 미국의 증권을 사는 편이 수익성이 높기 때문에 자금은 한국에서 미국으로 흐르려고 합니다. 즉, 물이 높은 곳에서 낮은 곳으로 흐르는 것과 마찬가지로 자금은 이자율이 낮은 곳에서 높은 곳을 흘러갑니다.

각국의 이자율은 그 나라의 거시경제정책에 의해 결정됩니다. 따라서 이자율의 높낮이에 큰 영향을 받는 국제자금 이동은 각국의 거시경제정책에 큰 영향을 받습니다. 국제간의 자금이동은 환율의 결정요인이기도 하기 때문에 각국의 거시경제정책은 환율에도 영향을 미칩니다.

해외증권에 대한 투자는 국내 증권에 대한 투자와는 달리 「환리스크(위험)」에 노출되어 있습니다. 환리스크를 이해하기 위해 구체적인 예를 들어 보겠습니다. 그림 16-4는 미국에 1억원을 1년간 투자하는 경우를 예시하고 있습니다. 금리는 10%로 확정되어 있고, 현재의 환율은 1달러 800원이라고 합시다. 1억원은 1달러 800원 이라는 환율하에서는 12만 5천달러가 되기 때문에, 이것을 10%로 1년간 보유하면, 1년 후에는 원리금 합쳐 13만 7,500

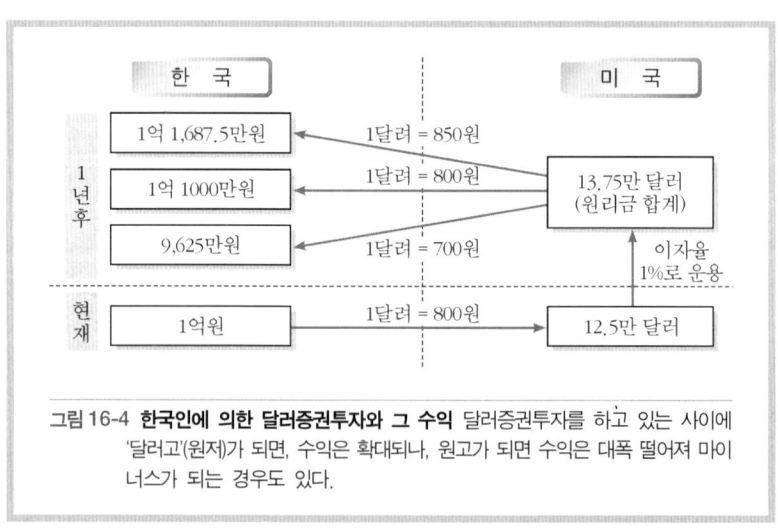

그림 16-4 **한국인에 의한 달러증권투자와 그 수익** 달러증권투자를 하고 있는 사이에 '달러고'(원저)가 되면, 수익은 확대되나, 원고가 되면 수익은 대폭 떨어져 마이너스가 되는 경우도 있다.

달러가 됩니다.

문제는 1년 후의 13만 7,500달러가 한국의 원화로 바꾸면 얼마가 되는가 입니다. 만약, 1년 후의 환율이 1달러 800원 이라면 13만 7,500달러는 1억 1,000만원이 됩니다. 이때는 1억원이 1억1,000만원이 되었기 때문에 10%의 이자가 실현된 것이 됩니다. 그러나, 만약 1년 후의 환율이 1달러 700원이라면, 13만 7,500달러는 9,625만원밖에 되지 않습니다. 즉, 1억원 이 1년 후에 9,625만원이 되어버렸기 때문에, 수익성은, 9,625만 - 1억 / 1억 × 100% = -3.75%가 됩니다. 다시 말해, 3.75%의 손해를 본 것이 됩니다. 만약 1달러 850원이라면 10%이상의 수익을 올립니다.

1달러 700원의 경우에 손실이 생긴 것은 1년간에 달러의 가치가 100원씩 이나 떨어져 버린 것에 있습니다. 즉, 달러가 비쌀 때(1달러 = 800원) 달러 를 매입해서, 쌀 때(1달러 = 700원) 달러를 판 것에서 손실이 생긴 것입니 다. 이와 같은 환율의 변화에 따른 손실을 「환차손」이라 부릅니다. 외국에 투자하는 경우에는 이러한 환율변동에 따른 손실의 가능성이 존재합니다.

처음부터 환율이 좋은 방향으로 움직여 주어서 예상치 못한 이익이 들어 오는 경우도 있습니다. 그림 16-4의 예로 말하면, 만약 1년 후의 환율이 1달러 850원이 되면 1억원의 투자는 1년 후에 1억 1,687.5만원이 되어 약 16.88%의 수익률을 얻을 수 있게 됩니다. 이처럼 환율변화에 따른 생각 지 않는 이익을 「환차익」이라 부릅니다.

외국의 증권에 투자하는 것은 환차손의 가능성도 환차익의 가능성도 가 지고 있습니다. 이러한 의미에서 투자의 수익성은 확정되지 않고 리스크 (위험)에 노출되고 있습니다. 이러한 리스크를 「환리스크」라 부릅니다. 해 외투자는 사람들이 이 리스크를 어떻게 보는가에 큰 영향을 받습니다. 만 약, 리스크를 싫어하는 사람이라면 해외의 이자율이 다소 높아도 억지로 해외에 투자하려고 하지는 않겠지요. 달러가치가 대폭적으로 떨어지는 것이 예상될 때에도 환차손이 생기는 것을 방지하기 위해 해외투자를 피하려고 합니다.

외환시장에 대한 개입과 통화제도

지금까지의 논의에서는 환율이 무역이나 자본이동 등 경제의 자율적인 움직임만으로 결정되는 것으로 간주해 왔습니다. 그러나, 현실적으로는 외환시장에 대한 개입을 통해서 정부가 환율수준의 결정에 영향을 미치는 일이 있습니다.

예를 들어, 정부가 '원 저'(달러 고)방향으로 움직이고 있는 환율의 움직임을 억제하려고, 또는 환율을 '원 고'(달러 저)방향으로 유도하려고 하고 있다고 합시다. 이때, 정부(중앙은행)는 보유하고 있는 달러를 외환시장에 팔려고 내놓습니다. 그림 16-5의 A는 이러한 상황을 나타내고 있습니다.

중앙은행은 어느 정도의 외화(특히, 달러)를 보유하고 있기 때문에 급할 때에는 이것을 팔려고 내놓을 수 있습니다. 이 달러의 구매자는 시중은행입니다. 중앙은행에 의한 달러판매는 외환시장에 있어서의 달러판매 압력이기 때문에, 다른 조건이 변하지 않으면 환율을 '원 고'(달러 저)방향으로 가지고 가는 힘이 됩니다.

그림 16-5의 B에 나타나 있는 것은 중앙은행이 외화(달러)를 사고 있는 상황입니다. 이 경우에는 외환시장에 달러매입압력이 걸리기 때문에 환율을 '달러 고'(원 저)방향으로 움직이게 하는 힘이 됩니다.

그런데, A와 B 두 경우 모두, 달러의 판매 및 매입의 수단은 원화가 됩니다. 따라서, A와 같이 중앙은행이 달러판매를 행하면 그것과의 교환으

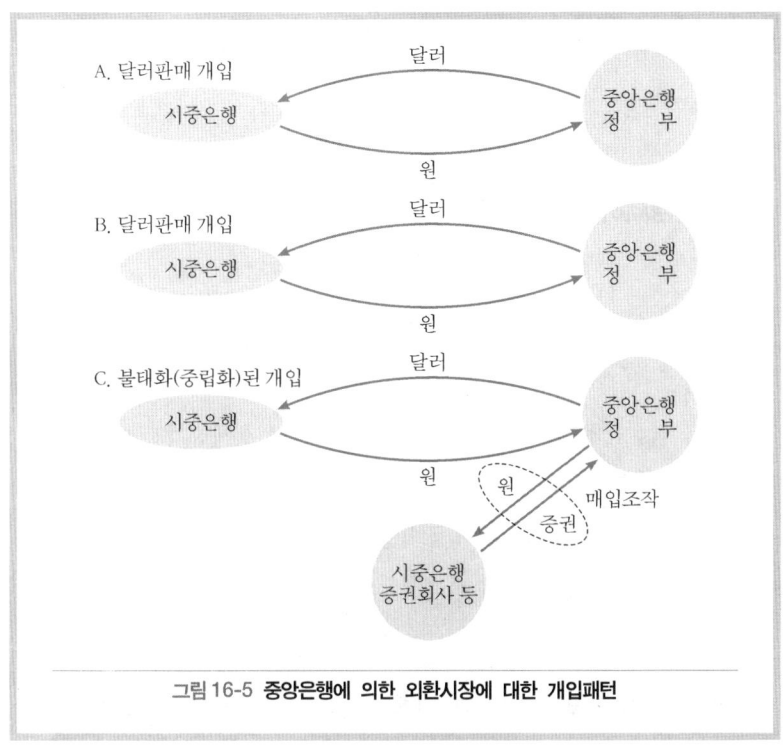

그림 16-5 **중앙은행에 의한 외환시장에 대한 개입패턴**

로 시중에서 중앙은행으로 원화가 들어옵니다. 즉, 그만큼 본원통화가 감소하게 됩니다. 국내통화량은 본원통화량에 비례합니다. 따라서, 달러판매는 국내의 화폐유통량을 감소시킵니다. 마찬가지로, B와 같은 달러매입조작은 국내의 화폐유통량을 증가시킵니다.

이와 같이, 개입에 따른 화폐량의 증감을 피하는 것은 불가능하지 않습니다. 그림 16-5의 C에 예시되어 있는 것은 달러 판매의 경우입니다만, 달러 판매에 의해 중앙은행에 흡수된 원화(본원통화)를 공개시장조작 등의 수단을 사용해서, 다시 한번 시중에 방출하면 되는 것입니다(이 경우에는 국채

등의 증권을 매입합니다.)

2 개방경제하의 경제정책

앞 절에서 설명한 것과 같은 환율의 변화나 국제간의 자본이동 또는 무역의 움직임 등에 의해 각국의 경제는 밀접한 상호의존관계에 있습니다. 현대는 이러한 각국간의 상호의존관계를 무시하고 거시경제정책에 관해 언급하는 것은 거의 불가능하게 되었습니다. 이 절에서는, 지금까지 설명해 온 거시경제정책문제에 각국간의 상호의존관계를 도입한, 소위 「국제거시경제학(또는 개방거시경제학)」에 관해 설명하겠습니다.

변동환율제의 격리효과와 그 한계

변동환율제의 특징의 하나는 해외에서 일어난 거시경제변동을 어느 정도 차단하는 것에 있습니다. 이것을 변동환율제의 (인플레이션)격리효과라 부릅니다. 이 점을 간단한 예를 사용해서 설명하겠습니다.

지금, 미국에서 어떤 원인으로 인플레이션이 일어났다고 해 봅시다. 그 결과 미국의 임금이나 물가도 상승합니다. 인플레이션율을 10%라 하면 임금이나 물가도 10% 상승합니다. 만약 환율에 변화가 없으면 인플레이션에 의해 미국상품은 비싸지게 되어, 한국에서 미국으로의 수출은 증가하고 미국에서 한국으로의 수출은 감소합니다. 이 결과, 환율은 '원 고'방향으로 움직이게 됩니다.

만약, 환율이 미국의 인플레이션율과 같이 10%만큼 '원 고'방향으로 움직이면 새로운 균형이 달성됩니다. 10%의 '원 고'는 미국의 10%인플레이션을 정확히 상쇄시킵니다. 왜냐하면, '원 고'의 결과, 한국국내에 수입되는 미국제품의 가격은 원래수준에 되돌아가고, 한국에서 수출되는 상품의 미국내에서의 가격은 10%상승하기 때문입니다(이 점에 관해서는 각자 확인해 주십시오). 이 결과, 미국상품과 한국상품의 경쟁조건은 원래상태로 되돌아갑니다.

이와 같이, 미국에서 생긴 인플레이션은 환율의 조정에 따라 완전히 흡수되어 한국에는 파급되지 않습니다. 이것을 변동환율제(float제)의 「인플레이션 격리효과」라 부릅니다. 이러한 인플레이션 격리효과는 환율이 고정되어 있는 고정환율제하에서는 성립하지 않습니다. 환율이 고정되어 있으면 미국에서 생긴 인플레이션은, 미국에서 수입되는 상품의 한국국내에서의 가격을 인상시켜 한국국내에도 인플레이션을 일으킵니다.

이상과 같이, 변동환율제는 해외에서 생긴 인플레이션으로부터 자국경제를 격리하는 작용을 하는 일이 있습니다. 그러나, 환율의 조정이 항상 해외로부터의 거시경제적 충격을 차단한다고는 할 수 없습니다.

예를 들어, 해외에서의 금리상승에 따라 한국에서 해외로 자금이 유출하여 환율이 '원 저'가 되면, 그 결과 한국으로 들어오는 외국상품의 가격이 상승해 한국에 인플레이션 압력이 생기는 일도 있습니다. 이와 같이, 환율의 변화가 한국에 거시경제적 충격을 일으키는 일도 있는 것입니다.

변동환율제하의 재정·금융정책

변동환율제하에서 거시경제정책의 효과는 폐쇄경제(해외와의 경제거래를 생각하지 않는 경제)하에서의 거시경제정책의 효과와 다소 다릅니다. 특히, 국제간의 자본이동이 활발한 때에는 자본이동에 따른 환율변화를 무시하고 거시경제정책의 효과를 논할 수는 없습니다. 이러한 문제를 다룬 것으로는 먼델-플레밍(R.A.Mundell - Fleming)이론이 잘 알려져 있습니다. 아래에서는 그 이론을 개략적으로 설명함으로써 개방경제(해외와의 거래가 큰 경제)하의 거시경제정책의 효과에 관해 생각해 보기로 하겠습니다.

먼저, 금융정책에 관해 살펴보겠습니다. 그림 16-6은 개방경제하의 금융완화정책의 효과에 관해서 그림으로 예시한 것입니다. 이 그림 가운데 A부분은 제13장에서 논의한 것으로서 폐쇄경제하의 금융정책의 파급경로를

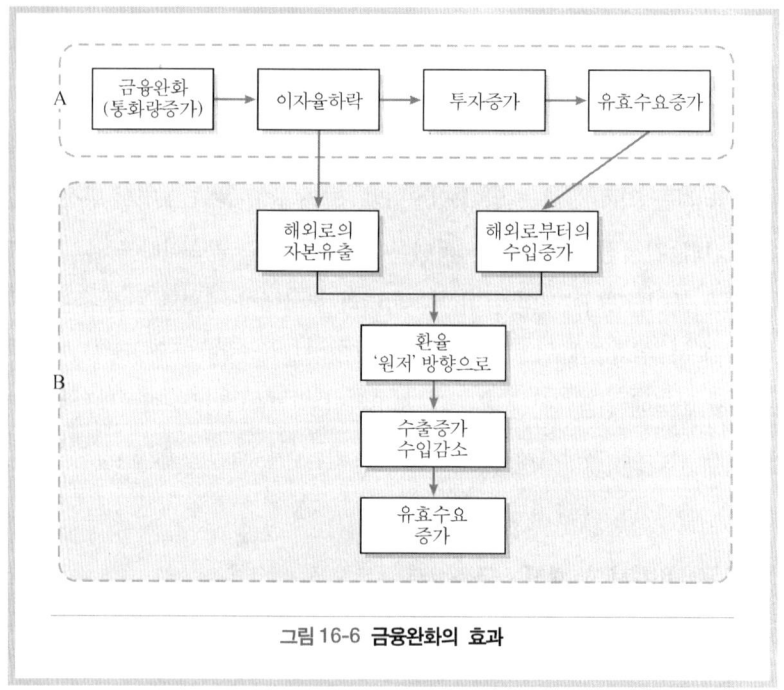

그림 16-6 **금융완화의 효과**

나타내고 있습니다. 간단히 말하면, 금융완화에 따라 이자율이 인하되면 그것에 의해 투자나 소비가 자극되어 유효수요가 증가하고 고용 및 생산 등이 확대된다는 것입니다.

여기에 대해, B부분은 개방경제에 특유한 금융정책의 파급경로입니다. 만약, 금융이 완화되어 이자율이 내려가면 한국의 금리는 해외의 금리보다 상대적으로 낮아져 해외로 자본이 유출합니다. 이것은 환율을 '원 저'방향으로 이끌어갑니다. 한편, 환율이 '원 저'(환율인상)가 되면 한국의 수출은 증가하고 수입은 감소합니다. 제10장에서 본 것처럼, 수출증가와 수입감소는 한국의 유효수요를 자극해 경기를 확대시킵니다. 이와 같이, 개방경제하에서는 환율변화와 그것에 의해 영향을 받는 수출입의 변화가 경기에 큰 영향을 미치는 일이 있습니다.

다음으로, 재정정책에 관해 살펴봅시다. 지금, 한국이 재정정책을 확대방향으로 운용하고 있다고 합시다. 감세정책이나 정부지출증가, 어느 경우에

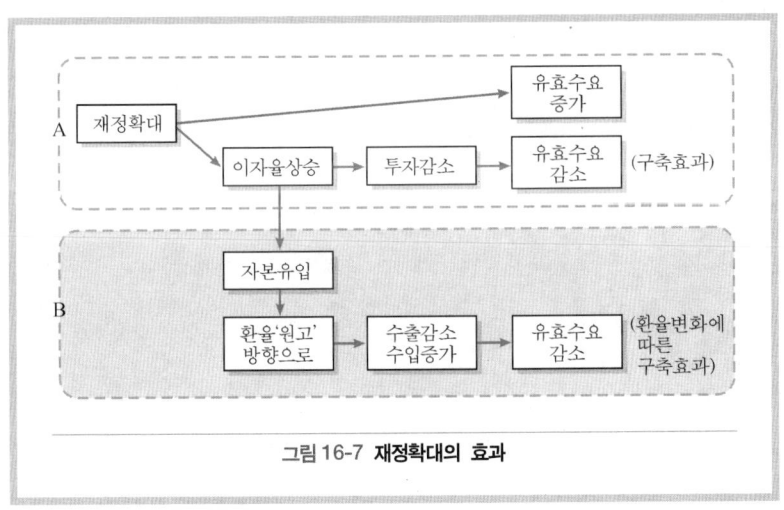

그림 16-7 **재정확대의 효과**

도 같습니다. 그림 16-7은 이러한 정책의 파급경로를 나타낸 것입니다. 이 그림에서도 A부분은 폐쇄경제하의 파급경로를 나타내고 있습니다. 즉, 재정확대에 따라 유효수요가 자극되는 것과 함께 이자율도 인상됩니다. 개방경제의 경우에도 A뿐만 아니라, B의 파급경로도 추가됩니다. 즉, 이자율의 상승에 따라 해외로부터의 자본유입이 촉진되고, 그것이 환율을 '원 고(환율인하)'방향으로 끌고 가는 것입니다. '원 고'에 따라 한국의 수출은 감소하고 수입은 증가하기 때문에 유효수요가 억제되는 결과가 됩니다.

이와 같이, 개방경제하에서 환율의 움직임은 재정정책의 경기자극효과를 상쇄하는 작용을 합니다. 제13장에서 재정정책의 투자에 대한 구축효과(crowding-out effect)에 관해 설명했습니다만, 여기에서의 환율의 움직임은 바로 재정정책에 의한 수출의 구축효과입니다.

이러한 환율에 따른 수출의 구축효과가 어느 정도 재정정책의 경기자극효과를 약하게 만드는 가는 국제간의 자본이동이 어느 정도 이자율의 변화에 민감하게 반응하는 가에 달려있습니다. 만약, 국제간의 자본이동이 이자율변화에 대단히 민감하다면 재정정책의 효과는 완전히 상쇄되어 버리는 일도 있습니다.